INDISCRÉTIONS

PARISIENNES

A Monsieur Adrien Marx
Louis Napoléon
9 Avril 1866
GERARD SC.

ADRIEN MARX

INDISCRÉTIONS
PARISIENNES

PARIS

ACHILLE FAURE, LIBRAIRE-ÉDITEUR

18, RUE DAUPHINE, 18

1866

INDISCRÉTIONS PARISIENNES

I

LE MARQUIS DE BOISSY

J'ai voulu voir de près ce tribun singulier qui traite
« Albion » comme Caton traitait la perfide Carthage,
et je me suis rendu hier dans son hôtel de la cité de
Londres.

C'est un bâtiment carré, simple d'apparence et presque
mystérieux. Un chasseur belge, au tricorne emplumé,
veille au seuil du péristyle, dont les fâcheux sont évincés
par un valet de chambre que je soupçonne d'origine britannique. Chose bizarre ! je distinguai accroché aux patères de l'antichambre le pardessus du marquis, un
vêtement grisâtre et feutré, dont le collet porte la
marque du premier tailleur de Birmingham ! Je remarquai aussi, pendant le long des murs, des *speaking-tube*,
à l'aide desquels les domestiques correspondent avec

leurs collègues affectés au service des étages supérieurs. Bref, je me serais cru chez un lord patriote de Cavendish-square, et j'étais à Paris chez un sénateur anglophobe.

On me fit entrer dans un salon dont les murs capitonnés de damas rouge disparaissaient sous de grands tableaux de maître et sous de hauts bahuts garnis d'objets d'art, et j'étais en train d'admirer un Titien authentique, quand la portière se souleva pour donner passage à un petit vieillard alerte, sec et pétulant... C'était M. de Boissy.

Une face anguleuse, des yeux saillants hors de l'orbite, un nez aquilin, une bouche ironique, un front fuyant sur lequel chevauchent des mèches extravagantes : voilà sa tête.

Quant au corps, il est relativement étique, exigu et malingre. Bien qu'il fût de bon matin (dix heures venaient de sonner), il était en habit. Un gilet noir enserrait son torse grêle, et ses jambes flottaient dans un double étui de casimir. Les pieds seuls s'étaient affranchis de ce décorum matinal et reposaient, à demi entrés, dans des chaussons doublés de flanelle.

— Vous voulez ma biographie? me dit-il. Elle est bien simple. J'ai fait des études détestables, j'ai constamment tenu en piètre estime le grec et le latin, et je me suis distingué dès mon enfance par une extrême indépendance d'allures et de pensées. Mon père voulut qu'à dix-neuf ans j'entrasse dans les gardes du corps. Je lui obéis; mais, si j'adorais l'équitation, j'avais peu de goût pour l'écurie, où la consigne m'envoyait faire mon service une fois la semaine. Aussi ai-je gardé l'épée juste assez de temps pour avoir vingt duels, et, après deux ans d'une vie militaire — absolument pacifique, —

j'entrai dans la diplomatie sous l'égide de M. de Chateaubriand, que j'ai suivi à Londres et à Rome comme attaché d'ambassade.

Pair de France sous Louis-Philippe, je suis remonté ces temps derniers à la tribune, imbu de ce précepte qu'un bon citoyen se doit à son pays avant de se devoir à son drapeau. Je suis pieux sans être cagot; je ne manquerais pas une messe pour un million, mais je ne me confesserais pas pour un empire. On prétend que je suis riche, c'est possible. En tout cas, j'use de ma richesse plus pour les autres que pour moi. J'aime recevoir splendidement; par contre, j'ignore ce que c'est que de demander un paletot à mon groom. Je me sers moi-même... et, si je ne fais pas mon lit, c'est parce que je le ferais mal.

Je ne suis pas un homme d'étude, je n'ai pas de cabinet de travail. Je dois ce que je sais à l'expérience, qui est le meilleur des livres et qui donne aux hommes les sincères convictions. Beaucoup de mes collègues méditent par avance les sujets qu'ils traitent dans les séances du Sénat. Moi, quand je monte à la tribune, je ne sais pas ce que je vais dire; et quand j'en descends, je ne sais pas ce que j'ai dit. Je n'oublie jamais ceci : c'est que je ne parle pas pour mes collègues, mais que je m'adresse à la France entière.

On me taquine souvent quand j'ai la parole; et pourtant j'arrive toujours à exprimer ce que je veux, car je suis tenace et têtu... On me battra peut-être, on ne m'abattra jamais... Mais il faut que je vous quitte : ma somnambule est là-haut qui m'attend.

— Votre somnambule? fis-je tout étonné.

— Oui, c'est une de mes faiblesses... ou une de mes forces. Voilà trente ans qu'un médecin ne s'est approché de moi, et en voici la raison. Il y a vingt-cinq ans, j'étais chez une dame anglaise que j'avais souvent heurtée par mon scepticisme concernant les manœuvres magnétiques; elle obtint que j'irais dès le lendemain chez la pythonisse, et je m'y rendis seul, incognito.

« Monsieur, me dit la femme sitôt qu'elle eut été endormie... vous ne croyez ni à mes prédictions, ni à ma double vue, ni à ma parole, et pourtant vous y croirez un jour, et vous reviendrez ici me demander de vous guérir, car avant deux mois vous serez atteint d'une paralysie générale ! »

Je poussai un éclat de rire homérique.

Deux mois après, jour pour jour, heure pour heure, j'étais couché inerte et demi-mort. Les soins de tous les docteurs de Paris furent vains. De guerre lasse, je mandai la somnambule à mon chevet; elle me remit sur pied en huit jours.

Aussi ai-je pour elle une vénération spéciale. Durant un voyage que je fis il y a quelque temps en Italie, je concentrais ma pensée sur son cabinet à Paris, elle obéissait à l'agent mystérieux qui lui portait mes questions avec une rapidité électrique, et deux jours après, à l'aide de ce seul moyen, j'avais une lettre où elle me conseillait tel remède ou telles précautions.

Elle a ceci de précieux qu'elle me prédit mes moindres malaises aussi bien que mes plus graves souffrances. Grâce à elle, je me prépare à être malade comme d'autres à voyager... je fais mes cataplasmes comme d'autres font leurs malles.

Excusez-moi... J'ai hâte de savoir si je serai exempt de bobos durant la session... Je ne me soucie pas de garder le lit, ayant encore pas mal de vérités à dire.

— Avez-vous utilisé les mirifiques propriétés de **votre**

sujet relativement à l'avenir des gouvernements? demandai-je au sénateur.

— Non, répondit-il vivement... et cela pour deux raisons. Je préfère concentrer les facultés de ma somnambule sur ma santé. Et puis, à quoi bon apprendre ce qui sera demain? Il est si difficile de savoir ce qui est aujourd'hui.

Sur ce, le marquis me tendit une carte.

— Voici mon adresse, me dit-il; venez me voir ou écrivez-moi : j'aime les jeunes gens.

Avant de serrer le carré de vélin, en haut duquel étaient gravées les armes de M. de Boissy, je remarquai, sur les deux écussons formant le centre, trois mains dessinées du côté de la paume et une jambe tendue horizontalement. Je devins songeur.

Ces mains indiquent-elles la mission de celui qui flagelle ou l'emblème de celui qui secourt? Cette jambe explique-t-elle que le marquis tient à la disposition de ses adversaires les arguments de Bilboquet, ou qu'il marche dans la carrière politique au profit du PROGRÈS dont il se dit le fervent apôtre?

II

LE SOUS-SOL DE L'HOTEL ROTHSCHILD

Bien que brouillés avec les millions, les journalistes ne dédaignent pas d'approcher les millionnaires. C'est pourquoi j'étais hier dans le cabinet du baron de Rothschild, sollicitant la permission de visiter non pas ses appartements et ses bureaux si souvent dépeints, mais sa cave et sa cuisine, qui ont échappé jusqu'ici aux descriptions des chroniqueurs.

M. de Villemessant m'avait accompagné pour appuyer ma demande, et, grâce à la carte qu'il fit passer au célèbre banquier, nous fûmes admis en sa présence immédiatement, — tandis que des financiers ventrus, dont les attelages piaffaient dans la rue, bâillaient en attendant leur tour, sur des banquettes de l'antichambre.

Le baron se tenait devant un bureau au-dessus duquel pendent les glands d'une douzaine de sonnettes. Chacun de ces cordons a une couleur différente, et je reconnus à ce carillon multicolore que la prospérité de la maison part de ce point où se tient le maître, toujours actif, toujours spirituel, toujours aimable. A droite était assis le docteur Cabarrus, mandé pour la jambe de son illustre client, et tâchant de lui démontrer que hors de l'homœopathie il n'y a point de salut.

Après s'être enquis de l'objet de notre démarche, le baron devint soucieux, et, d'une voix émue :

— Vous tombez **mal**, nous dit-il, mon cellier et mon office sont en désarroi. Je ne traite plus, et j'ai peu de goût à recevoir depuis que j'ai eu le malheur de perdre mon fils. Autrefois il eût été curieux peut-être d'assister aux apprêts de l'un de ces dîners que j'offrais aux rois, mais aujourd'hui cette visite est sans attraits. Le palais partage les découragements du cœur, et les vins les plus exquis, comme les aliments les plus recherchés, laissent insensibles ceux que la douleur étreint sans relâche.

Nous insistâmes.

— Soit, fit-il. Et il tira le troisième cordon qui est fait d'une ganse bleue et or. Un domestique, vêtu d'une livrée aux mêmes couleurs, parut et se mit à notre disposition sur l'ordre du baron.

Arrivés à l'orifice de l'escalier qui mène aux caves et aux fourneaux :

— Vous trouverez bon que je vous quitte, me dit mon rédacteur en chef. J'ai affaire... et puis, je n'apprécie le vin et les ragoûts qu'aux heures des repas — sur une table bien servie.

Et, m'ayant serré la main, il disparut. Pour moi, je descendis, précédé de mon guide, dans les enfers succulents d'où montait une odeur contradictoire auprès des aveux de sobriété du consul d'Autriche à Paris.

Je pénétrai d'abord dans une pièce dont les murs sont garnis de crémaillères luisantes, aux dents desquelles

étaient accrochés des lièvres, des faisans et des che-
vreuils. Des dindes (tous premier prix, sans doute)
étaient rangés sur un vaste dressoir dont les bas bouts
étaient garnis de paniers de truffes. Le baron adore les
truffes ; il en mange tous les jours, et, comme il raffole
également de la chair du faisan, l'employé préposé à la
venaison me conta qu'il a trouvé le moyen de conserver
cet oiseau pendant trois mois après sa mort sans qu'il se
corrompe. Je songeai à lui acheter son secret, mais
ayant réfléchi que faire lutter mes capitaux avec ceux
de M. Rothschild était un acte insensé, je passai outre.

Quand je me rappelle les luisantes casseroles qui
frappèrent mes yeux dans la cuisine, j'ai encore des
éblouissements. Imaginez quatre-vingts soleils accolés
contre un mur immense... Je fis part de mon admiration
au chef, qui me répondit d'un ton doctoral :

— Dans cette maison, il y a autant de cuivre en bas
qu'il y a d'or en haut.

Le fait est que je ne vis jamais un pareil luxe de
métal, sinon chez M. Sax, où je vous mènerai un jour.
Sur les rayons latéraux étaient rangées des cocottes,
dont les fonds fourbis renvoyaient le reflet des fourneaux rouges et grondants. Un marmiton coquet ac-
commodait le nœud de sa cravate devant l'un de ces
miroirs improvisés.

— Travaille donc, gandin, lui dit un garçon d'office.

Et le moutard se précipita dans la rôtisserie où tour-
naient des broches devant la flamme d'un tronc de
hêtre plus gros que le cèdre du Jardin des Plantes.
J'entendis le bambin qui signalait ma présence à un
petit collègue coiffé comme lui d'un berret blanc : mon
carnet que je tenais ouvert, et sur lequel je consignais
mes remarques, l'intriguait vivement. J'ignore ce qu'il

dit à son compagnon, mais, à coup sûr, il ne me prit point pour un clerc d'huissier inventoriant une saisie... le baron n'en est pas là.

J'allais me retirer quand une grosse fille d'aspect jovial m'arrêta.

— Je gage que monsieur est journaliste? me dit-elle.

J'étais près du fourneau chauffé à blanc... mon visage était cerise; elle crut que je rougissais de mon état.

— Avouez-le, reprit-elle d'un ton encourageant; cela peut arriver à tout le monde. Et puis moi, je ne déteste pas les écrivains... Ils ont déjà parlé de moi à propos de la réception de l'empereur à Ferrières. Je suis Clara, et quand on voudra, je prouverai que la vieille Sophie du docteur Véron est surfaite... Je la défie au macaroni, aux haricots à l'étouffée et à l'omelette aux tomates.

On comprend que je me liai vite avec une femme si indulgente à l'endroit de ma misérable profession.

Nous causâmes longuement. Elle est de Kessingen, près Francfort, et voilà quinze ans qu'elle a droit de haute et basse justice dans les cuisines du Crésus de la rue Laffitte. Elle a mérité ses prérogatives autant à cause de son honnêteté parfaite et de sa rare intelligence qu'à cause de la façon toute magistrale dont elle prépare la choucroute de son maître.

Élaborée par elle, la choucroute n'est pas ce qu'un vain peuple pense. Les soins qu'elle donne à ce légume laissent bien après eux les manipulations de l'alchimiste, qui compte extraire de sa cornue la pierre philosophale. Jugez-en vous-même.

Clara place sa choucroute dans un récipient d'argent qu'elle maintient deux jours et deux nuits sur un feu doux. Toutes les demi-heures, elle lève avec précaution le couvercle, pour verser, dans la casserole qui murmure, un verre de vin de Champagne et une once de graisse d'oie. La brave fille m'a confié qu'elle passe fort mauvaises les nuits pendant lesquelles son chef-d'œuvre mijote sous la garde d'un aide. Elle se réveille en sursaut, le front humide, le cœur oppressé, et ne se rendort qu'après avoir assisté elle-même à l'addition régulière des éléments cités plus haut.

Après quarante-huit heures de cette sollicitude incessante, *il paraît* que la choucroute du baron a une saveur dont les dieux de l'Olympe ne se doutent pas. Clara m'a promis de m'y faire goûter, et j'ai rendez-vous un de ces soirs au soupirail qui donne sur la grande cour... elle m'en doit passer une bouchée dans un lambeau de ce journal où je lui décerne le grand cordon de l'ordre qu'elle honore et glorifie.

J'ai quitté Clara pour entrer dans la confiserie dirigée par un Viennois, que j'ai surpris en grande conférence avec son aide. Ils ne m'aperçurent point, et, croyant que ces messieurs méditaient un bonbon nouveau, j'allais partir, lorsque j'entendis sortir de leur bouche les phrases suivantes :

— Sais-tu ce que le Mobilier a fait aujourd'hui?

— Non, mais la rente a monté...

— J'ai bien envie de vendre...

— Peuh!... moi, je me suis débarrassé de mes Nord-Espagnols... Il y a décidément une réaction contre la place Vendôme.

Je compris néanmoins que j'étais indiscret et je toussai pour révéler ma présence. Le chef confiseur serra prestement une cote qu'il tenait à la main et vint à moi.

Il est charmant ce jeune homme. Blond, imberbe, distingué même, il me fit voir ses moules, ses terrines, ses sirops, et ne me cacha point qu'il avait le monopole d'un nougat inconnu.

— Si jeune et déjà si inventif! m'écriai-je.

— Je ne suis pas jeune, me dit l'Autrichien, j'ai trente-cinq ans!

— On vous en donnerait vingt-cinq à peine.

— Oh! voyez-vous, monsieur, c'est que le sucre conserve!

Je ne m'arrêtai point dans la boucherie, où un garçon taillé comme un Hercule dépeçait un mouton, et je passai tout de suite dans l'office, où le général en chef de cette cohorte en veste blanche dresse, deux fois le jour, un menu qu'on soumet à madame la baronne James. La baronne raye de sa main les plats dont elle juge la préparation inutile. Le menu redescend, et les quarante hommes affectés au service des cuisines s'empressent d'obéir aux prescriptions qu'il indique... Le poulet truffé, les gâteaux de sable et les compotes de mirabelles ont dominé hier soir sur la carte du dîner.

Il ne suffit pas de manger, il faut boire. Je me dirigeai vers la cave sur la porte de laquelle m'attendait le sommelier un flambeau à la main. Le vantail de chêne massif vibra sous les cris de la serrure, et nous pénétrâmes dans un premier caveau dont les parois sont garnies de casiers quadrangulaires surmontés d'une étiquette signalant le nom du cru et la date de la récolte J'ignore la valeur du contenu de ces fioles, mais, à coup sûr, le contenant n'a rien de répulsif à l'œil Fraternellement empilées, les bouteilles semblent appeler le tire-bouchon. Leurs goulots cachetés sont couverts d'une moisissure respectable, et leurs flancs disparaissent sous la poussière de trois lustres. J'ai vu (que n'ai-je bu !) du Château-Yquem de 1834, du Branne-Mouton de 1829, du Saint-Julien que les alliés auraient bien voulu boire !

D'après mes calculs, les cryptes de l'hôtel recèlent au moins vingt-quatre mille bouteilles qui représentent une valeur de 240,000 francs, car elles renferment toutes les trésors liquides que Dieu versa, au commencement de ce siècle, dans les vignes du monde entier — depuis les flots dorés du Lacryma-Christi, jusqu'au pourpre sirop des ceps du Cap; depuis le jus ordinaire des treilles mâconnaises, jusqu'aux cascades précieuses qui jaillissent des pressoirs du Médoc.

La cave à liqueurs est aussi richement montée; comme l'autre, elle a son historique, son catalogue. Comme l'autre, elle a l'aspect d'une bibliothèque, dont les volumes ne se lisent qu'une fois !

La maison du baron consomme environ deux pièces de vin par semaine. Sitôt qu'un fût arrive, il est immédiatement mis en bouteilles... On ignore, rue Laffitte, la folle joie d'aller placer sous la canelle le pichet de grès où le vin bleu, semblable aux soldats de la première République, tombe en chantant.

Telles sont les notes recueillies durant ma souterraine excursion...

Déjà je touchais au seuil de la porte cochère, quand un valet de pied vint me dire que M. de Rothschild me demandait. Je courus à son cabinet.

— Mon cher monsieur, me dit-il, j'ai réfléchi, et vous m'obligeriez en ne publiant rien sur ma maison.

Je m'inclinai profondément, mais sans souffler mot, me réservant de répondre moi-même à la requête du capricieux millionnaire.

Si j'étais venu à vous, monsieur le baron, la veille de l'émission de l'emprunt autrichien, pour vous dire que vous me seriez particulièrement agréable en ne négociant pas cette affaire, vous m'eussiez répondu que la fantaisie d'un plumitif doit s'effacer devant les intérêts de cent mille souscripteurs. Laissez-moi donc solliciter de votre volonté qu'elle s'efface devant le plaisir qu'auront les cinq cent mille lecteurs de ce livre (vous compris) à pénétrer dans les cuisines et les caves du plus illustre banquier de l'univers.

III

LE THÉATRE D'UN CRIME

Mon carnet porte depuis plusieurs jours des notes relatives au local habité par la veuve Chabesière, assassinée en décembre dernier, — mais j'ai voulu attendre, pour les publier, que le tribunal eût prononcé la sentence de ses meurtriers. Nous vivons dans un temps où les petits écrits ont parfois de grandes influences, et jamais je ne me serais pardonné d'avoir, par mes révélations, pesé sur la conscience d'un jury.

La victime, que la loi a vengée, était établie depuis vingt-cinq ans au n° 7 de la rue de Clichy, dans un logis sombre qui se compose de trois pièces. Dans la première, la marchande à la toilette suspendait ses oripeaux, et la vitrine de la rue, encombrée de loques, interceptait la lumière du jour.

C'est là que la veuve reçut le premier coup. J'ai vu le quinquet huileux que les malfaiteurs éteignirent pour consommer leur forfait, et l'on m'a montré sur les lames du parquet une large tache produite par l'effusion de sang de la malheureuse. Cette tache rouge a été lavée à grande eau, mais elle a persisté... Le sang du crime est long à s'effacer ! Un détail : la forme et la dimension de cette tache sont absolument semblables à la carte d'Afrique qu'on met dans les mains des lycéens.

On pénètre par une porte vitrée dans la seconde pièce, — celle où les scélérats ont traîné leur victime et l'ont étranglée avec un rideau. Elle est plus étroite et plus basse que la précédente. Madame Chabesière avait ménagé, au-dessus du plafond surbaissé, une sorte de soupente où elle entassait des nippes, de vieux cadres et des chaussures hors de service en telle quantité, qu'il fallut trois voitures pour les emporter, après la vente organisée par madame Godefroy, fille unique et héritière directe de la revendeuse.

Cette arrière-boutique reçoit une grise clarté par un vitrage terne donnant sur le magasin. Les papiers qui tapissent les murs sont grossiers, poussiéreux et sales ; ils rappellent ceux des auberges de province. Sur la paroi gauche de ce mur crasseux, on remarque de rouges maculatures à un mètre du sol. Plusieurs d'entre elles indiquent qu'elles ont été produites par le contact d'une main sanglante.

On passe de là dans la troisième chambre, dont l'angle extrême est percé d'une issue donnant sur la cour de l'immeuble. Cette porte est vitrée ; un bec de gaz est suspendu, en face, à la voûte de l'allée, en sorte que le soir du sinistre sa lumière pénétrait dans la chambre par les carreaux.

Quand les assassins eurent ouvert l'armoire de noyer située dans le. même angle, le battant de droite s'appliquant sur le vitrage, ils durent allumer une bougie pour se livrer à leurs coupables perquisitions. Un lit d'acajou, deux fauteuils, une chaise et une commode Louis XV, composaient l'ameublement de ce sombre réduit. Lorsque je le visitai, le lit n'y était plus, mais la commode y était encore et j'en ai fait l'achat... c'est sur sa tablette vermoulue que j'écris ces lignes, et je distingue clairement les marques sirupeuses laissées à sa surface par les potions destinées à rendre la vie à la veuve infortunée le soir du meurtre.

C'était une brave femme et une digne mère. Elle avait soigné comme une sainte son mari agonisant, et depuis la perte de son époux elle donnait à dîner à sa fille et à son gendre tous les dimanches. Elle allumait, toute joyeuse, les fourneaux de sa petite cuisine, — une manière de puits prenant jour par en haut et large d'un mètre carré à sa base. J'y suis entré également. Des bouteilles vides, des couverts de fer battu et des plats ébréchés encombraient un dressoir écloppé.

La veuve n'était pourtant pas malheureuse. Elle avait une clientèle assez nombreuse de femmes du demi-monde qui lui achetaient des falbalas au rabais, et de femmes du monde qui lui cédaient les mise-bas de leurs garde-robes. Elle gagnait, bénéfice net, 12,000 francs par an, vivait très-modestement et n'avait qu'un loyer de 1,500 francs. Elle confiait à sa fille le fruit de ses épar-gnes, qui sont assez considérables, comme on l'a pu voir par les débats du procès.

L'immeuble dont cette affreuse boutique est un frag-ment est fort beau et appartient à M. Berthier, ancien avoué à la cour impériale. Édouard Lemoine y loge au troisième étage, et le pavillon qu'on aperçoit au fond de la cour est occupé par M. Bravay, le frère du député. J'ai aperçu dans cette même cour un hibou attaché à une chaîne de fer, et j'ai communiqué à la femme du concierge une légende du Loiret qui fait de ce rapace un oiseau de malheur. Dans ces contrées, on prétend que la mort entre avec lui dans les maisons.

—C'est vrai tout de même, me dit l'aimable portière, le jour où le piqueur de M. Bravay l'a apporté ici, son cheval *arable* est mort d'un coup de sang! Un mois après c'était le tour de la marchande à la toilette. Pourvu que ça s'arrête là!

Et comme ma légende avait fixé son attention sur les préjugés qui s'attachent aux hiboux, elle crut se rappeler qu'à l'heure du meurtre la chouette avait jeté trois cris!

C'est une nommée madame Fago qui a racheté pour 4,500 francs le fonds de la victime... Elle est nouvellement mariée, bien qu'âgée déjà de quarante ans. Comme je la plaisantais sur ses tardives épousailles, elle me répondit : « Tant qu'un arbre fleurit, il peut porter des fruits. »

Le fait est que le teint de madame Fago rappelle la rose, le lis et le camélia pour la fraîcheur. Elle avait l'intention de prendre dans deux ans la suite des affaires de madame Chabesière — celle-ci ayant fixé cette limite à l'exercice de son négoce. La pauvre femme! elle eût bien fait de devancer le terme de sa retraite.

Elle serait à l'heure qu'il est près de sa fille, et nous n'aurions pas sous les yeux un des plus odieux attentats du siècle.

Il serait peut-être curieux d'établir une statistique sur les quartiers de Paris où se sont le plus fréquemment accomplis des vols et des meurtres.

A en croire M. de Villemessant, la rue de Clichy tiendrait la tête dans cette nomenclature. Il juge peut-être la chose à un point de vue personnel, ayant été lui-même attaqué, il y a quelques années, au niveau de la rue de Tivoli. Il se rendait à une soirée, quand un homme se jette sur lui, avec l'envie très-visible de *regarder l'heure* à sa montre et de lui *emprunter* quelque argent.

M. de Villemessant, qui n'aime pas les indiscrets, saisit le bonhomme par sa cravate et en diminua le diamètre en en tordant les extrémités.

Le malheureux ne pouvait plus bouger : il avait la face bleue, et sa langue sortait longue d'un pied.

— Gredin, lui disait mon rédacteur en chef, tu ne t'attendais pas à trouver ton maître !

Le misérable criait merci; mais M. de Villemessant était sourd à ses supplications et le tenait à longueur de bras, craignant un coup de couteau. Et comme ses muscles commençaient à se fatiguer, il appela du secours.

La sentinelle de Clichy — les — prisons arriva au bout de dix minutes : il était temps ! l'assaillant reprenait des forces; l'assailli sentait que les siennes touchaient à leur fin. On mena le coquin chez M. Trouessard, le commissaire du quartier, où il déclara se nommer Taupin. Il ajouta qu'il était couvreur et originaire d'Orléans.

Quand le magistrat lui demanda les raisons qui le poussaient à ces actes honteux :

— Monsieur le commissaire, lui répondit-il, je ne vous comprends pas. Je marchais tranquillement dans la rue, quand monsieur se précipita sur moi et me demanda la bourse ou la vie; et comme je me refusais à le satisfaire, il se mit en devoir de m'étrangler.

Le commissaire eut un moment d'hésitation... Mais,

à l'examen des visages, ses doutes s'évanouirent et il fit écrouer le sieur Taupin à Mazas.

En 48, il s'est évadé de sa prison... Avec des opinions aussi avancées que les siennes, qui sait ce qu'il est devenu ?

IV

LES NOURRICES DE PARIS

Vous eussiez pu me voir hier en grande conférence avec une vingtaine de femmes coiffées de façons diverses, parlant des patois différents et n'ayant de commun que le débraillé de leurs corsages. Bien que célibataire, j'avais prétexté l'accouchement subit de mon épouse et le besoin pressant d'une nourrice pour me glisser dans l'un des treize bureaux de la capitale — où se tiennent des paysannes, prêtes à dégrafer leurs robes au profit des nouveau-nés.

— Prenez-moi, mon bon monsieur, me disait une Bourguignonne, j'ai déjà élevé trois enfants... Ils marchaient à six mois et avaient quarante-deux dents à un an.

— Ne l'écoutez pas, mon maître, ripostait une Picarde, elle vous dit des *menteries*... C'est moi qu'il faut engager. Je suis saine comme votre œil, propre comme un écu neuf, et je m'attache tant à mes nourrissons, que je fais une maladie chaque fois que je les quitte !...

— Quel aplomb elle a, cette Marianne ! objectait une Nivernaise en faisant ressortir les avantages de sa plastique. — Son lait ne vaut rien, et le médecin d'ici disait ce matin qu'elle n'était plus assez jeune pour son état.

Une Normande survint qui déprécia fort crûment la marchandise de ses collègues, et une Champenoise mal embouchée s'étant formalisée du fait, une discussion s'ensuivit... Je crus que ces dames allaient se prendre à la gorge !...

Mais l'inspecteur apparut, et sa présence rétablit le calme. La mission de ce fonctionnaire, dépêché toutes les semaines par la préfecture de police, consiste à s'assurer que les dortoirs où couchent ces villageoises braillardes, en attendant un emploi, sont proprement tenus, et ne contiennent pas un nombre de lits trop considérable. C'est lui qui m'apprit les rouages de ces singulières entreprises.

Des hommes spéciaux, nommés *meneurs*, sont envoyés dans les provinces par les chefs respectifs des bureaux. Ils parcourent les villages, enrôlant des recrues, ainsi que le faisaient jadis les racoleurs militaires, et les ramènent à Paris — munies d'un certificat du maire de leur commune.

C'est le 5 et le 26 de chaque mois qu'ont lieu les principaux arrivages. J'ai eu la chance d'assister au débarquement d'une cargaison de Margots, et je puis assurer que le pays de Caux est la contrée où l'on a le plus souci de perpétuer leur race en ce moment, car les hauts bonnets dominaient dans le lot de mercenaires qui défila sous mes yeux.

Le *meneur* s'assit exténué dans une petite salle d'attente où je l'avais suivi, et se mit en devoir de vider une bouteille de vin, en manière de cordial. Désireux d'engager une conversation avec lui, je m'extasiai tout haut sur la beauté et la vigueur du troupeau qu'il avait récolté dans son expédition.

— Ah! monsieur, me dit-il, vous tombez mal aujourd'hui. J'ai ordinairement mieux que ça, mais depuis quelque temps la Bretagne est endormie, le Morvan ne donne pas et la Picardie flâne... Il faudra que je m'y mette un jour; c'est pas si difficile à faire, des nourrices!

Sur ce, le racoleur but à ma santé, et s'essuyant les lèvres avec la manche de sa blouse bleue :

— Allons, fit-il, il faut que je vous quitte; je repars pour le Midi tantôt. L'Arlésienne est très-demandée pour le quart d'heure. J'irai de là dans l'Est, car l'Alsacienne est encore de mode au faubourg Saint-Germain.

Survint une dame élégamment vêtue. Un homme tout de noir habillé l'accompagnait.

— Madame, dit-elle à la personne préposée aux inscriptions du registre, je suis avec le docteur. Veuillez faire venir la nourrice que j'ai retenue pour ma belle-sœur.

— C'est la nommée Françoise? demanda un teneur de livres.

— Précisément.

. Le bureaucrate sonna, et, deux secondes après, Françoise fit son entrée, — en montrant une double rangée de dents blanches. Elle ébaucha ensuite une révérence et, comprenant qu'on venait essayer son lait, elle découvrit complaisamment... tout ce qui était nécessaire à l'expérience. Le médecin fit couler dans une cuiller d'argent dix gouttes blanches, qu'il exprima du sein gonflé de la paysanne avec précaution.

Puis il promena le lait ainsi obtenu dans le récipient, observant s'il laissait des traces sur ses parois. D'où je conclus que le lait le meilleur est le plus crémeux.

Françoise sortit victorieuse de cette épreuve. Quoiqu'elle en soit à son douzième *élevage*, ses mamelles sont restées fécondes et précieuses (chimiquement bien entendu).

— Je crois vous avoir déjà vue quelque part, lui dit le docteur.

— C'est sans doute aux bureaux de la rue Fourcy-Saint-Antoine, répondit-elle. J'y étais quand le baron Dubois est venu y chercher la nourrice du petit prince. Il l'a choisie parce qu'elle avait déjà servi dans sa famille, et qu'il savait conséquemment quelles étaient ses qualités. Elle est née à Beaulieu-les-Fontaines et avait trente-trois ans quand on l'emmena aux Tuileries... Son mari, actuellement employé comme garde-chasse dans les forêts de la Couronne, jouit, par suite du décès de sa femme, de la rente de deux mille francs que lui avait faite l'Empereur.

J'ai voulu savoir du chef du bureau si les campagnes alimentaient seules son magasin, et j'appris ainsi que Paris fournit peu de sujets; que les nourrices parisiennes sont pour la plupart des couturières abreuvées de déceptions, des cuisinières enjôlées par des cochers, ou des piqueuses de bottines abandonnées par leurs séducteurs.

L'entrepreneur d'allaitement ajouta que les meilleures nourrices sont les filles-mères. Les autres, — celles qui sont mariées, — ont moins d'aménité dans les rapports. Leur caractère est plus violent, leurs allures plus arrogantes et leur cupidité plus insatiable.

Ceci me remet en mémoire une anecdote que me

contait ma mère, il y a dix ans. Comme tous les derniers-nés d'une nombreuse famille, j'étais adoré de mes parents, et ma nourrice, — une Lorraine madrée — spéculait sur la tendresse qu'ils me portaient.

La salade, les fruits verts et les noisettes avaient été rayés de son régime alimentaire comme nuisant aux qualités du lait humain. Aussi, quand elle demandait soit une augmentation de salaire, soit un châle, soit un bijou, elle ne manquait pas d'ajouter :

— Si on me refuse, je me donnerai une indigestion de chicorée, de prunes et d'avelines.

Ma mère cédait. Allez donc retirer le sein des lèvres d'un enfant de quatre mois ou changer son buffet habituel ! Autant le condamner à l'étiolement et à la mort.

Les commères qui me reçurent hier me semblent aussi rusées et aussi habiles dans l'art du chantage que mon impudente nourrice. Quand elles apprirent la supercherie employée par moi pour les faire causer, elles m'accablèrent d'injures.

L'une d'elles me traita de *blagueur*. Une autre allégua que j'avais *un air* à n'avoir jamais d'enfants. Une troisième soutint que j'en aurais beaucoup, mais qu'ils ne me ressembleraient pas... Je m'empressai de gagner la porte, décontenancé, ahuri, et *ne sachant à quel sein me vouer !*

V

LES SECRETS DU MONT-DE-PIÉTÉ

Il y a des pudeurs que je ne conçois pas.

Je n'ai jamais admis celle qui consiste à mettre un faux nez pour aller engager l'épingle de sa cravate. S'enveloppe-t-on d'un manteau couleur de muraille et attend-ôn le crépuscule pour emprunter de l'argent à un ami ou faire escompter sa signature? J'avoue donc avoir souvent porté ma montre dans les offices à lanterne rouge. La première fois — c'était il y a dix ans — je me rencontrai au *guichet de la gêne* avec un grand garçon brun qui venait également suspendre *au clou* son chronomètre d'or. J'avais alors des préjugés qui n'existeraient plus depuis longtemps si le Mont-de-Piété s'appelait *Banque sur nantissement*, et rougissant d'être surpris en flagrant délit de misère, je voulus battre en retraite.

— Monsieur, me dit mon compagnon d'infortune, si ma présence vous incommode, je vais me retourner pendant qu'on fera votre affaire !

2

Cette apostrophe était au moins aimable ; je me liai avec mon interlocuteur. Il était étudiant aussi. Je l'ai revu depuis, hélas ! Comme moi il a quitté la médecine ; seulement nous avons suivi des carrières différentes. Je suis journaliste, et il est, lui, commissionnaire au Mont-de-Piété, dans le quartier le plus fréquenté de Paris.

C'est à lui que je songeai pour avoir des détails sur l'administration qui m'occupe aujourd'hui, et je lui écrivis afin de le prévenir de ma visite et de son objet. Quand j'arrivai à son bureau, il était en train de méditer sur la valeur d'une paire de draps que lui tendait une vieille femme au front ridé ; il leva le nez par-dessus ses loques et me pria de patienter jusqu'au retour de son commis, qui était allé déjeuner.

— Sera-ce long ? lui demandai-je.

— Dix minutes au plus.

— Dix minutes ! Diable !... que pourrais-je bien faire en vous attendant ?

— Dame ! je ne sais pas... *Engagez quelque chose.*

Ça ne me disait pas ce matin-là ; c'est pourquoi je me contentai de m'asseoir sur les banquettes de la salle d'attente, examinant la condition et les allures de ceux qui venaient déposer sur la planche d'angoisses des couvertures, des boucles d'oreilles, des pardessus, des pendules et des sabres de famille... Je constatai que le besoin d'argent, — qu'il ait pour cause la faim, la débauche, le jeu ou le protêt, — donne à tous les visages la même expression soucieuse.

Je constatai aussi que le bijou domine dans les engagements. La lingerie vient ensuite, puis les hardes et la literie, et enfin les dentelles.

Un homme entra qui s'adressa au buraliste, et lui dit

qu'il avait en bas, sur une charrette, un piano d'Erard et quatre fauteuils en palissandre. On l'envoya rue des Amandiers-Popincourt. Je savais — grâce à une aventure dont feu Guichardet fut le héros — que c'était le seul bureau de Paris où les gros meubles fussent acceptés.

Guichardet — en mal de fonds — avait chargé son épinette sur la voiture à bras d'un Auvergnat et s'était dirigé vers le faubourg Saint-Antoine. Arrivé à la place de la Bastille, un omnibus accrocha sa carriole, l'instrument tomba, et ce ne fut qu'après des peines inouïes qu'il fut rechargé sur son char démantibulé. Guichardet était fort inquiet. Il redoutait que la secousse n'eût produit des ravages dans l'intérieur de son piano et qu'il ne fût pas admis par le préposé à la réception des clavecins. Il prit alors un parti héroïque. Il poussa la charrette sur le trottoir circulaire de la colonne de Juillet, monta sur le véhicule et se mit à exécuter, à titre d'essai, les polkas les plus folles.

Des bonnes d'enfants qui promenaient des mioches l'entourèrent immédiatement et des passants s'arrêtèrent en assez grand nombre. Quelques-uns, entraînés par l'harmonie, se mirent à danser, et quand Guichardet, rassuré, voulut descendre de son poste, il aperçut à ses pieds une légion de fanatiques qui criaient : Bis ! Il dut recommencer pour satisfaire à la demande générale, et on lui eût peut-être imposé un quadrille final sans l'arrivée d'un sergent de ville qui interrompit ce bal en plein vent.

On ne se figure pas le prêt que fait quotidiennement l'administration du Mont-de-Piété de Paris. J'ai sous les yeux les notes recueillies chez mon obligeant commissionnaire, et je lis que l'engagement journalier, réparti entre tous les bureaux, dépasse le chiffre de 100,000 francs. Les dégagements atteignent une somme à peu près identique. Sont exceptés, bien entendu, les jours où — comme l'an dernier — une princesse étrangère envoie ses écrins rue des Bons-Enfants et reçoit 500,000 francs d'un seul coup. Sont exceptés aussi les mois où des gentilshommes font venir dans leurs hôtels les agents de l'entreprise et leur livrent leur argenterie contre un prêt de 10, 20 et 30,000 fr.! Le duc de Caderousse a eu maintes fois recours à ces moyens, lorsqu'il était sous la dépendance d'un conseil judiciaire.

Il m'a été conté qu'une dame du plus grand monde a placé tous ses diamants dans un bureau du quartier Montmartre. Elle explique l'absence de ses parures en disant que sa fille est dans une position intéressante et qu'elle a fait vœu de ne pas porter le moindre bijou avant l'heureuse délivrance de son héritière.

C'est dans le même endroit qu'arriva un jour une courtisane bien connue, les yeux rougis par les larmes et la chevelure en désordre. Son bien-aimé venait d'être incarcéré à Clichy pour une dette de 175,000 francs. Elle ramena le commissionnaire avec elle dans son coupé, lui remit le coffre-fort où ses rivières et ses colliers étaient serrés, et le soir même elle dînait avec son Arthur au café Riche.

Les faits que je signale sont fort rares; quant aux chiffres étonnants que je donnais plus haut, ils ont pour origine les engagements de petite valeur. Un bureau très-achalandé, à cause de l'amabilité de son chef, et situé dans les environs du boulevard des Italiens, prête environ 4 millions de francs, bon an mal an, par un, deux et trois louis.

Les meilleurs jours d'engagement sont la Saint-Sylvestre, les samedis, les veilles des fêtes et les jours d'échéances commerciales. A ces moments-là les salles sont encombrées de coiffeurs qui ont résolu de se déguiser, et de négociants qui font honneur à leur signature en sacrifiant les cachemires de leurs épouses. L'appât du plaisir contribue autant que la nécessité à garnir les casiers de l'administration centrale. La grisette qui veut aller danser porte sa modeste croix d'or là d'où le ménétrier vient de retirer son violon criard. Je puis citer le nom d'un musicien de barrière qui confie son Stradivarius au Mont-de-Piété de son quartier depuis le lundi jusqu'au samedi. Je connais aussi des dames qui réfléchissent que l'administration répond de l'entretien des objets qu'on dépose dans ses magasins, et qui lui portent leurs fourrures à garder pendant l'été.

Des aéronautes renommés passèrent un vilain quart d'heure certain dimanche. Leur ballon était en gage pour une somme assez ronde, et une ascension était annoncée avec leur nom à la porte du Pré-Catelan.

Ils n'avaient pu réunir les fonds nécessaires à la rentrée de leur aérostat que le samedi soir fort tard — c'est-à-dire trop tard pour le dégagement. La complaisance du commissionnaire aimable déjà désigné leur permit de s'élever dans les airs, et la foule qui battait des mains devant la fière majesté de leur montgolfière ne se douta pas qu'elle gisait le matin même, flasque et piteuse, dans les magasins de la rue des Bons-Enfants.

J'ai souvent entendu parler de la rudesse des employés du Mont-de-Piété. Je ne veux pas plaider pour des gens parfois impolis, mais si l'on songe aux désa-

2.

gréments de leurs fonctions, on est tout prêt à les excuser. Presque toujours, la personne qui engage un objet est mécontente du prêt qui lui est fait... elle a rêvé des avances considérables, et ce sont les administrés qui pâtissent de ses déceptions. J'ai demandé à l'un de ces subalternes le montant de ses émoluments.

— Les mieux payés d'entre nous, m'a-t-il répondu, ont dix-huit cents francs par an.

Dix-huit cents francs pour manier du matin au soir des robes fripées, des draps crasseux, des redingotes poudreuses, — pour contempler sans cesse dans le cadre du guichet des visages sombres — pour entendre continuellement des soupirs, des plaintes, des réclamations!... Ça n'est pas payé.

Je voulus également savoir comment ces messieurs arrivaient à trouver la juste estimation des objets qui leur passent par les mains. Et j'appris que des examinateurs spéciaux soumettent les aspirants à des épreuves préalables.

Ces professeurs jettent aux candidats des gilets, des culottes ou des châles en les priant de fixer la somme qu'ils avanceraient sur les oripeaux soumis à leur appréciation.

Les néophytes disent un prix, et s'ils ont outrepassé la cote rationnelle, leurs maîtres rectifient à haute voix leurs bévues. C'est ainsi qu'à la longue ils arrivent à assigner des estimations convenables, et à subir, en vainqueurs, ce *baccalauréat ès-nippes.*

Le Mont-de-Piété prête sur tout, même sur les paperasses hors d'emploi. Les annales de l'administration contiennent l'histoire d'un huissier qui engagea cinq caisses pleines de vieux dossiers, ainsi que celle d'un écrivain qui apporta dans un bureau auxiliaire un volumineux roman dont les éditeurs s'étaient méfiés.

— Eh bien! dit-il à l'employé qui se dirigeait vers ses balances, vous ne lisez pas mon manuscrit?

— Il me suffit de le peser, monsieur, repartit l'interpellé... Votre œuvre pèse deux livres et demie... à trois sous la livre, cela vous fait huit sous... *prix fort!*

Je ne vous ai pas parlé d'une classe d'individus qu'on appelle les *fantaisistes du clou*. Parmi eux se trouvent des millionnaires qui ont toujours leurs montres en gage. Le Mont-de-Piété exerce sur leur gousset une attraction singulière; ils ont la poche pleine de louis, et, malgré eux, ils gravissent l'escalier étroit des agences.

C'est qu'ils ont commencé leur vie par la misère, et que, tout jeunes, ils ont pris l'habitude de regarder l'heure aux monuments publics.

Il y a aussi le chiffonnier qui dépose au guichet un brillant de mille écus. On regarde le pauvre diable, on s'informe de la provenance de son joyau, et l'on apprend que le malheureux a préféré manger pendant vingt ans des croûtes de pain trouvées dans les tas, plutôt que de se séparer d'un diamant de famille.

Il y a enfin une pauvre femme, cardeuse de matelas, et mère de douze garçons adultes. Elle n'a qu'une robe de soie, engagée, bien entendu. Chaque fois qu'un de ses gars se marie, elle vient dégager ses atours, et quand la noce est finie, elle les reporte à M. Vallant, commissionnaire, au coin de la rue Geoffroy-Marie.

— Quand vous n'aurez plus d'enfants à marier, vous laisserez vendre votre robe par l'administration? lui disait-on.

— Non, répondit-elle, tant que je serai de ce monde, je renouvellerai la reconnaissance, et mes belles-filles ont l'ordre de dégager ma robe quand je serai morte et de la revêtir chaque fois qu'elles marieront un de leurs petits.

VI

UNE MAISON DE SANTÉ

Un officieux correspondant m'ayant reproché, dans une lettre bien sentie, de ne pas m'occuper assez du grand monde, je me suis immédiatement rendu dans un hôpital de chiens, situé en haut de la rue de Clichy.

Le hasard voulut que l'infirmier principal de la maison fût un citoyen de ma connaissance, et c'est avec une stupéfaction panachée de plaisir que je reconnus en lui Narcisse Renard, ancien colleur de bandes au *Grand Journal*.

Renard ne séjourna pas longtemps dans nos bureaux. Tout jeune, il avait conçu pour les bêtes un attachement irrésistible, et un beau jour, sacrifiant le journalisme à sa passion dominante, il alla offrir ses services à M. Sanfourche, qui l'admit dans son ambulance.

Le visage de Renard rayonne d'aise quand il est au milieu de ses malades. Il a pour eux des attentions de sœur de charité et leur administre une tisane ou... le contraire, avec une mansuétude renouvelée de saint Vincent de Paul.

C'est lui qui me guida dans les salles où sont couchés les caniches.

Il faut voir de quel œil ces pauvres alités considèrent les visiteurs, et les tristes regards qu'ils leur jettent : cela vous remue l'âme. Ah! la douleur n'est pas difficile à lire sur leurs faces amaigries!... j'allais dire pâles.

Chaque quadrupède est enfermé dans un *box* à claire-voie, surmonté d'un écriteau portant le titre de l'affection et le nom du maître. C'est ainsi que j'ai constaté que l'œdème avait sévi sur le terre-neuve du marquis de Belot, le rhumatisme sur l'épagneul de mademoiselle Cico, la pneumonie sur le terrier de M. de Caux, et l'ophthalmie sur la levrette de mademoiselle Rose Deschamps. Un havane, appartenant à mademoiselle E. Riquier, tousse à côté d'un griffon qui est la propriété de M. Delessert. Plus loin, c'est la niche des convalescents — où les Folies-Marigny sont représentées par le braque de M. Lacombe et le loulou de mademoiselle Bariol.

Renard, qui s'est toujours distingué par son amour de l'ellipse, abrége ses interpellations aux bêtes confiées à sa maternelle administration, en leur donnant le nom de leurs maîtres.

— Hé! là-bas, Rose Deschamps! s'écrie-t-il, vas-tu te taire?... Oh! cette Cico, elle me fera mourir de chagrin; je crois, Dieu me pardonne, qu'elle fait de l'œil à Delessert... Fi, mademoiselle, quand on est dans votre état!... se permettre de telles licences!

L'hôpital de M. Sanfourche renferme des souffreteux plus intéressants. J'y ai caressé un chien aveugle placé là par des bourgeois compatissants jusqu'à la fin de ses jours; une guenon (mademoiselle Jaquette), presque entièrement remise d'une paralysie générale, et une chatte affectée d'un cancer, qui sort du boudoir de la comtesse Dash.

Il y a dans cette hospitalière infirmerie des lits qui ont leur légende et leur célébrité. Le box n° 24 a donné asile à un ambitieux que la fortune a favorisé, et qui est aujourd'hui dans une position splendide.

Que tous les chiens de l'univers méditent l'histoire suivante dont leur collègue est le héros.

Le concierge principal des Tuileries avait remarqué l'obstination singulière d'un toutou de race commune à pénétrer dans la cour du Palais impérial. C'est en vain qu'il avait usé des arguments *ad canem* pour dégoûter l'indiscret de sa manie. Il le rossa un matin si fort et si bien, qu'il crut son but atteint. Mais quelle ne fut pas sa surprise quand, le soir, il aperçut le rusé caniche qui — s'étant faufilé dans la rue de Rivoli sous la voiture de l'Empereur — faisait son entrée triomphale aux Tuileries, entre les roues du carrosse de Sa Majesté.

La bête entêtée fut deux ou trois fois encore expulsée après ce bon tour: mais, le fait s'étant renouvelé souvent, Napoléon III finit par en avoir connaissance.

— Puisque ce chien tient à rester ici, ne le renvoyez pas, dit le souverain.

Et, depuis ce jour, le roquet habite près la salle des cent-gardes, avec un vieux soldat qui a mission de le soigner. Une pension assure aux deux locataires leur subsistance et leurs aises dans l'avenir.

Tous les individus de la gent canine n'ont pas cet appétit des grandes résidences. Témoin un *Scotsh-bull* qui s'échappe à chaque instant de l'ambulance — pour se rendre dans un cabaret de la barrière Clichy. Il y est connu pour son adresse à tuer les rats et son goût prononcé pour l'eau-de-vie.

— Le voilà, ce débauché, me dit Renard en lui montrant le poing. Figurez-vous, monsieur, qu'il est rentré soûl avant-hier, et après minuit encore!... Ça n'est pas Rose Deschamps qui ferait de ces choses-là!

Et s'approchant de la cage du réfractaire :

— Tu l'expieras, ta vie de chien, lui dit-il; tu auras une maladie de peau, et ce sera bien fait.

Le box n° 13 est occupé par le limier d'un riche boyard, qui a la gale (le chien, pas le boyard). C'est dans cette cage que fut enfermé jadis un épagneul dont les aventures méritent les honneurs de la typographie. Cet animal appartenait à un richard qui l'aimait d'un amour extravagant. Tout à coup il tomba malade, et le Crésus fit venir M. Sanfourche, qui se déclara obligé d'emporter le chien chez lui. Le millionnaire conçut tant d'ennui de cette séparation, qu'il fut pris d'une affection du foie, se coucha, et tandis que son bien-aimé quadrupède guérissait, il avançait insensiblement vers la tombe. Bref, il eut la joie de rendre l'âme alors que M. Sanfourche rapportait Azor (vous ai-je dit qu'Azor était le nom du chéri?) guéri, pimpant, gras et beau comme un astre.

A l'ouverture du testament, le notaire lut aux héritiers consternés du financier une clause qui laissait à la vieille bonne de l'original une rente de 1,200 livres payables chez le tabellion, tant que vivrait le chien dévolu à ses soins par un alinéa de la même clause.

La cuisinière sauta de joie et se mit à prier le ciel de donner à maître Azor la longue existence de Mathusalem... Mais les Azors (même ceux qui n'ont pas de

Zémire à leurs côtés) sont mortels : Azor s'en alla aux sombres bords à la suite d'un refroidissement.

La cuisinière était aux cent coups. Ce qu'elle regrettait, ce n'était pas le quadrupède, mais les avantages attachés à sa personne. Elle devait justement aller toucher ses rentes chez le notaire trois jours après !

— Il aurait bien pu attendre que j'eusse palpé *le quibus*, dit-elle à M. Sanfourche.

Tout à coup elle se frappa le front et emporta le cadavre de son maladroit pensionnaire chez un préparateur qui, sur son ordre, l'empailla, lui établit un jeu d'articulations aux pattes ainsi qu'aux mâchoires et lui plaça dans le ventre un soufflet imitant, sous la pression de la main, un aboiement terrible.

Au jour de l'échéance, elle se présenta — son automate sous le bras — chez le notaire, qui voulut caresser l'épagneul. Azor poussa un grognement prolongé et ouvrit la gueule jusqu'aux oreilles.

— Diable! fit l'officier ministériel en devenant plus blanc que sa cravate.

Et il compta les écus à la domestique, toute ravie de sa ruse...

Si ravie même, qu'elle déposa Azor sur un fauteuil et courut compter la somme dans un coin du salon. Mais, dans sa précipitation, elle avait placé Azor sur le dos.

Le notaire, en voyant sur ses meubles un caniche levant en l'air ses quatre pattes raides, essuya d'abord les verres de ses lunettes, et comme, muni de son numéro 2, il possède une vue excellente, il aperçut la suture qui dissimulait mal le crin végétal et les articulations métalliques de maître Azor.

Il reprit à la cupide cuisinière la rente qu'il avait

versée en ses mains, et celle-ci, désespérée, donna un coup de pied dans le ventre d'Azor en s'écriant :

— Ça valait bien la peine de dépenser cent cinquante francs pour la mécanique!... Rendez-les-moi, monsieur le notaire !

M. Sanfourche a dans sa maison de santé un *king's-charle*, couvert de lèpre, qui fut adressé l'autre jour à « *M. Timothée Trimm, membre de la Société protectrice des animaux, au Petit Journal* ». Nous savions que Lespès écrivait parfois pour des imbéciles, mais nous ignorions qu'il protégeât les bêtes... Comment se fait-il que cet incident ne lui ait pas fourni un de ces premiers-Paris à la fleur d'oranger comme il en *premierparise* si bien?

En confrère généreux, nous lui livrons, pour l'adorner de ses périodes sentimentales, la véridique histoire de la levrette Nina, qui avait encore, l'an passé, sur son collier le nom d'un agent de change bien connu.

La femme de ce financier était morte dans une nuit du mois de mai. Le surlendemain on allait clouer le couvercle de la bière, quand Nina, qui s'était tenue sous le lit de sa maîtresse défunte, se faufila dans le cercueil sans que les ensevelisseuses s'en aperçussent. Au moment de terminer la funèbre besogne, on vit le bout de son museau qui dépassait les bords du linceul. Il fallut littéralement l'arracher à ce cadavre, qu'elle voulait suivre dans la terre. Nina ne survécut que six mois à celle qui lui avait inspiré cette pensée surhumaine... L'agent de change l'a fait enterrer sous une dalle de marbre, dans une propriété qu'il habite aux environs de Paris.

Le récit de cette touchante anecdote m'a inspiré l'idée d'un cimetière pour les chiens... Des bêtes comme

Nina ne méritent-elles point qu'on aille parfois pleurer sur le gazon qui les recouvre, et qu'on se demande, en souvenir de leur intelligence, de leur fidélité et de leur dévouement, s'il ne faut pas appeler âme ce que les naturalistes prosaïques appellent instinct?

VII

LA JOURNÉE D'UN CARDINAL

Je suis allé chasser l'an dernier, pendant huit jours, sur les terres de l'un des plus riches propriétaires du département de la Gironde... Je me levais alors de grand matin, et précédé par le meilleur chien du chenil, j'arpentais les campagnes, faisant aux perdreaux une guerre assez inoffensive. Comme je suppléais par l'activité et l'amour-propre à une maladresse notoire, il m'advint souvent de me trouver, quand tombait la nuit, à six lieues du château, moulu, harassé, pouvant à peine porter ma carnassière absolument vide et mon fusil vierge du moindre meurtre. J'entrais alors dans la cabane d'un paysan, et durant qu'on attelait une carriole pour me ramener au logis, je causais avec mes hôtes.

Je faillis un soir coucher sous le toit de chaume d'un brave vieillard du nom de Pierre. Sa charrette était à la ville. Le cardinal archevêque de Bordeaux était venu visiter le hameau voisin dans la journée, et le cultivateur avait eu l'honneur de lui prêter sa guimbarde pour regagner son palais épiscopal.

Quand on a dix lieues dans les jambes, on est peu endurant; je me permis d'envoyer tout haut l'archevêque à Pluton, dieu des enfers.

— Mon bon monsieur, fit le paysan, vous aurez beau adresser Mgr Donnet au diable, le diable n'en voudra pas, car c'est un saint.

Et il me conta que, le matin même, Son Éminence avait franchi le seuil de sa modeste chaumière, s'était informé s'il avait du pain dans sa huche, avait interrogé son fils sur le catéchisme, administré deux moribonds, confessé quatre familles, et qu'il était reparti après avoir vidé sa bourse dans les mains des pauvres du canton.

— Quand j'ai voulu me lever de mon vieux fauteuil pour le remercier, ajouta le vieillard, croiriez-vous qu'il m'a fait rasseoir et qu'il a exigé que je gardasse mon bonnet sur la tête?

Dix heures sonnèrent, et la carriole n'était pas encore de retour. Le lit que m'offrait mon campagnard ne me tentait guère, car j'étais invité à un bal de noces pour le lendemain à Bordeaux, et j'avais besoin d'une nuit réparatrice. Je me décidai donc à enfourcher le bidet d'un vigneron du voisinage, et vingt-quatre heures plus tard je dansais un quadrille dans l'hôtel de B... en face d'une mariée jolie comme le jour. Ma danseuse était de ses amies.

Contrairement aux habitudes qu'ont les demoiselles du monde de répondre par monosyllabes aux banales questions de leurs cavaliers, ma compagne était bavarde. Elle m'apprit que la jeune épousée qui nous faisait vis-à-vis était, huit jours auparavant, *sœur Marthe* au couvent de X..., qu'elle y avait prononcé ses vœux depuis dix-huit mois et que sa magnifique dot était dans les mains de la communauté...

— Mais comment a-t-elle pu se dégager de ses liens?

— Mgr l'archevêque était allé visiter son cloître, me répondit-elle, il l'aperçut, lut sur son visage qu'elle n'était point faite pour les autels et la releva, presque malgré elle, de ses serments. La religieuse protesta, mais Son Éminence lui affirma que le monde la réclamait et qu'elle était née pour le bonheur d'un époux et pour l'éducation de petits bébés joufflus. Le digne prélat ne s'était pas trompé... Mademoiselle de B... aimait celui qui lui donne son nom, et après l'avoir bénie aujourd'hui même dans la cathédrale, Mgr Donnet lui demanda si elle ne préférait pas le voile blanc de l'hyménée au voile noir du monastère... Elle a souri et a baisé sa main.

— Et sa dot? fis-je avec un regard ironique.

— Sa dot lui a été restituée comme sa liberté, en dépit des règles claustrales.

Le hasard voulut que je visitasse le lendemain un hôpital et un collége... Partout je pus suivre la trace du récent passage de Mgr le cardinal Donnet. Les murs retentissaient encore de ses sympathiques encouragements à la vertu, et toutes les bouches chantaient encore sa charité, sa bienveillance et sa tendresse paternelles.

L'avouerai-je? nous sommes un tantinet voltairiens, nous autres les corrompus de l'asphalte. Nous croyons volontiers que les archevêques passent leur vie dans une oisiveté béate, charmée par les plaisirs de la table et les douceurs du sommeil. Nous croyons aussi à la captation du bien des novices par les cupides compagnies de Jésus...

Je voulus voir de près l'apôtre progressiste que les paysans de six cents communes ont canonisé de son vivant, ce prêtre austère qui viole les lois des saintes retraites en présence des fausses vocations; ce ministre divin qui consacre sa pieuse activité au soulagement des infortunes et à la paix des consciences. Mais je fis de vaines démarches. Chaque fois que je me présentai à l'archevêché, monseigneur était sorti pour une bonne œuvre.

Je revins à Paris, et j'oubliai la sainte Éminence.

L'autre jour, en lisant une séance du Sénat, je tombai sur le discours de Mgr Donnet, concernant les inhumations précipitées. Cet éloquent plaidoyer impliquait de si longs travaux et de si minutieuses recherches, que je me demandai comment celui dont la charité s'exerce dans le même jour en vingt endroits différents peut encore trouver le temps d'approfondir et de travailler des questions aussi ardues.

Le meilleur moyen de me renseigner était d'aller puiser des explications à la source de tant de bienfaits et de tant de science... Aussi bien, je n'étais pas fâché, *en attendant le grand voyage*, d'aller prendre un aperçu de la Providence.

Mgr Donnet, sénateur, cardinal, archevêque de Bordeaux, habite, quand il descend à Paris, au n° 32 de la rue de l'Université, dans un hôtel de simple apparence. Il se lève à six heures du matin, fait ses prières, dit sa messe, se rase lui-même et décachète son courrier (50 lettres au moins tous les jours), en compagnie de son grand vicaire et de l'abbé Gervais, son secrétaire.

Il répond de sa propre main à toutes les missives qui lui sont adressées ; il travaille dans une pièce sans feu et ignore l'usage des lunettes, malgré ses soixante-dix ans ; il atteint ainsi l'heure de midi à jeun : il mange alors deux œufs à la coque ou une omelette, boit un verre d'eau rougie et répond, quand on l'interroge sur les causes de sa frugalité, qu'une alimentation trop copieuse nuit à la clarté des idées et empêche de travailler avec fruit...

Avis aux consommateurs de la *table des lettres* chez Peter's.

A midi et un quart, il reçoit les membres du clergé de Paris qui ont besoin de son concours au palais du Luxembourg. A une heure, il ouvre sa porte à quiconque veut faire appel à son influence auprès des ministres, et après avoir satisfait chacun, il se rend au Sénat, qu'il quitte pour aller dîner en ville et pour rentrer ensuite travailler jusqu'à minuit à des ouvrages de sainteté.

Quand j'arrivai dans son salon, douze personnes attendaient que Son Éminence les pût recevoir. Moi, je fus admis avant tout le monde, par faveur spéciale. Le nom de M. de Villemessant est le *Sésame* de bien des portes, allez !

Mgr Donnet a la plus belle tête de septuagénaire que j'aie vue de ma vie. Ses cheveux blancs tombent en mèches argentées de sa petite calotte rouge et encadrent à ravir son visage placide et rosé.

Son œil est rond et bienveillant, sa bouche est souriante et sa voix onctueuse ; de chacun de ses traits émane la bonté. C'est, comme aspect de physionomie, Jules Janin, moins l'embonpoint.

Son costume est à la fois imposant et modeste. Il

porte un camail violet sur une soutane noire bordée d'une ganse pourpre.

J'ai remarqué l'exiguïté de son pied, qui indique la race par sa cambrure. Sa main est également petite, potelée et gracieuse. On sent en la regardant qu'elle est faite pour la bénédiction; ses doigts bien soignés se croisent de temps à autre, et ce mouvement fait étinceler l'énorme rubis entouré de brillants qui décore l'annulaire de sa dextre épiscopale. La croix d'or et d'améthystes qui pend à son cou par une chaîne d'or a moins d'éclairs que sa pupille noire...

Quand j'eus présenté mes hommages au saint prélat :

— Vous ne me demandez rien, me dit-il, comme fâché de n'avoir pas eu l'occasion de mettre son crédit à ma disposition.

— Ma foi, monseigneur, répondis-je, j'ai tiré de Votre Éminence tout ce que j'en voulais. J'ai eu l'indiscrète adresse de vous faire dire comment vous passiez votre temps à Paris. C'est tout ce qu'il me faut pour le moment.

— Alors vous m'avez confessé. Ah! si j'avais du temps devant moi, je me vengerais en vous rendant la pareille.

— Les *années* de Votre Éminence sont trop précieuses pour que j'en veuille user au profit de ma conscience, fis-je en me retirant.

Arrivé sur le seuil, je me ravisai. J'ai depuis longtemps l'intention de peindre ici la cellule et la vie intime du père Hyacinthe, et je réfléchis que le nom de M. de Villemessant ne jouit peut-être pas d'un grand crédit dans les couvents des Carmes.

Quelques secondes après, Mgr Donnet me remettait,

3.

pour le célèbre prédicateur, un mot, dont voici la copie textuelle :

« 28 janvier 1866.

« Mon révérend père,

« Le porteur de cette lettre désire vous entretenir. Je lui ai promis de votre part un bon accueil. Je vous renouvelle ici l'assurance des sentiments que vous me connaissez depuis longtemps.

« † FERDINAND, cardinal DONNET,

« Archevêque de Bordeaux. »

Je sortis ravi de posséder l'autographe de l'une des gloires du clergé français, et heureux d'avoir en perspective un article intéressant à vous soumettre.

VIII

UNE EXHUMATION

Un journal lyonnais contenait, il y a quelque temps, l'entre-filets suivant :

« Une des célébrités médicales de Paris vient d'être mandée au château de Ronzières, par madame Elleviou, veuve de l'éminent artiste qui a laissé, comme administrateur, de si excellents souvenirs dans notre département, et dont le corps repose dans un mausolée élevé au milieu de son parc. Avant de regagner la capitale, le savant praticien a voulu vérifier par lui-même l'état de conservation de M. Elleviou, embaumé en 1842 par M. Gannal. Nous ignorons les résultats de cette exhumation, seulement il nous a été dit que le corps était noir comme de l'encre, rappelant ainsi l'état dans lequel fut trouvé celui de Louis XIV, lors de la violation des tombeaux de Saint-Denis. »

Ma nature, autant que mon métier, me pousse à la curiosité. J'écrivis immédiatement à Villefranche, la ville la plus rapprochée de la propriété de la digne octogénaire, et après de nombreuses démarches, mon correspondant découvrit le vieux valet de chambre qui avait accompagné le médecin au mausolée. Il l'interrogea sur cette funèbre visite, et c'est la réponse du domestique que je transmets au lecteur dans son entière simplicité de détails — sinon dans son entière naïveté de style :

« Deux heures sonnaient quand nous nous dirigeâmes vers le monument où reposent les restes de mon maître regretté. J'étais muni d'une lanterne, car la crypte creusée dans la terre ne prend jour par aucun soupirail. Je m'agenouillai quelques secondes dans la chapelle qui précède l'entrée du caveau. Elle est simplement meublée, ornée seulement de quelques tableaux de sainteté et d'un autel sur les marches duquel ma maîtresse vient pleurer tous les jours depuis vingt-trois ans. Dans l'hémicycle du fond, à droite, se trouve une petite porte qui n'a pas roulé sur ses gonds depuis la translation de M. Elleviou au château, après son inhumation provisoire au Père-Lachaise, à Paris.

« Quand j'eus entrebâillé cette ouverture, une bouffée d'air frais nous frappa au visage, et la flamme de la lanterne sembla prête à s'éteindre. Est-ce émotion, terreur ou malaise ? je fus pris d'un grelottement subit, et avant de descendre l'escalier tournant dont l'orifice m'apparaissait béant et noir, je boutonnai ma veste.

« Pour l'intelligence de ma narration, je dois vous dire que dans la paroi septentrionale du souterrain deux excavations parallèles ont été creusées. Dans l'une ont été placées les dépouilles mortelles de M. Elleviou ; l'autre attend celles de sa vénérée veuve.

« Je parvins, avec l'aide du jardinier, à placer à terre

le pesant cercueil. Quand je dis le cercueil, je me trompe, c'est les cercueils qu'il faudrait dire, car les compagnies de chemins de fer exigent qu'on enferme les cadavres dans trois enveloppes avant de les admettre dans ses fourgons. C'est pourquoi le plomb, l'acajou et le chêne superposés, contenaient le cadavre.

« Je m'étais muni d'un tourne-vis dont je fis immédiatement usage.

« La poignée de fer de l'instrument, en tournant sur l'axe de sa tige, jetait périodiquement des cris analogues à ceux des oiseaux de nuit; le vent qui s'engouffrait dans le tambour de l'escalier mugissait comme une bête fauve et la jaune lueur de ma lanterne projetait sur les murs gris nos ombres démesurément agrandies.

« Au bout d'un quart d'heure nous eûmes mis à nu le dernier cercueil, et une simple pesée suffit pour en soulever le couvercle...

« Une odeur d'aromates excessivement désagréable nous fit, mon camarade et moi, reculer involontairement. Nous respirâmes un flacon de vinaigre que j'avais eu l'heureuse idée de prendre à l'office. Quant au docteur, son premier soin fut de débarrasser le visage de M. Elleviou du coton dont on l'avait recouvert à Paris, pour éviter les chocs résultant des cahots du voyage.

« Ah! monsieur! je vivrais cent ans, que je n'oublierais pas le spectacle qui frappa mes yeux. Cet homme, que j'avais vu si gracieux et si séduisant, cet artiste, dont la beauté avait été proverbiale comme son talent... cet Elleviou, enfin, dont les grandes dames raffolaient, était horrible à contempler. Ce n'est pas que ses traits fussent méconnaissables, mais son visage était noir comme de l'encre, et ses grands yeux d'émail semblaient lui sortir de la tête.

« Quand, en 1842, il fut frappé de l'apoplexie qui l'enleva en quelques heures, il s'était fait la barbe le matin même. C'était du reste son habitude de se raser tous les jours. Eh bien! monsieur, sa barbe avait cru de deux centimètres. Quant aux chairs de la face, elles étaient molles et comme infiltrées de liquides.

« Une chose bizarre à noter, c'est la dimension extravagante des ongles des pieds et des mains, qui avaient poussé dans une proportion plus curieuse encore. Ces ongles avaient été coupés au moment même de l'embaumement... En vous disant qu'ils avaient trois centimètres de longueur, je ne mens pas.

« Je ne pus juger de l'état du corps, car, après avoir fait pénétrer dans les vaisseaux le liquide préservateur, M. Gannal entoure *ses sujets* de bandelettes de soie écrue, puis il leur passe une chemise, leur coiffe la tête d'un foulard et leur met aux mains des gants de soie blanche et aux jambes de longs bas du même tissu. Ensuite, il les couche sur un lit de plantes aromatiques étalées au fond du cercueil.

« L'extrémité des gants et des bas de M. Elleviou avait été percée par la croissance de ses ongles, et au travers de la déchirure on apercevait sa peau noire comme son visage... ce qui donne à penser que Dieu jette ce sombre linceul sur les restes de ceux qui ont joui, de leur vivant, de tous les triomphes et de toutes les joies.

« Cette constatation terminée, le docteur arrosa d'essences les surfaces de la peau que ne recouvraient pas les bandelettes, puis il ordonna de refermer la bière et de la remettre à la place qu'elle occupait auparavant, ce que nous fîmes à l'instant même. Nous nous retirâmes, faisant des vœux pour que la case qui doit réunir madame Elleviou à son mari reste longtemps encore vide, dans l'intérêt de la commune dont elle est la bienfaitrice, et des pauvres dont elle est la Providence.

« Voilà donc mon pauvre maître à l'abri pour — combien de temps, je l'ignore — de toute altération. Pour moi, je pense, depuis que j'ai assisté à cette triste cérémonie — que Dieu, en prenant notre âme, exige que notre corps retourne en poussière, comme il l'a dit par la bouche de son Fils crucifié et que sa volonté s'accomplit tôt ou tard, malgré M. Gannal et ses confrères. »

IX

L'ABBÉ LISZT

En me rendant au domicile de l'abbé Liszt, je m'attendais à trouver un ecclésiastique froid et austère : aussi
avais-je composé mon visage ordinairement très-mondain
et médité quelques phrases d'une onction toute chré-
tienne. — J'en ai été pour mes frais. Liszt est encore
aujourd'hui l'artiste courtois dont les doigts ont pas-
sionné l'Europe, — le causeur affable dont les paroles
résonnent plus doucement à l'oreille que les sympho-
nies les plus harmonieuses, — le gai cavalier dont l'exquise distinction a éclipsé celle des gentilshommes les
plus accomplis de son temps.

Dès mon entrée dans l'appartement qu'il occupe chez
son gendre, le député Ollivier, je vis que je devais ren-
gaîner mes périodes. Je n'étais pas chez un prêtre,
encore moins chez une célébrité; j'étais chez un ami.

Mon nom ne lui était pas inconnu (c'est à rendre fat

l'écrivain le plus modeste) ; il me tendit la main et me fit asseoir à ses côtés sur son canapé.

Je me sentis ému de cet accueil si franchement sympathique et si paternellement familier, au point que j'oubliai totalement ma mission. J'étais presque aba- sourdi par cette amabilité tombant de haut, et je n'osais lever les yeux sur ce génie, dont Dieu nous a pris les manifestations mondaines.

Maintenant que je suis de sens rassis, je tâche de me souvenir, et je me rappelle un beau vieillard au front élevé, aux traits accusés, et la bouche souriante. Je me rappelle aussi deux grands yeux brillants dans l'ombre de deux orbites bistrés. — Ce qui m'a frappé surtout, ce sont ces longs cheveux grisonnants, dont les mèches plates tombent de chaque côté de son visage hâlé par le soleil romain, et descendent fort bas sur le col de sa redingote noire.

Liszt s'exprime avec aisance et volubilité. Son parler est pur et sans accent. Tandis que son domestique *Fortunato* lui adressait la parole en italien, il lui répondait en français — dans la crainte de me faire supposer que j'étais indiscret... On n'est pas plus Parisien. Son costume ne rappelle la sainteté de sa condition que par une espèce de col blanc sans solution de continuité, comme en portent les *quakers anglais* : il est habillé, quant au reste, à la mode de nos bourgeois laïques.

Nous causâmes longuement de l'art musical auquel il fait tant défaut, de cette belle Italie, que je ne connais que par M. Paolo Broggi, restaurateur, et il me conta qu'il coule sa vie là-bas, logé au Vatican, pensant à Dieu et tâchant de lui exprimer sa pensée par ses pieuses compositions.

Liszt est, par faveur spéciale, couché sur les registres

du clergé romain. Il occupe dans la hiérarchie ecclésiastique un poste très-inférieur, mais il compte pousser la conquête des grades jusqu'au diaconat.

— Malheureusement, m'a-t-il dit, j'ai oublié mon latin, et plus on s'approche de Dieu, plus il en faut savoir...

Comme je lui avais manifesté ma surprise de le voir aussi humain (il venait d'allumer son cigare au mien), il m'expliqua qu'en Italie les néophytes font de nombreuses étapes avant d'en arriver au point où les mortifications sont d'urgence.

— Mon passé mérite peut-être que je subisse toutes les pénitences et toutes les rigueurs, ajouta-t-il ; mais que voulez-vous ?... je ne veux m'imposer que ce que mes convictions m'inspirent. Et tenez, vous m'allez trouver peu détaché des vanités d'ici-bas, — mais, ma foi, tant pis... M. Vapereau me vieillit de dix ans dans son dictionnaire. Je lui en veux... j'ai bien assez de mes cinquante-quatre ans.

Le digne maestro est à Paris pour un mois. Il loge dans l'appartement où sa mère expirait il y a cinq semaines, dans la maison où sa fille est morte il y a trois ans !... Et il semble aimer à poser le pied sur les tapis foulés jadis par ses plus chères affections. — La piété donne seule ces douloureuses voluptés.

Les journaux ont parlé d'une solennité à Saint-Eustache, où Liszt doit présider lui-même à l'exécution de sa *messe du couronnement*, composée, il y a quatre ans, pour le sacre de l'empereur d'Autriche. Ces mêmes journaux ont annoncé que l'illustre pianiste tiendrait lui-même les orgues.

La première de ces nouvelles est vraie ; l'autre l'est moins. Liszt n'a pas approché un orgue depuis quinze ans, et la crainte d'être insuffisant l'empêche seule de prêter ses mains blanches à cette cérémonie qui n'a pas besoin, dit-il, de son concours actif! Belle leçon pour les *pianoteurs* qui assiégent les clavecins dans nos salons, et nous contraignent à déguster des rêveries — qui font rêver... aux douceurs du départ.

J'allais me retirer, quand l'aimable abbé pria le signor Fortunato de lui aller chercher une petite brochure placée sur son bureau. Lorsque le Romain la lui eut remise :

— Je vous offre, me dit-il, une hymne dont j'ai fait la musique. C'est un marin français qui en fit les paroles latines, et notre très-saint-père Pie IX daigna accorder à ce travail une antienne approbative.

Rentré chez moi, je parcourus la post-face de cette petite partition dont les trop courtes pages sont sublimes et j'y trouvai la copie de quelques lettres envoyées par Liszt au marin, à propos de ce chef-d'œuvre :

« Disposez de ma composition selon vos convenances, lui dit-il; je tiens seulement à corriger les épreuves. Je souhaiterais bien que l'on adoptât, pour le chant de cette Hymne, la prononciation italienne. Je ne puis qu'approuver, du reste, votre intention de compléter l'édition de l'Hymne par la notation Chevé. »

J'ai la conviction que Paul Blaquières, en envoyant la musique de la *Femme à barbe* à l'auteur des paroles de cette idylle, y a joint une missive empreinte d'une moins grande modestie.

Il est vrai que Liszt est un très-saint homme, tandis que Blaquières est un très-grand pécheur.

X

L'OMELETTE

O Parisiens, mes frères; ô êtres volages chez qui l'insouciance est un charme, savez-vous d'où viennent les éléments principaux de l'omelette dévorée par vous ce matin avant de courir à la Chambre, à la Bourse, ou à la boutique? Vous doutez-vous du chemin parcouru par le beurre et par l'œuf avant de tomber dans la poêle, gémissante sur les charbons de vos fourneaux?

Je l'ignorais comme vous hier : comme moi, vous le connaîtrez tout à l'heure, si vous daignez me suivre au carré des Halles. C'est là que la Normandie, la Beauce, la Touraine, la Picardie, voire même les Pyrénées, envoient tous les ans vingt-deux millions de livres de beurre et deux cent cinquante millions d'œufs!... (à une douzaine près). Le commerce de ce dernier article a pris une grande extension depuis quelques années, grâce à la photographie, qui l'emploie dans la préparation de ses papiers, et grâce aussi aux fabricants de peaux de gants qui s'en servent pour apprêter leurs cuirs.

Quant au beurre, Paris en a, de tout temps, consommé des quantités énormes.

J'en ai pu juger par mes yeux l'autre jour. On m'avait adressé au plus fort courtier du marché pour les renseignements, et lorsque je jetai son nom à un portefaix qui dévorait une immense tartine, assis sur une énorme motte de beurre en train de fondre sous son fardeau :

— Vous voulez parler à M. Nortier? me dit-il, je crois bien qu'il est au *petit beurre*.

Le *petit beurre* est le point où se crient les beurres fins — ceux qu'on sert dans les restaurants sous forme de molles médailles frappées à l'effigie d'une fleur, ou d'un bas-relief antique. Là, également, s'achète le beurre des pâtissiers — graisse spéciale pour la fabrication du vol-au-vent et des feuilletés. C'est dans des mannes d'osier que l'approvisionneur provincial a placé sa marchandise en pains d'une livre.

Les chalands entourent un tréteau circulaire sur lequel navigue le panier dont le couvercle est levé... Et durant cet unique voyage, l'acheteur doit goûter le beurre, l'évaluer et jeter son prix aux comptables assis sur une estrade.

J'ai assisté à cette cérémonie. C'était merveille de voir la rapidité avec laquelle les commères revendeuses portent l'ongle du pouce sur les pains du dessus, et appliquent le résultat de cette écorchure sur leur langue connaisseuse. Il y en a parmi elles qui ont une expérience telle, qu'après cette épreuve elles vous disent non-seulement la qualité et la valeur de la marchandise, mais le lieu d'où elle provient et la couleur de la vache qui l'a fournie.

Le beurre de Paris emploie 550 personnes, au nombre desquelles se trouvent soixante gars taillés comme des hercules. On les appelle *les forts au beurre.*

Si fort que soit le beurre qu'ils portent sur leurs robustes épaules, ils sont toujours plus forts que lui. Néanmoins, comme la base anguleuse des paniers pourrait blesser leurs omoplates, ils préviennent ces lésions à l'aide d'un petit coussinet de moquette, capitonnée de ouate, qui leur garantit le dos.

L'un d'eux, qu'on appelle Jérôme *Casse-Gueule* à cause de l'aménité qu'il apporte dans ses rapports, — l'un d'eux, dis-je, exhibe avec coquetterie son coussinet fait en tapisserie et orné de deux initiales brodées au petit point.

Je lui ai demandé l'historique de cet appendice élégant. Il a semblé surpris de ma question, puis, après une courte hésitation, il a pris un air mystérieux et m'a dit :

— C'est une femme du monde qui me l'a confectionné dans le temps.

Au milieu des forts circule un septuagénaire bien conservé. C'est le chef de la bande. Il parle à ses hommes avec les intonations d'un général commandant un feu. Son grade lui permet de s'affranchir de l'uniforme de ses troupes. Aussi sa nuque n'est pas protégée par le chapeau de feutre gris à bords exagérés ; son torse a délaissé la courte blouse pour une redingote irréprochable, et sa voix seule est rude et cassée.

Il ressemble, comme deux œufs à la coque, à l'avocat Crémieux, — Roquelaure pour le physique, Antinoüs pour le moral. Mon héros s'appelle Mutel-le-Syndic, et bien que retiré du service actif, il ne dédaigne pas de porter une manne ou deux sur les carrioles qui attendent leur chargement dans la rue adjacente — histoire de s'entretenir l'échine.

Au nombre des crieurs affectés à l'énoncé des enchères, se trouve le père Riquet, un grand gaillard barbu comme Ménélas, qui hurle depuis 1815 la cote de l'Isigny et du Gournay. Son visage est grêlé comme celui de M. Veuillot, et le sabre des uhlans a greffé des cicatrices sur celles de la perfide variole. Il semble fier de sa médaille de Sainte-Hélène, qu'il graisse de temps en temps avec du beurre demi-sel, — rapport à la rouille.

Il fut l'ami de son collègue feu Marchois, Marchois, dit *Soiffe-à-Mort*, Marchois qui prétendait que sa mère avait eu un regard de Cognac lui-même. Quand les forts ont bien travaillé, c'est-à-dire charrié en une matinée cent à cent cinquante paniers, ils vont chez le marchand de vin et là ils boivent une *bombe*. C'est une mesure de vin particulière, non classée dans la table métrique des liquides.

Comme capacité, elle représente un demi-litre. Marchois buvait jusqu'à vingt-cinq bombes en l'espace de quatre heures, et quand la mère Provost — un autre type mort aussi — le rencontrait après ses libations :

— T'es pas un homme, lui disait-elle, t'es-t-un arsenal.

Le fait est que jamais mortier de guerre n'a consommé autant de bombes... dans un but aussi pacifique.

La fête de ces colosses tombe le jour de la mi-carême. Ils se travestissent presque tous à cette occasion. L'un revêt le maillot-chair de l'Amour, l'autre se tatoue en sauvage; celui-ci s'habille en Buridan, cet autre en abbé de cour. Les costumes qu'ils préfèrent sont généralement les déguisements historiques. Le pourpoint de Henri III les fascine, la robe fourrée du chancelier de L'Hôpital les fait rêver.

Ils s'unissent, ainsi accoutrés, aux blanchisseuses, qui festoyent également ce jour-là, et les badauds qui voient passer sur les boulevards des chars garnis de masques, ne se doutent pas que les haridelles à deux francs l'heure traînent sous leurs yeux la force mariée à la faiblesse.

Le trafic des œufs s'effectue à deux pas du *petit beurre*. Les revendeuses et les fruitières — celles-là mêmes qui conspirent contre vous avec votre cuisinière — s'y rendent quand leur achat est fait.

Il faut les voir alors tirer de leur poche un rat-de-cave devant la flamme duquel elles promènent un œuf pris au hasard — pour s'assurer de sa ponte récente. C'est en m'informant du but de cette opération que j'ai appris que la fraîcheur d'un œuf varie en raison inverse du vide constaté à son gros bout au moyen de ce simple appareil.

Le temps n'est plus, hélas! où les œufs coûtaient huit sous la douzaine, et où le beurre valait dix sous la livre. Il résulte de mes notes que l'industrie parisienne dont je viens de vous entretenir représente un roulement de soixante millions de francs, — chiffre qui descend à vingt millions, si l'on fait le total avec les anciens prix. — Mais tout a augmenté dans la même proportion. Un chroniqueur vous eût jadis parlé de l'omelette en trois alinéa, moi, je lui ai consacré neuf paragraphes... Puissé-je ne vous avoir pas inspiré le regret du temps passé!

XI

LA CELLULE D'UN CARME

On croit à tort que les carmes sont facilement accessibles. Pour arriver au révérend père Hyacinthe, j'ai dû accomplir des travaux dont Hercule eût tiré vanité... Mais je veux taire à mes lecteurs mes laborieuses démarches, et commencer mon récit au moment où je soulevais le heurtoir du couvent de la rue David, à Passy.

Au bruit que fit le marteau en retombant sur son oreiller de fer, le frère concierge arriva, traînant ses sandales sur les dalles de l'allée. Il entr'ouvrit un petit guichet dans le cadre duquel son visage amaigri m'apparut, moitié défiant, moitié curieux, et il me demanda l'objet de ma visite.

— De la part de Mgr le cardinal Donnet, fis-je du ton d'un homme auquel les grands appuis donnent de l'assurance.

Ma phrase ne manqua point son effet, et je fus immédiatement introduit dans le parloir, tandis qu'on était allé porter à sa destination la lettre que m'avait donnée Son Éminence, pour l'illustre prédicateur.

Si vous avez jamais pénétré dans un cloître, vous avez dû ressentir comme moi une sorte de terreur qu'on ne s'explique pas.

Dans ces asiles mystérieux, les portes produisent en se fermant un sourd retentissement — analogue à celui d'un couvercle de marbre retombant sur un sarcophage.

L'inquiétude envahit les visiteurs, l'air leur manque, et ils commencent à comprendre pourquoi les hommes qui vivent dans cette lugubre atmosphère pensent continuellement à la mort et à leur salut.

Le parloir où l'on me fit attendre donne sur la rue. Deux chaises en bois blanc, une petite table couverte d'un tapis et un grand crucifix de plâtre appendu au mur, tel est l'ameublement de cette pièce, qui exhale une notable odeur de renfermé. Le jour y pénètre par deux vitres en verre dépoli, d'où je conclus que le soleil lui-même est exclu de la maison.

C'est avec une joie indicible que j'entendis vibrer les roues d'une voiture sur le pavé de la chaussée. Les oreilles mondaines sont lentes à s'accoutumer au silence, et je sentis pour la première fois que les bruits de la vie ont un charme qu'on n'apprécie pas assez.

Au bout de dix minutes le frère portier revint. Il m'eût été impossible de bouger de ma prison, car les portes ont des serrures dont il est seul à posséder le secret. Ses clefs pendaient retenues par une ganse à sa ceinture de corde, et sonnaient contre la tête de mort de son rosaire.

— C'est bien à vous que Mgr Donnet a remis cette lettre ? me dit-il.

— Sans doute.

— Vous tenez à parler au révérend père Hyacinthe ?

— Certainement.

— Veuillez me suivre, alors.

Nous nous engageâmes dans un escalier tournant dont les murs, peints à la détrempe, portent l'inscription suivante en plusieurs endroits : DIEU SEUL ET MOI. Le religieux me précédait, et je voyais son talon nu et calleux qui soulevait, dans l'ascension, les bords postérieurs de sa robe de bure marron. Arrivé au second étage :

— C'est ici, fit-il en rabattant sur sa tête un capuchon qui me déroba son crâne rasé à l'exception de la couronne réglementaire. Et il disparut dans un couloir étroit.

Deux secondes après, j'étais en face de l'un des hommes les plus séduisants que j'aie vus de ma vie.

Le père Hyacinthe est un homme d'une quarantaine d'années. Son embonpoint est tout monacal, et cependant l'on sent, au travers de cette santé apparente, un organisme affaibli par les mortifications de la chair.

Son profil est numismatique : front vaste, nez légèrement aquilin, bouche charnue, menton accusé. J'ai quelque part dans mes tiroirs un empereur romain qui le rappelle — traits pour traits. Mais ce qu'aucune médaille ne saurait rendre, ce sont ses yeux — deux mondes sur lesquels on pourrait écrire quatre volumes. Ils sont tour à tour indifférents et passionnés, éteints et lumineux, tendres et cruels... Ce sont de ces yeux comme Balzac en plaque sous le front de ses héros.

Pour vous faire une idée de leur puissance, sachez qu'étant venu pour interroger, je n'osai point parler et restai tout sot — moi qui suis fils des Gaulois dont un poëte latin a dit : *La chute du ciel sur leur tête les étonnerait à peine.* Ce regard à détente multiple me troubla au point que je bégayai l'aveu suivant :

— Je me présente à vous, mon révérend père, sous des auspices illustres dont je suis peu digne. Je suis ici dans l'intention de surprendre, pour les livrer à la publicité, les secrets de votre vie intime : mon métier consiste à peindre le lit sur lequel vous couchez, la table sur laquelle vous écrivez, le vêtement qui vous protége du froid, et bien d'autres choses dont le lecteur raffole ; mais votre personne inspire une telle déférence et un tel respect que je n'ose promener mes regards autour de moi, et que je préfère vous avouer le côté sacrilége de ma visite.

« — Mon enfant, me répondit le révérend père, levez les yeux sans crainte, la cellule d'un carme est vite vue, sa vie est vite apprise. Nous couchons sur une planche nue comme celle que vous voyez là. A minuit nous nous levons pour descendre à la chapelle, où nous passons une heure dans la prière. Après quoi nous retournons à notre couche jusqu'à cinq heures — heure de la méditation. La sixième heure du jour nous convie de nouveau à la chapelle jusqu'à midi. Nous mangeons alors... maigre toute l'année, comme vous le savez, excepté quand nous ne mangeons pas du tout. L'après-midi se passe dans les mêmes pratiques jusqu'au soir, qui nous invite au repos, tout habillés sur notre planche.

« Quant à nos réduits, voyez : quelques livres, quelques meubles, quelques pieuses gravures et l'image du Sauveur. Tels sont les objets terrestres que nos yeux rencontrent. Ma chambre n'est pas le type véritable des cellules de notre ordre ; ma santé, à tous moments défaillante, m'a fait obtenir des dispenses.

J'ai un poêle en fonte que j'allume les jours de grand froid, une chancelière pour mes pieds nus et une couverture pour la nuit. Je suis également autorisé à porter une chemise de flanelle, ayant la poitrine faible... »

Je me souvins qu'autrefois, alors que j'étais dans les hôpitaux, mes professeurs me demandaient de déterminer, à première vue, l'affection dominante dans l'organisme d'un malade.

Bien que le temps de ces épreuves soit passé, je considérai attentivement le masque du père Hyacinthe. Il doit être la proie du « vice rhumatismal. »

Nous causâmes longuement — de moi surtout, — car chaque fois que j'amenais la conversation sur lui, il en détournait le cours avec un sourire qui voulait dire : j'aime autant causer d'autres choses.

Le révérend père effleura tour à tour, d'une voix calme, le scepticisme des masses, M. Renan, la morale indépendante, ses travaux et ses recherches.

Il m'avoua qu'en dehors de la prière, il adore étaler ses impressions sur le papier... *il écrit à Dieu,* comme cela, cinq heures tous les jours! Le reste du temps, il lui parle.

Grâce à cette entrevue, je me suis expliqué un phénomène qu'en ma qualité d'apostat physiologiste j'ai toujours nié : l'abstinence du prêtre.

Lorsque le père Hyacinthe s'entretient du Très-Haut, son visage reflète des voluptés bien autrement sérieuses que les voluptés païennes. Les heures qui suivent les désirs assouvis sont pleines d'amertume, celles que passent dans la prière les carmes déchaussés sont pleines de jouissances dont les profanes n'ont pas idée.

Le spectacle de ces extases est dangereux... car les pécheurs sont n cessaires en ce monde, et les pécheurs admis en présence de ces joies pieuses et muettes se sentent attirés malgré eux à quitter leurs faux plaisirs pour les ineffables bonheurs dont ils sont indignes... La bure a décidément un magnétisme auquel je n'avais pas cru jusqu'ici.

J'ai quitté le père Hyacinthe songeur et troublé, et j'ai couru à mon bureau dans l'intention d'y faire un article.

Je viens de le relire : c'est un sermon. On ne peut pas être gai tous les jours !

XII

UN BAL DU GRAND MONDE

Il est deux heures du matin. Je rentre chez moi dans un état de transpiration dont ma chemise seule pourrait rendre un compte fidèle, car je viens de franchir pédestrement, dans la boue, les six kilomètres qui séparent mon domicile de la rue de la Gaîté, — à Montrouge. Certes, j'ai déjà fait dans ma vie plus d'une lieue et demie d'un seul coup, et j'ai déjà emporté à la semelle de mes bottes ainsi qu'au bas de mon pantalon une plus forte fraction du sol de ma patrie, — mais je déclare n'avoir jamais autant dansé !

Hier matin, pendant que j'étais à l'imprimerie, ma blanchisseuse, — une grosse fille très-fûtée, — m'a rapporté mon linge, et lorsqu'à mon retour dans mes foyers j'ai voulu vérifier l'état de sa livraison, je me suis aperçu que les devants de mes chemises étaient brûlés, que leurs poignets étaient mal amidonnés, et que leurs cols étaient effiloqués. J'ai constaté, de plus, qu'il me manquait deux mouchoirs, une chaussette et trois faux-cols... Furieux, je bousculai ce blanchissage défectueux; une lettre, glissée entre deux draps, tomba à mes pieds.

Je l'ouvris précipitamment, dans l'espoir d'y trouver l'explication de ce déficit, et voici ce que je lus en caractères lithographiés :

BATEAU DU QUAI DE L'ÉCOLE

« Monsieur,

« Sur le désir des dames blanchisseuses, monsieur et madame Barrau ont l'honneur de vous faire part de la fête de la Mi-Carême, qui aura lieu le 8 mars 1866, dans les salons de M. Constant, restaurateur, aux Mille-Colonnes, 20, rue de la Gaité (Montrouge), et vous prient de LES honorer de votre présence.

« Recevez nos salutations empressées.

« M. ET Mme BARRAU. »

— J'irai! m'écriai-je, ne fût-ce que pour y tancer vertement l'impudente donzelle!

Dix heures sonnaient lorsque je fis mon entrée dans le cabaret du sieur Constant. Les mille colonnes que son enseigne fait espérer sont une plaisante métaphore. Le péristyle de son établissement est simplement orné de cinq piliers trop maigres pour consoler le visiteur de l'absence de leurs neuf cent quatre-vingt-quinze compagnons.

M. Barrau, roi du bal et signataire de l'invitation, était sur le seuil. Ce monarque éphémère est en somme une majesté bon enfant. Il me prit par le bras, me tutoya sans plus de façons, m'appela « son petit vieux » tout de suite et m'introduisit dans le salon de danse.

Les musiciens venaient d'arriver, et par la porte du fond entre-bâillée, je distinguai dans la salle du banquet, quatre-vingts convives encore attablés devant des demi-tasses fumantes. La plupart étaient déguisés et le plus grand silence régnait dans l'assemblée. Un mousquetaire chantait la *Douce Chopine*, et le père *la Baleine*, comptable du bateau, l'accompagnait sur son violon. Je profitai de ce calme pour chercher ma blanchisseuse, avec laquelle je désirais échanger quelques explications, et je la découvris — au bas bout de la table — déguisée en Africaine. J'ignore si elle remplirait bien le rôle de madame Sass à l'Opéra, mais je puis certifier qu'elle remplit son costume d'une manière très-satisfaisante. Quand le mousquetaire eut terminé le dernier couplet, des bravos frénétiques éclatèrent sur tous les points.

Les dames manifestèrent surtout leur enthousiasme d'une façon bruyante, et la sonorité de leurs applaudissements me fit penser que l'usage du battoir est un excellent exercice au point de vue de la claque. Si M. Marc Fournier avait placé quatre de ces commères à son orchestre, les *Chanteurs ambulants* remportaient une victoire. Au cas échéant, je lui recommande *Aimée-la-Grêlée*.

Aimée-la-Grêlée est la plus ancienne laveuse du bateau du quai de l'École. Jeune fille, elle y allait battre et tordre les draps des clients de sa mère, en 1809. Elle n'a cessé depuis d'y avoir sa stalle, et l'on a pour elle des attentions spéciales, car on la craint. Malgré son âge avancé, elle a une poigne à décorner un bœuf.

Un matin, son battoir se cassa, elle ne bougea point

de son baquet et continua jusqu'au soir à battre son linge avec la paume de sa main. Sa langue est d'une non moindre puissance. Il n'y en a pas deux comme elle pour haranguer (verbe employé ici par euphonie) le flâneur accoudé sur le parapet du quai.

Le *roi*, qui est maître nageur de son état, me présenta à elle. J'avais des gants sur moi, mais je jugeai inutile de les mettre. Cependant, je le regrettai par la suite, car Aimée-la-Grêlée m'ayant donné une poignée de main, j'entendis craquer les phalanges de mes doigts, et je dus réprimer une protestation énergique qui m'était venue aux lèvres.

Mes Jouvin eussent atténué peut-être les effets de cette pression inconnue des étaux les plus puissants.

Après la présentation, S. A. R. Barrau demanda une bouteille de petit bleu que nous expédiâmes en un clin d'œil. Un litre de chablis fut vidé immédiatement après; ce qui démontre que si mes hôtes d'hier vivent sur l'eau, le vin ne leur est pas pour cela antipathique.

Aimée-la-Grêlée a une façon toute spéciale de boire.

Elle allonge le bras en arrondissant le poignet, saisit son verre par sa convexité postérieure et allonge les lèvres bien avant que les bords du cristal soient arrivés à sa bouche. Autre particularité : elle ne s'y reprend jamais à deux fois dans ses expéditions. Un seul voyage lui suffit.

Les danses commencèrent à ce moment, et ma blanchisseuse daigna m'accorder le premier quadrille. Je vous fais grâce des propos aigres-doux que nous échangeâmes tout d'abord. Elle mit les pertes et les dégâts de mes tissus sur le compte de la mi-carême et me jura que cela ne lui arriverait plus. Mes invectives ne semblèrent point du reste bourreler sa conscience de remords, car elle se trémoussa tant et si bien, malgré son embonpoint, que le jus de réglisse étalé sur son visage se mit à fondre par places. A la pastourelle, Selika était horrible à voir.

Et comme je lui en avais fait l'observation, elle m'arracha mon mouchoir de poche et s'en servit pour essuyer son maquillage pectoral.

— Je vous le blanchirai pour rien, me dit-elle en me rendant ma fine batiste absolument teinte en couleur havane.

Toujours est-il que ma galanterie me coûta deux heures fort désagréables.

J'étais enrhumé du cerveau et je n'osais porter mon mouchoir à mon nez, dans la crainte de l'enluminer d'une couche de réglisse.

Le couple qui nous faisait vis-à-vis se prit à rire de ma mine piteuse. L'homme était habillé en bébé, la femme avait un costume de Folie... douce. Je m'informai près de ma danseuse de la qualité de ces masques peu charitables.

— La demoiselle est blanchisseuse de fin, me répondit Selika d'un air dédaigneux ; elle abuse de l'eau de javelle et met tant de bleu dans sa lessive que son linge semble découpé dans le firmament. Quant à l'homme, c'est *Moricaud, le laveur de chiens...* Voilà quinze ans qu'il exerce cette profession délicate. Il arrive tous les jours au bateau avec ses pensionnaires, leur enduit le poil de savon gras et les trempe dans la Seine. Les caniches se débattent, faut voir... et ça nous amuse. Un jour, un terre-neuve dont il faisait la toilette a cassé son attache et a gagné le large. Moricaud s'est jeté à l'eau et l'a rattrapé, vu qu'il nage comme un poisson. C'est lui qui, après un pari, a piqué une tête du Pont=

XIII

LE DÉPART D'ESTHER

A l'heure où vous lirez ces lignes, *Esther* nous aura quitté...

C'est pourquoi vous eussiez pu me voir hier me promenant auprès d'*Esther*, interrogeant son protecteur, — un loyal capitaine, et son cuisinier, — un rusé compère... J'ai sondé du regard ses vastes flancs, assisté à sa toilette et analysé l'animation déterminée aux abords de sa retraite par son prochain départ.

Esther a quatorze hommes à son service. La plupart sont Bretons, à l'exception de l'officier, qui est Normand, du mousse, qui est Parisien, et du cuisinier, qui est Anglais.

Le capitaine s'appelle Lortaud. Dès l'âge de douze ans, il était employé dans le cabotage au long cours, et aujourd'hui (il a quarante ans) ses épaules se haussent quand on lui parle de notre planète.

— C'est une orange dont on a fait le tour aussi vite qu'on a dit un *Pater* et un *Ave*, dit-il en bourrant sa pipe.

Le mousse est inscrit à la mairie du 9e arrondissement. Sa mère, — une indigente, — l'a mis au monde
sur une borne du quai de Bercy; le premier sourire de
l'enfant a été pour la Seine, et à peine a-t-il pensé,
qu'il a compris que les flots jaunes du fleuve allaient se
jeter dans le grand océan vert! Et il a juré de passer
sa vie sur la mer immense. Ses supérieurs le nomment
le *Parisien*. Il ne faut pas dire du mal d'*Esther* devant
lui, — sinon il rage et ferme ses petits poings calleux.

Le cuisinier Jack est plus calme. Qu'on dise d'*Esther*
ce qu'on voudra, il s'en soucie comme d'un verre d'or-
geat, et continue à rêver qu'il a gagné deux tonneaux
de *gin* et un quart de *brandy* « à la loterie des spiri-
tueux » organisée dans Piccadilly.

Esther est arrivée de Londres, voici trois jours,
pleine de bière dont on l'avait chargée pour le compte de
la maison *Ind Coope*, et de cornes de buffle destinées à la
première fabrique de peignes de la capitale. Elle
retourne aux bords de la Tamise avec cent balles de
chiffons, cinquante sacs de farine et dix mille quintaux
de tan pour la teinture des étoffes et l'apprêt des cuirs.

Il en est ainsi, messieurs les gandins anglomanes.
Vous faites venir de Regent street du papier à lettre
composé de détritus français! La teinte chocolat de
votre gilet tissé à Londres, les tons mauves de votre
cravate fabriquée à Londres, la solidité du cuir de vos
bottines confectionnées à Londres, — vous les devez à
l'écorce des arbres récoltée aux environs du village où
vous êtes nés, et arrachée peut-être aux troncs des
chênes qui ombragent votre villa!

Esther semble fière de son fardeau. On dirait qu'elle
comprend que ce qu'elle prête à nos voisins d'outre-
Manche est supérieur à ce qu'elle leur emprunte...

Esther est *chauvin!* que Dieu la protége et M. le marquis de Boissy également!

Nous ne saurions trop recommander la brave commissionnaire à la Providence... car elle a couru de grands risques lors de sa dernière traversée. La mer furieuse déferlait sur elle, si bien qu'elle fut poussée sur des récifs, contre des dunes... et les habitants du littoral ont entendu craquer, dans la nuit, ses os meurtris par la tempête.

Tout porte à croire qu'elle fera cette fois bon voyage. Elle s'en va par eau douce selon son habitude, descendant la Seine jusqu'à Rouen, où elle dépose quelques paquets et reçoit quelques colis. Puis elle gagne, par la même route, le Havre, où elle prend le large.

Il faut voir en mer comme elle est douce avec ceux qui l'accompagnent.

Ses gens sont bien nourris : trois repas par jour, du pain à discrétion, de l'eau-de-vie en quantité raisonnable, du café à profusion et le pot-au-feu tous les jours. Aussi son personnel a fort bon aspect : on lit sur le visage de chacun qu'il est content de la vie, et, quand le vieux Kerdanec (de Brest) récite à haute voix la prière du soir, *Esther* semble écouter et s'associer, par son calme, son immobilité et son silence, aux oraisons qui montent vers les étoiles du ciel.

Le cuisinier Jack est le seul qui soit impie et ne paraisse pas à l'heure de l'*Angelus*. Il reste près de ses fourneaux, où il élucubre des ragoûts qui valent moins que le diable, — son patron.

On m'a conté que Jack servit un jour à M. Lortaud (celui qui répond d'*Esther* à Dieu et aux hommes) un potage fabriqué avec de l'eau chaude et de l'huile de pétrole.

Le capitaine l'avala d'un seul trait et dit en se léchant les lèvres ensuite :

— Jack est menteur, ivrogne, sceptique et paresseux, mais il fait rudement bien la soupe!

Une autre fois, à déjeuner, Jack déposa devant le vieux loup de mer des pommes de terre en robe de chambre... La robe de chambre était représentée cette fois par un sac à houille jeté sur les tubercules.

Le capitaine, peu méticuleux sur le service de sa table, se fâcha de cette insouciance, et Jack fut privé de sa ration d'eau-de-vie.

— Ces Français! murmura le gâte-sauce britannique, ils ne s'accoutumeront donc jamais à la cuisine au charbon de terre!

Cette repartie prouve que Jack ne manque point de finesse, — qualité dont je suis dépourvu. — Aussi suis-je certain, cher lecteur, que, malgré tous mes efforts, vous avez reconnu dans la belle *Esther* le steamer à hélice stationné depuis trois jours en face des Tuileries, au port Saint-Nicolas, et dans Lortaud, le Parisien et Jack, les trois figures saillantes de son vaillant équipage.

XIV

LA CAPRESSE DES ANTILLES

Avant d'entretenir mon lecteur de l'un des plus curieux produits de nos colonies, je lui demande la permission de commettre une indiscrétion dont je suis le
héros principal. Je serai bref, — me souvenant que le
moi est haïssable.

Or donc, M. de Villemessant m'a pris à part dimanche
et m'a tenu un langage qui prouve autant son indulgence que sa parfaite connaissance de l'histoire du premier empire.

— Soldat, m'a-t-il dit, je suis content de vous. Du
haut de leurs fauteuils, quatre cent mille lecteurs vous
contemplent, et le boulet qui vous doit enlever à ma
rédaction n'est pas encore fondu. Soldat! il ne suffit pas
d'aller bien; il faut aller longtemps. En conséquence,
vous n'engagerez plus bataille avec la curiosité publique
que trois fois par semaine : j'entends les jours où le capitaine Vallès, commandant les colonnes de la première

page, livrera celles de la troisième aux assauts de votre plume.

A vrai dire, la nouvelle de cette réduction dans mes labeurs ne m'a point fâché... Je pourrai désormais écouter plus longtemps aux portes, multiplier mes démarches et débarrasser mes révélations des longueurs inhérentes à un travail précipité.

J'aurai enfin le temps de faire court !

Avant de clore cette digression-prologue, je veux remercier les personnes qui me sont venues en aide en me désignant les curiosités de Paris. Je serre leurs lettres avec soin, et, si je n'ai pas couru encore aux points indiqués dans leurs missives, c'est que j'ai été débordé par l'affluence des sujets. Cela dit, je me recommande à quiconque peut m'ouvrir des portes qui ne s'ouvrent pas d'ordinaire aux profanes, et je me transporte rue de Laborde, 38, chez la négresse Juliette, récemment arrivée de la Martinique.

J'en avais ouï parler par plusieurs officiers de marine, mais leurs descriptions m'avaient laissé indifférent. Je savais qu'une blanchisseuse de la Basse-Terre avait joué un rôle politique en 48 et bien mérité de notre état-major maritime pour ses procédés et ses soins à son égard. Mais mon cœur s'était peu ému des récits concernant ce manteau-bleu (pour ne pas dire ce manteau-noir), travaillant dans la lessive et le bienfait avec une égale supériorité.

Juliette mérite sa réputation, ne fût-ce que pour sa physionomie étrange. A mon entrée dans son domicile, elle s'efforçait d'élever la température de son appartement à un degré tropical en bourrant sa cheminée de charbon de terre, et la flamme du foyer, se reflétant sur son visage d'ébène, donnait un aspect fantastique à sa tête crépue, couronnée d'un madras aux couleurs criantes.

C'est un monde d'habileté que ce foulard noué négligemment sur sa tête. Il tient du casque par sa forme, du bonnet par le fond, et les bijoux de pacotille qui en retiennent les pointes procurent à l'ensemble de l'édifice l'aspect d'un diadème d'idole indienne. On m'avait beaucoup entretenu de la beauté de Juliette : je jure que l'idée de devenir son Roméo n'est pas entrée un instant dans mon esprit. En matière de types exotiques, je suis peu connaisseur et je ne m'extasierai jamais devant une face sombre, épatée, trouée par l'éclair de deux pupilles étincelantes, et coupée en deux par l'éblouissante blancheur d'une mâchoire carnivore.

Juliette est arrivée en France avec une femme de son pays et une cargaison de rhum, de piment et de confitures. Il m'a fallu goûter de ces marchandises que la négresse vient écouler à Paris. J'ai commencé par les piments... J'en appelle pour comprendre les sensations de mon palais à tous ceux qui se sont brûlé la cervelle et qui ont manqué leur coup. Le rhum a fini l'œuvre commencée par le poivre : après un premier verre, ma bouche et ma langue avaient fait peau neuve. Comme agent décorticant, le rhum de Juliette est digne d'intérêt. Ses confitures ont heureusement atténué la cuisson de mes muqueuses. La goyave a un parfum spécial, et sa gelée a des propriétés onctueuses qui font penser aux pommades de la parfumerie Demarson. Voilà pour la partie comestible de ma visite.

Quant à la partie intellectuelle, Juliette a voulu me coloniser complétement. Elle m'a d'abord expliqué que les femmes de sa race se nomment, suivant la plus ou moins grande quantité de sang noir qu'elles ont dans les veines : négresse, griffe, capresse, carazaza, mulâtresse, métis, quarteronne et mainblouc. Elle a ensuite prié sa compatriote, une jeune fille de quinze ans, de me chanter une romance du pays natal. Agathe s'est d'abord fait prier... Elle a prétexté qu'elle relevait de maladie et qu'elle avait autant de noir à l'âme qu'à l'épiderme.

Agathe fut, en effet, prise de nostalgie dès les premiers jours de son arrivée en France. Elle eut une fièvre typhoïde compliquée d'un long délire dans lequel elle demandait à dénicher des colibris fictifs et à grimper en haut d'un cocotier imaginaire... Pour flatter sa manie et la sauver d'une mort imminente, Juliette imagina de garnir le ciel de son lit de feuilles de palmier achetées à la Compagnie algérienne de la rue de Rivoli. Un singe attaché au baldaquin et un ananas en pot, posé sur la table de nuit, complétèrent le décor... et, quand Agathe ouvrait les yeux sur ces accessoires pieusement arrangés dans sa chambrette, elle croyait être dans sa patrie... Elle se levait sur son séant, élevait sur sa tête ses bras maigres et fredonnait d'une voix dolente, en balançant le torse par un mouvement cadencé, le couplet suivant d'une bamboula nationale :

Cè mo qui qu'a passé ou
Passe ou raccommode lingou
Qui fé tout travaillou
Vous mettez ma déhors
Ish mo la su bras mo
Les famoua su téte mo,
Je n'ai plus pesonne
Pou mon soutien.
Adieu, adieu l'amou,
L'amou dans le sommeil,
Le sommeil si doux.
Le jou peut nous tromper.

> (C'est moi qui vous repasse,
> Raccommode votre linge,
> Qui fais tout le travail,
> Et vous me mettez à la porte,
> Mon fils sur les bras,
> Mes matelas sur ma tête.
> Je n'ai plus personne
> Pour me soutenir.
> Adieu, adieu l'amour,
> L'amour dans le sommeil,
> Le sommeil si doux.
> Le jour peut nous tromper.)

Telle est la première strophe de cette chanson qui, sur un rhythme plaintif, rapporte les infortunes d'une esclave (bonne à tout faire) renvoyée par son maître après avoir été payée de ses bons offices — en postérité.

Nous causâmes longuement de notre colonie et de quelques amis communs, anciens condisciples à moi, qui ont stationné aux Antilles dans la maison meublée de la blanchisseuse Juliette.

Mon camarade de Fitz-James fut longuement discuté au point de vue de la turbulence dans les rapports et des loyales qualités du cœur. Ce fut ensuite le tour du jeune Dutacq, créole élevé en France et envoyé au sortir de l'École polytechnique comme aspirant de première classe à bord de l'*Amphyon* dans les mers d'Amérique.

Le pauvre garçon mourut au moment où les canons des frégates annonçaient dans le port nos victoires du Mexique. Le moribond entendit les tonnerres de l'allégresse patriotique, et il s'éteignit en essayant de crier : Vive l'empereur !

Le parler nègre est un français abrégé fort commode à cause de ses abréviations. Ce lexique est contagieux; car, au bout d'une heure d'entretien avec Juliette, je m'exprimais comme un groom de grande maison... ce n'étaient plus des phrases qui sortaient de ma bouche, c'étaient des dépêches télégraphiques !

J'adore entendre discourir sur les contrées que je ne connais pas. Mon imagination complaisante me transporte alors sous des bananiers que balancent les zéphyrs tempérés du nouveau monde, et, comme Juliette possède un grand talent sur la narration descriptive, je l'écoutais, accroupi à ses côtés, près de son feu. Sa camériste se tenait debout derrière nous dans une pose « belle d'indolence. » Dans l'attention que je prêtais à ses peintures, je n'avais pas pris garde que ma main plongeait dans un seau de houille.

Au moment où elle me retraçait le dernier tremblement de terre de la Guadeloupe, je fus pris d'une telle émotion, que je passai le revers de ma main sur mon front et sur ma joue droite... Je levai par hasard les yeux, et je vis, dans la glace, mon visage presque aussi noir que celui de la conteuse. J'avais l'air d'être à moitié tombé dans mon encrier. Je pensai que le commerce des nègres est fatal à la pâleur du teint; je craignis, en prolongeant ma visite, de devenir d'un ton encore plus accusé, et, rentré chez moi, je me passai du beurre sur le visage, en pensant tout bas que Dumas père et Cochinat suffisent pour représenter en France la littérature de couleur.

XV

UNE TAILLERIE DE DIAMANTS

Je fus invité l'autre soir à faire polker, dans un raout du meilleur monde, un lot de jeunes filles vêtues des pieds aux épaules par Sainte-Mousseline, patronne de M. Sardou. Déjà les danses étaient commencées quand le valet annonça d'une voix retentissante un homme dont je n'ai pu retenir le nom baroque.

A son entrée dans les salons, tous les tibias restèrent cloués au parquet, tous les yeux se tournèrent vers le nouveau venu, et cent voix murmurèrent :

— Voilà le nabab !

Après quelques informations, je sus que l'objet de l'attention générale était un Brésilien plus authentique que celui du Palais-Royal, et possesseur des principales mines de diamant de l'Amérique méridionale. J'appris en outre qu'il était arrivé à Paris l'avant-veille avec une valise pleine de ces jolis cailloux dont raffolent les petites dames auxquelles on jette des pierres... et la pierre.

Un entraînement invincible me poussait à lier connaissance avec ce Crésus qui vient en France après avoir rempli sa malle de diamants, comme je remplis la mienne de chaussettes et de mouchoirs de poche. Et comme je suis d'une nature très-liante, je tutoyai bientôt le riche étranger, qui me causa de son industrie, de ses millions, et m'informa qu'il allait porter dès le lendemain son opulente cargaison au directeur de la taillerie impériale.

— On ne polit donc point le diamant à Rio-Janeiro? lui demandai-je.

— Non. Il y a dix ans, le diamant ne se travaillait qu'en un seul point du monde, à Amsterdam. Paris partage aujourd'hui ce privilége avec la capitale hollandaise — grâce à l'initiative de M. Bernard.

— Qu'est-ce que M. Bernard?

— Un homme dont les aventures sont aussi curieuses à connaître que longues à relater... Mais si vous voulez, je vous présenterai à lui demain, il vous dira sa vie et vous montrera son établissement...

Neuf heures du matin sonnaient quand j'entrai dans le cabinet de M. Bernard. Sur un bureau qui vaut bien cent sous étaient étalés une cinquantaine de petits paquets semblables à ceux où les pharmaciens enferment des poudres pour eaux gazeuses. M. Bernard était en train d'épeler à haute voix les nombres écrits sur le dos de ces paquets, et un commis malingre les notait sur un registre...

— Le tout nous donne...? demanda le chef quand il eut fini son appel partiel.

— 3,500,000 francs, répondit le secrétaire. Et il sortit.

Lorsque je fais le compte de mes dépenses annuelles,

je n'arrive jamais à un total aussi corsé. Aussi restai-je abasourdi en entendant le résultat de cette addition extravagante. Au même instant, M. Bernard ouvrit un des colis mignons rangés devant lui, et comme il agissait dans un rayon que maître Phœbus envoyait par la croisée, quatre-vingts soleils m'aveuglèrent aussitôt! Décidément, les paquets ne servaient pas d'asile à des poudres pour eaux gazeuses... Et pourtant je me fusse volontiers préparé un breuvage avec leur contenu!

Un tas de brillants de taille moyenne étaient réunis dans cette grossière enveloppe de papier à chandelles, et leur éclat était tel que je regrettai de n'avoir point mis des lunettes bleues, ainsi qu'on fait pour regarder les éclipses de l'astre du jour.

— Chacun de ces paquets en recèle autant, me dit M. Bernard, et tout ce que vous voyez là a été travaillé dans mes ateliers durant les trois derniers mois.

Et tirant d'une caisse Fichet une boîte au fond de laquelle roulaient quelques grains d'un aspect vitreux, sale et jaune :

— Voilà, fit-il, dans quel état on me livre les pierres qui vous ont ébloui tout à l'heure.

Je pourrais dramatiser mon récit en vous contant que je me suis jeté au cou de M. Bernard, que je l'ai étranglé et que j'ai filé sur Bruxelles avec sa verroterie; mais à quoi bon m'attribuer des actes que les magistrats réprimandent, et qui sont en désaccord avec les principes que je professe en matière de parure?

Le directeur de la taillerie impériale a d'ailleurs une figure qui désarmerait le plus hardi malfaiteur... Sur le point de le dévaliser, Cartouche eût renoncé à son projet et lui eût offert son épingle de cravate.

Le Nabab ne m'avait point menti. L'histoire de mon

hôte est intéressante. Commissionnaire très-riche en 1855, il perd toute sa fortune (700,000 fr.) en 1856 et se retire à Melun, où un lampiste lui raconte un jour, en nettoyant *ses modérateurs*, qu'il a trouvé la décoloration du diamant... Le ferblantier arrive à ébranler les doutes de M. Bernard sur le blanchissage des pierres jaunes, et ce dernier risque dans un essai 5,000 fr. — le dernier vestige de son opulence... La tentative réussit! Les diamants citron projetés dans le creuset du lampiste en sortent limpides comme du cristal de roche! Un tiers fort riche se met de la partie; on opère sur un lot de 250,000 fr., et l'on court écouler à Londres le résultat de la manipulation.

— Connu le procédé! dit un orfévre malin de Regent street. Au bout de six mois, la surface des pierres décolorées par une température surchauffée redevient mate, et, après la taille, on a un caillou de rebut dans les mains.

Perte nette sur l'opération : 80,000 francs!

Mais M. Bernard était possédé par le génie des affaires. Il gagne la Hollande, embauche des ouvriers tailleurs et les ramène. Il achète une machine à vapeur et commence à polir le diamant sur une petite échelle. Le royaume de Guillaume voit avec peine l'empire français essayer un commerce dont il a le monopole.

Un beau jour, la machine éclate... Une imprudence du chauffeur avait été payée 50,000 francs par une société d'Amsterdam.

Dégâts coûteux. Chômage forcé de six mois!

Survient un Brésilien — le mien, celui du bal — qui reconnaît dans mon héros une nature d'élite. Il met des fonds à sa disposition. On fait venir de la ville traîtresse trente autres ouvriers... et aujourd'hui l'industrie française n'a rien à envier à aucune nation du globe.

J'ai visité les ateliers... je me suis cru d'abord dans une synagogue, car tous les hommes employés à la taille du diamant sont juifs. Ils parlent une langue peu harmonieuse et passent leur journée courbés sur le plateau qui, dans sa rapide rotation, use les facettes, polit les plans et donne l'éclat de la rosée matinale à des petites masses extraites, grises et terreuses, des terrains d'alluvion du nouveau monde.

Le contre-maître s'appelle van Kloot; son nez révèle qu'il descend de ceux qui montèrent les joyaux offerts par Salomon à la reine de Saba.

Il gagne vingt francs par jour et se soutient douze heures avec un hareng saur et une tasse de café au lait. La surveillance qu'il exerce sur les employés de l'usine a autant pour objet les intérêts de M. Bernard que ceux de la Hollande. Il veille à ce qu'aucun étranger ne questionne ses coreligionnaires et ne surprenne le secret national; si bien que Siraudin, amateur de calembours, se fût écrié, hier, devant les précautions dont j'ai été témoin :

— Les médecins et les Israélites de M. Bernard sont les seules personnes qui connaissent l'opération de la taille !

J'ai interrogé quelques-uns de ces prolétaires dont les mains manient journellement des diamants de 10, 15 et 20,000 francs, et j'ai appris qu'ils ont organisé dans les environs de la fabrique une sorte de colonie avec école pour leurs enfants et temple pour leurs dévotions.

Ils vont parfois le soir dans un cabaret borgne qu'on m'a montré sur le boulevard des Hauts-Fourneaux. Là,

ils boivent du *skiédam* que le patron du bouge a fait
venir pour eux d'Anvers. L'enseigne de l'échoppe est
originale, et j'en ai copié le dessin et les inscriptions
sur mon carnet. Une plaque de tôle a été ornée, par
un maître de l'école réaliste, d'un citoyen chancelant
sur ses jambes fléchies, et buvant à même une bouteille.

Sur sa tête on lit : ASSURANCE CONTRE LA SOIF, et à
ses pieds le Raphaël de la rue Hautefeuille a écrit, en
caractères gothiques : A L'HOMME VOUÉ AU BLEU!

Je doute que la finesse de cette épigraphe soit com-
prise des Hollandais, qui n'estiment, du reste, que le
curaçao fabriqué par leurs femmes avec des peaux
d'oranges et de l'eau-de-vie de marc.

Je voulus savoir de M. Bernard s'il n'avait jamais
été volé.

— Une fois, me dit-il, un de mes hommes m'a changé
une pierre; une autre fois un visiteur, simulant la
myopie, est entré dans mon cabinet et a profité de mon
inattention pour plonger son nez, enduit de colle à
bouche, dans un lot de brillants de petite grandeur.

« Quand il s'est relevé, son organe olfactif avait,
comme vous pensez, une forte valeur... il a fait celui
qui est enrhumé du cerveau et s'est mouché promp-
tement. Puis il est parti sans que j'aie vu goutte à son
opération.

« Je ne l'ai jamais revu et mes recherches ont été
vaines, mais tout me porte à croire qu'il a été porter
son mouchoir à blanchir en deçà de nos frontières. »

En me retirant, je bousculai sur le perron deux
enfants qui roulaient sur les marches de pierre des
boules étincelantes. Je m'approchai d'eux et je les vis
frappant sur les dalles deux diamants gros comme des
noix.

— Peste! dis-je en me tournant vers M. Bernard, vous donnez de beaux joujoux à vos bébés... Après cela, vous me direz : Qui mangerait des tartines, sinon les marchands de beurre?

M. Bernard sourit et approcha de mon nez (sans colle à bouche, celui-là!) les objets qui avaient provoqué ma réflexion.

C'étaient deux vieux bouchons de carafe.

XVI

LES COULISSES DE GUIGNOLET

Désirant assister, *dans les coulisses*, à une représentation de *Polichinelle maître d'école*, j'ai bravement abordé hier la mère Guinteleur, propriétaire du théâtre Guignolet depuis l'année 1818 (!). C'est son mari qui, le premier, a établi une cabane dramatique dans les Champs-Élysées : Guignol, Gringalet, Variabilité et les Variétés vinrent ensuite.

La mère Guinteleur est une petite vieille, haute de trois pieds. Le fardeau de ses soixante-quinze ans courbe vers le sol son torse noueux, mais quand on lui parle de son entreprise et de son art... elle redresse sa tête branlante et l'on voit son visage ratatiné, flétri et sillonné de rides profondes.

Sous son bonnet de jaconas blanc, elle porte une coiffe de soie noire de laquelle s'échappent quelques fils d'argent — vestiges épars d'une chevelure noire célèbre jadis.

Son œil gauche disparaît totalement sous deux paupières chassieuses... l'œil droit seul est resté ouvert — pleurant toujours par l'effet d'une fistule lacrymale. Les oculistes lui ont conseillé, pour atténuer son mal, de ne boire que de l'eau à ses repas. Mais le vin et le cognac l'ont emporté sur les prescriptions des docteurs... Esculape a été vaincu par Bacchus!

— Mon mari était le premier ivrogne de France et de Navarre, dit-elle, et je croirais faire injure à sa mémoire en délaissant ce qu'il a adoré.

Papa Guinteleur, mort il y a vingt ans, repose sous une petite tombe au cimetière Montparnasse. Savez-vous ce que fait sa veuve chaque fois qu'elle va voir son défunt mari le jour des Morts? Elle vide un litre d'eau-de-vie au pied de la croix plantée sur la fosse du fantocciniste!... Ce trois-six, brûlant l'herbe autour de ce vulgaire mausolée, est presque aussi poétique que les camélias blancs portés par Armand Duval sur le marbre de Marguerite Gauthier!

— Vous voulez voir notre arrière-boutique? me dit la vieille avec une toux dont les parfums révélaient qu'elle avait pleuré son époux chez le liquoriste du coin. — Ma foi, mon petit homme, ça n'est pas commode; il n'y a là-haut de place que pour le directeur... Si vous ne craignez pas d'être à l'étroit, grimpez, voilà l'escalier.

Et elle me montra une petite échelle vermoulue dont le haut s'appuyait contre une porte close. On entendait la voix rugueuse de Polichinelle annonçant à une quinzaine de mauvais sujets de deux à quatre ans, *que l'on allait c'mencer à l'éstant même*. J'entrepris alors l'ascension des huit degrés gluants dont chacun représente une entorse ou un tour de reins; et durant que je gravissais cet escalier sans prétention, je sentais peser sur moi les regards des promeneurs élégants. La mère

Guinteleur tenait le pied de l'échelle... Si mon cousin le sous-préfet m'avait vu! J'ouvris la porte et je me trouvai, *sub jove*, sur un balcon de bois large de quatre pieds et long d'un mètre. M. le directeur venait de terminer le prologue et la toile venait de tomber.

Le théâtre Guignolet a deux troupes. Les *séraphins*, ou poupées à tringles et à fils, que l'on fait mouvoir en les dirigeant de la soupente placée au-dessus des frises, et les *castelets*, ou poupées à main, que l'on manie en se tenant debout sur le sol et en élevant les bras en l'air.

J'étais tombé un jour de *séraphins*, un jour de difficultés, un jour de représentation extraordinaire! Les bonnes mouchaient une dernière fois les morveux indisciplinés qui composaient l'auditoire et fourraient des sucres d'orge dans le bec des cabaleurs. La claque était à son poste. Les mamans lisaient l'*Événement*, et les nourrices tricotaient des bas pour des pieds en service dans l'armée française.

La province croit à tort que toutes les coulisses de la capitale sont pernicieuses par leur atmosphère chargée de senteurs voluptueuses, par la tenue des gens qui les hantent et par la liberté d'allures des artistes dramatiques. Celles de la maison Guignolet n'ont rien d'incendiaire, — même pour les imaginations dévergondées...

Dès l'entrée, une forte odeur d'ail m'empoigna aux narines; sans les acteurs accrochés aux murs, bras et jambes ballants, et sans l'impresario, un garçon de dix-neuf ans dont la bouche mâchonnait une *pratique* d'ivoire, je me serais cru dans une fabrique de saucissons. M. le directeur retira de sa bouche son accessoire criard, essuya ses lèvres humides sur la manche de sa blouse et, informé du but de ma démarche, il daigna prolonger l'entr'acte de quelques minutes pour me donner des explications assez curieuses.

Dès sa plus tendre enfance il raffolait des marionnettes ; aussi il s'était exercé à tailler dans ses loisirs de sculpteur sur bois des figurines dont il avait fait une jolie collection qu'il se réservait de vendre. Un soir de l'an passé sa mère tomba malade. Il fut tenu de quitter son métier pour la soigner. Sa piété filiale ne put, hélas ! empêcher la mort de s'asseoir au chevet de l'alitée, et quand il eut rendu les derniers devoirs à sa dépouille mortelle, il retourna à l'atelier. Mais l'ouvrage manquait, on ne voulut pas l'employer. Qu'allait-il faire, seul, pauvre et n'ayant pour toute fortune que ses poupées ? Il rencontra vers cette époque, c'était la foire à Montmartre, le fils de la mère Guinteleur, qui lui offrit de l'associer à son industrie à la condition qu'il verserait ses douze figurines comme apport. Le marché fut conclu, et c'est ce même *actionnaire* qui dirige aujourd'hui le théâtre de Guignolet, — son compagnon courant la province avec un autre établissement du même genre. Il est à la fois auteur, directeur, chanteur, régisseur, metteur en scène et peintre-décorateur... et il a dix-neuf ans ! La mère Guinteleur est chargée de la recette.

Mon héros est innovateur, c'est-à-dire intelligent. Le chat classique de la vieille mourut, une après-midi, d'un coup de bâton trop violent asséné par M. Polichinelle. Le pauvre artiste travaillait à l'avant-scène depuis quinze ans, et avait presque droit à un discours du baron Taylor... On le jeta au coin d'une borne, et il ne fut pas remplacé. Telle est la fin du dernier chat acteur ! Les méchantes langues de la concurrence prétendent que la mère Guinteleur l'a mangé, un soir de misère... mais j'en doute.

L'ancien répertoire a d'ailleurs fait place à une nouvelle série de pièces qui n'exigent pas la présence du Rominagrobis. On joue, à l'heure qu'il est, de vrais drames, tels que *Moine et Bandit, le Brigand des Vosges, les Poissardes, les Consultations de Jocrisse*. Je signale même à l'attention de la censure certaine scène où l'on mène en prison Polichinelle, voleur de pommes. Au moment de mettre le gouailleur scélérat sous les verrous, le gendarme ne peut entrer dans le cachot : son nez est si gros, qu'il ne peut passer par la porte. Quant au commissaire hautain, il est représenté maintenant par un magistrat que le délinquant rosse.., *que c'est un plaisir!...* Je ne sais pas trop jusqu'à quel point l'autorité n'a pas le droit de se voir lésée dans ce pif énorme et dans cette râclée magistrale.

Les fils qui partent des membres et de la tête du vicieux triomphant sont au nombre de huit. Celui qui fait mouvoir sa jambe droite est plus fort que les autres à cause du nombre interminable de coups de pied dont messire Polichinelle gratifie le dos de la maréchaussée.

Il ne faut pas croire que ces acteurs en bois ne coûtent pas autant à la direction que d'autres (en bois également) qui travaillent sur nos principales scènes de genre. Le bâton casse plus d'un commissaire qu'il faut remplacer. Les mains usent et salissent les jupes des castelets, et puis il faut repeindre ces figures dont la couleur s'écaille. Chaque poupée revient à 3 fr. d'entretien par mois et la ville de Paris exige 200 fr. par an avant de livrer les Champs-Élysées aux *puppazzistes*. Si vous songez aux dépenses de décors, de costumes et d'accessoires, vous comprendrez pourquoi ces impresarii en plein vent portent rarement des fonds à la Caisse d'épargne.

Les places coûtent deux sous. Les journées sont courtes en hiver, et les enfants ne sortent pas. Il est vrai que, l'été, toutes les séances réunies font monter la recette jusqu'à deux écus.

Du matériel primitif du père Guinteleur il ne reste que deux sujets : un polichinelle qui a cinquante ans de services, et une petite poupée ayant appartenu à Mgr le dauphin fils de Louis XVI. Les autres sont issus du ciseau du directeur actuel, et ils sont habillés d'étoffes modernes taillées dans des coupons achetés au Temple.

Comme je craignais d'être indiscret, j'ai prié M. le directeur de ne plus s'occuper de moi et de commencer la représentation. Il était temps, car les corrompus de l'orchestre commençaient à murmurer et à battre des pieds. J'ai entendu un gandin de trois ans qui criait : La toile, ou ma femme s'en va!

J'ai distingué, pendue au mur par la tringle qui lui sort du crâne, une mariée dont la robe est en moire antique blanche et dont les bras sont ornés de bracelets en strass.

C'est en somme un parti convenable que cette jeune fille qui louche. Elle a de plus, sur ses joues, une couche de rouge témoignant que les joies de l'hyménée lui sont inconnues. Son voisin *de ficelle* est un roi qui m'a tout l'air de représenter Salomon dans les pièces bibliques : il tient à la main un petit sabre en fer-blanc, — lequel, par un mécanisme peu perfectionné, vient se heurter dans son œil, si l'on fait mouvoir son bras. Je vous fais grâce de la description des autres personnages. Les premiers sujets se distinguent des comparses par l'élégance de leur mise et la distinction de leurs manières. Le magasin des accessoires est une grande malle pleine de bibelots minuscules. Ce sont des lits grands comme des boîtes à gants, des assiettes lilliputiennes. Mes regards curieux ont aperçu au fond du bahut un petit pot qui a la même destination que la musique *de chambre*.

Il participe au succès d'une scène durant laquelle Polichinelle court à sa table de nuit et coiffe un créancier de la vaisselle qu'elle renferme. Enseignement dont les débiteurs de notre temps devraient profiter, car j'ai remarqué que le Philistin de Polichinelle se contentait de cet à-compte et ne revenait plus.

Voilà ce que j'ai entendu et vu. En m'élevant sur la pointe des pieds, je plongeais par-dessus le fronton du théâtre sur vingt spectateurs roses et joufflus riant à se tordre devant les farces du Pulcinello cabriolant à mes pieds et faisant sonner son sabot avec arrogance, malgré ses cinquante ans.

Qui sait? ce même morceau de bois garni de loques a fait rire peut-être des hommes assis actuellement sur les gradins du Corps législatif!...

XVII

GAVARNI CHEZ LUI

Il faut mon aplomb pour aller troubler dans leur solitude les génies qui aspirent à l'oubli des gloires fati-
gantes et au repos nécessaire sur le déclin d'une existence laborieuse. Aussi, tout autre que moi eût hésité
à pénétrer dans la silencieuse retraite de Gavarni, —
petite et blanche maisonnette située au haut de l'avenue de l'Impératrice. Ses murs décrépits, son fronton
triangulaire et son toit plat heurtent de loin le regard
du passant, qui, gâté par les palais d'alentour, s'arrête
tout étonné devant la construction modeste où s'est ré-
fugié le grand peintre de mœurs.

L'entrée de cette calme demeure se trouve dans la
rue Bugeaud. C'est une porte étroite et basse qui doit
rarement rouler sur ses gonds, puisqu'en arrivant sur
son seuil, j'ai remarqué une toile d'araignée, dont les
fils allaient du bouton de la sonnette à la poignée de la
serrure.

— Monsieur est un peu souffrant, me dit une bonne;

dont le pas pesant faisait vibrer les dalles du péristyle.

J'insistai pour qu'elle portât à son maître la lettre où, rapin de la littérature, je réclamais d'un illustre artiste quelques minutes de pose, et tandis que la servante cédait à ma prière, j'examinai la pièce où elle m'avait prié d'attendre son retour.

J'étais au rez-de-chaussée, dans un petit cabinet dont elle avait préalablement ouvert les persiennes closes depuis longtemps. Les meubles délabrés qui le garnissent semblèrent tout surpris de voir le jour; un papillon alla battre des ailes contre la vitre terne, et le fauteuil sur lequel je m'assis poussa la plainte d'un endormi qu'on réveille. Au bout de quelques minutes, la domestique me priait de la suivre. Nous gravîmes un petit escalier, et après avoir traversé deux pièces encombrées de chaises boiteuses, de pupitres en bois blanc et de tableaux non accrochés, rangés le long des boiseries, mon guide ouvrit une porte :

— Monsieur est là, fit la servante.

— Entrez, me dit d'une voix enrouée un grand vieillard dont je n'oublierai jamais les traits.

Chacun de nous, lorsqu'il lit des romans, se représente mentalement les héros dont il suit les aventures. Tel je m'étais figuré Nicolas Flamel, en parcourant les vieux ouvrages d'alchimie, tel m'apparut Gavarni, la tête couverte d'un bonnet de velours noir, et le corps enveloppé d'une longue tunique de la même étoffe. Ses cheveux gris tombaient en mèches désordonnées sur son cou engoncé, et, couvrant ses oreilles, se mêlaient aux poils raides de sa barbe, blanche sur les côtés et rousse au niveau du menton. En voyant ses joues ridées, ses narines nacrées sur les bords, ses yeux saillants et sa bouche garnie de dents déchaussées, je me rappelai le délicieux portrait qu'il fit de lui-même il y a trente ans. Je me souviens aussi qu'on l'avait comparé pour la ressemblance au buste de Rubens que possède le musée du Louvre, et je pensai que si l'ongle du temps respecte la jeunesse et la fraîcheur des grandes œuvres, il est sans pitié pour ceux-là mêmes qui les ont enfantées.

Je ne cachai point à Gavarni l'objet de ma démarche.

« — Une esquisse de ma personnalité présentera quelque intérêt, me dit-il, à la condition qu'on ne montre pas en moi le dessinateur dont le talent fut exagéré par des contemporains indulgents. Il faudra révéler de préférence le mathématicien inconnu dont on ne soupçonne pas les travaux incessants.

« Mes masques, mes lorettes et mes étudiants ne sont que des bonshommes crayonnés dans la marge de mes cahiers de calculs. Tout jeune, j'adorais les chiffres, et c'est pour des raisons trop longues à vous dire que j'ai dû spéculer sur ma facilité à peindre les prototypes d'une société corrompue, — sans délaisser pour cela mes études algébriques. »

Je compris qu'en dehors de sa marotte, je ne tirerais rien de l'éminent philosophe. Je lui dis alors que jadis j'avais usé mes culottes sur les bancs des institutions préparatoires, et que je m'étais présenté à l'École polytechnique, où j'avais échoué avec tous les honneurs dus à mon peu d'enthousiasme pour les sciences mathématiques. Néanmoins, il jugea que j'étais apte à le comprendre, et il m'exposa des théories qui ne sont rien moins que le bouleversement total des systèmes prescrits par les programmes universitaires. Gavarni prétend avoir trouvé un mode nouveau de calcul. Il sape par la base l'édifice arithmétique et conclut à la destruction de l'unité pour donner sa place *à une molécule extensible*... Ne bâillez pas, ami lecteur. Tandis que le caricaturiste chevauchait. dans les steppes arides des discussions numériques, je pensais que vous vous accommoderiez peu du récit des révolutions projetées par lui, et comme je suis journaliste avant tout, je feignais seulement de prêter l'oreille à des théories que d'autres, plus compétents que moi dans la matière, traiteront peut-être d'utopies et de paradoxes.

Au lieu de le suivre dans ces sphères peu séduisantes, je regardais sa grave figure qui, éteinte et morne à mon entrée, s'était illuminée subitement. Gavarni, que le vulgaire voit et verra toujours rieur et folâtre, sous un costume de débardeur, Gavarni s'était levé de son fauteuil avec majesté ; il arpentait sa chambre, et ses bras s'agitaient dans l'espace, non pas comme ceux d'un *Chicard* dans la fièvre du *cancan*, mais comme ceux d'un savant convaincu dans la démonstration d'une vérité dont il a la foi.

Je cherchais un joint pour amener la conversation sur un terrain moins ingrat. Ses livres me fournirent la transition désirée.

— Vous avez, lui dis-je, une bibliothèque superbe ; jamais je n'ai vu pareil assemblage de bouquins mieux conservés.

" — Mes livres ne sont pas anciens, me dit-il. Ils n'en ont que l'apparence. Cette gloire revient à mon relieur, qui a trouvé une collection de fers à gaufrer le cuir, datant du dix-septième siècle. Malheureusement, il n'a pas les moules des lettres de ce temps : aussi remarquez comme les caractères modernes ont l'air bête... Ces ouvrages scientifiques composent, avec la culture des arbres toujours verts, tels que le lierre, les *epicea* et les sapins, ma seule distraction. J'ai abandonné la lithographie depuis longtemps ; quant aux aquarelles, j'en livre trois par an à un marchand de la rue Laffitte et j'ai bien du mal à tenir cet engagement.

« Le monde que j'ai *croqué* jadis est toujours le même. Lorsque je retourne mon fauteuil pour regarder les gandins, les cocottes, les bourgeois et les gentilshommes dont les carrosses sillonnent l'avenue de l'Impératrice... mes yeux reconnaissent mademoiselle de Beaupertuis, M. de Fichtaminel, la petite Ernestine et le papa Beaufumé. Quand je vois passer un gueux sous mes fenêtres... c'est encore Thomas Vireloque, et le bébé qui joue là-bas dans le sable du bois est aussi *terrible* qu'autrefois... Les changements sociaux sont lents : le dégoût du monde est la seule chose qui vienne vite... »

Gavarni adore son fils, un beau garçon de dix-neuf ans qui, après avoir hanté l'atelier de Gérôme, est un élève distingué des Beaux-Arts et peint déjà les chevaux d'une façon magistrale.

Les amis que reçoit Gavarni s'appellent les frères de Goncourt, le marquis de Chennevières, et Émile Forgues. Il a, pour les auteurs de *Germinie Lacerteux*, une affection spéciale. Ceux-ci lui avaient demandé d'ébaucher un costume pour mademoiselle Ponsin, chargée d'interpréter un titi au premier acte de *Henriette Maréchal*. Il leur envoya un ravissant dessin avec une lettre dont voici la copie exacte :

« Mes petits,

« Je vous adresse une indication classique. Modifiez ça autant que vous voudrez, depuis le canaille jusqu'au fantastique, en donnant au blanc et au rouge plus ou moins de valeur. C'est un costume à composer sur la femme avec des épingles. Si j'avais été valide, j'aurais été habiller la mademoiselle, car si on laisse faire le costumier, c'est fichu ! Que Jules fasse ce tripotage.

« Bonjour, bonjour !

« GAVARNI. »

Gavarni fait allusion, dans ce billet, à la maladie qui le force à garder la chambre depuis longtemps déjà. Les docteurs sont impuissants à améliorer l'état de ses bronches. D'après ce qu'il m'a dit, il manque de confiance en la médecine, mais il affirme la chirurgie, — qui ne peut rien à son cas. Il peste d'être cloué au coin de son feu... ce que je comprends d'autant mieux que la cheminée de son bureau fume comme tous les fils de l'Helvétie réunis.

Comme je lui faisais l'observation que cet inconvénient irritait ses poumons, il secoua la tête et me dit, en appuyant ses doigts osseux sur sa poitrine :

— Le mal vient du dedans et non du dehors.

Après m'être retiré, je roulai dans ma tête l'article qui résulterait de cette entrevue, et je m'aperçus qu'il manquerait totalement des anecdotes, sans lesquelles toute ébauche paraît pâle, et toute biographie semble sèche. En conséquence, je me rendis chez MM. Edmond et Jules de Goncourt, qui daignèrent me donner la fin indispensable aux travaux que je traite.

Le jour où Gavarni reçut la croix, il parut à peine satisfait.

C'était bon, dit-il à Jules, quand je portais des habits, mais aujourd'hui que je porte des blouses, c'est inutile.

Gavarni n'a pas toujours roulé sur l'or.

Il fut un temps où son porte-manteau était mal garni, et quand on l'invitait à quelque raout, il était tenu d'emprunter son frac à l'un de ses familiers.

« Très-cher, lui écrivait-il, ton habit va dans le monde ce soir. »

L'ami comprenait la signification de ce poulet, et le même soir, Gavarni faisait le beau sous la défroque d'autrui.

A cette époque, il devait beaucoup d'argent au *Charivari*, qui lui envoya une pierre lithographique avec prière de l'illustrer — *à valoir en compte*.

Au bout de six mois, le journal satirique (je parle de longtemps) n'avait pas encore reçu sa pierre. Un huissier arriva chez le peintre, qui flaira quelque démarche judiciaire en entendant carillonner à sa porte.

— M. Gavarni? demanda l'homme noir à Gavarni, qui était venu lui ouvrir.

— Il est mort, *môsieur*.

— Et la pierre que le directeur du *Charivari* lui a fait tenir jadis, où est-elle?

— Elle est sur sa tombe, *môsieur*.

Et Gavarni ferma la porte au nez du « gens de loi » interdit.

Il était alors très-lié avec le spirituel Laurent Jean, dont il dépeignait la démarche en ces termes :

— Il a l'air d'un citoyen qui s'avance dans un champ de blé avec une armoire à glace sur le dos.

Cette description prouve, à qui a vu marcher Laurent Jean, que Gavarni possède le don d'observation au superlatif.

Puisse le présent article prouver à ceux qui le liront qu'il est prudent de faire provision de gloire et d'argent pour ses vieux jours !

XVIII

UN HOMME D'ÉTAT EN ROBE DE CHAMBRE

Il ne m'appartient pas de juger mes contemporains au point de vue politique — et j'en suis aise. Je trouve suffisante la besogne qui consiste à se faire ouvrir les portes des grands pour les montrer dans les loisirs de leur carrière publique. Désirant esquisser la vie de celui qui, entre tous les hommes d'État, est actuellement le plus en vue, je me suis attaché à élaguer de ma narration toute appréciation tendant à manifester mes croyances et mes opinions.

Par contre, je me suis efforcé de prouver que le jour où les portières du ministère d'État ont glissé pour moi sur leurs anneaux, elles ne se sont pas écartées devant un indiscret de mauvaise compagnie.

Arrivé rue de Rivoli un de ces matins derniers, je me suis remis dans les mains d'un huissier qui m'a fait pénétrer dans un vaste cabinet du rez-de-chaussée, ouvrant ses hautes fenêtres sur la cour du Carrousel, et sur une vaste perspective de colonnades et de statues — horizon propice aux graves pensées.

C'était un jour de soleil. De grandes flèches d'or venaient s'émousser contre le damas vert des tentures et des fauteuils, et accrocher des lumières aux sombres panneaux des bibliothèques d'ébène. Sur un bureau couvert d'un tapis de drap, gisaient pêle-mêle des livres, des dossiers, des papiers surchargés de notes, des lettres fraîchement cachetées. — J'étais dans la pièce où, courbé tous les jours sur son travail quotidien, le premier magistrat de l'Empire puise et renouvelle incessamment les formes de son érudition et de son expérience.

C'est là qu'il trempe ses argumentations solides comme le fer, brillantes comme l'acier, pénétrantes comme un coin, éblouissantes comme un feu d'artifice.

Lorsqu'on m'annonça, Son Excellence travaillait. On n'est pas ministre en France sans peines et sans labeurs. Ce n'est pas dans des loisirs indifférents qu'un homme peut présider pendant six ans aux destinées de l'agriculture et du commerce de son pays, attacher son nom à un traité de commerce avec l'Angleterre, et vouer huit années de luttes et de succès à la restauration des libertés économiques.

Ce n'est pas enfin sans de longues et profondes méditations qu'un citoyen peut traduire et défendre devant les chambres la politique et la pensée de son souverain.

Je n'avais jamais vu M. Rouher. Son visage est ouvert et cordial. Tout en lui comme autour de lui respire la force, la volonté, le travail et la simplicité. Il y a une corrélation frappante entre cet homme d'une taille robuste quoique au-dessous de la moyenne, et le cadre où il se meut depuis vingt ans.

A cette puissante architecture de muscles, à ce mâle

visage, où l'ardeur sanguine et l'énergie bilieuse confondent leurs fauves reflets avec la pâleur des veilles ; à ces larges épaules qui portent légèrement le poids d'un monde de réflexions et de soucis, on reconnaît une de ces natures herculéennes faites pour les combats de la vie et pour les triomphes de la pensée ; on sent une de ces organisations où la santé du corps et la santé de l'esprit s'harmonisent — pour s'épanouir puissamment.

M. le ministre d'État est un des plus beaux types de cette race d'Auvergne louée par César et conservée intacte, grâce à la pureté de son climat et de ses mœurs ; — race à la fois énergique et patiente, vigoureuse et souple, positive et poétique ; — race dont les paysages locaux donnent si bien l'idée (pour ne pas dire l'image) avec leurs hautes montagnes, leurs vallées profondes, leurs volcans fumant hier, et leurs glaciers vierges encore.

Tout dit l'activité de la pensée dans le cabinet où Son Excellence se promène de son fauteuil à sa croisée, la tête couverte d'un bonnet de velours noir qui abrite les restes bouclés d'une chevelure superbe, éclaircie par le travail et argentée par la méditation.

En se portant sur les murs, mes yeux ont rencontré le buste de l'Empereur, le portrait du Prince impérial, deux paysages de Desjobert et de Paul Huet, une Marine de Gudin, *Sainte Monique et saint Augustin en extase à Ostie*, d'Ary Scheffer, et une *Jeanne Darc inspirée*, de Benouville.

M. Rouher a une conversation vive, enjouée, et quelquefois émaillée d'anecdotes humouristiques.

Il aiguise volontiers en épigrammes, dont la malice est sans fiel, ce qui lui reste des ironies familières dont ses amis raffolent à la Chambre, durant les suspensions

de la séance et pendant les entretiens de la salle des
Pas-Perdus.

Comme tous les esprits remarquables de ce siècle,
M. Rouher est, au moral, un Français issu de Gaulois.
Ses auteurs préférés sont Montaigne, Rabelais, Molière
et La Fontaine. Il ne dédaigne pas Boileau, c'est vrai...
mais nul n'est parfait dans les hautes sphères sociales
comme dans les classes les plus obscures.

Sans avoir eu l'honneur de m'asseoir à la table de
M. Rouher, je sais qu'après le cordial et patriarcal
repas qu'il offre aux amis de sa maison, on passe au
salon dont madame Rouher fait les honneurs avec grâce
et simplicité.

Elle est parfois entourée de ses deux filles, — l'une
mariée au comte Welles de La Valette, fils du ministre
de l'intérieur, — l'autre, jeune fille encore, dont la
beauté est pleine d'élégance et de distinction. Madame
la comtesse de La Valette a déjà deux superbes babys
adorés de toute la famille, — espérance et bénédiction
vivantes de ce toit qui « s'égaye et rit à leur arrivée »,
comme dit le poëte.

Presque tous les jours, sur les midi et demi, le cabinet
ministériel retentit de bruits joyeux. C'est le grand-père
qui donne audience à ses petits-fils. Les deux enfants
font leur entrée, portés par deux gouvernantes que suit,
émue et triomphante, une mère de vingt ans! L'homme
d'État se déride alors. L'adresse, les amendements, les
décrets, tout est oublié!

Il parle à ses auditeurs en brassière un langage mi-
mique approprié à leur intelligence au maillot, et les
sourires qu'il appelle aux lèvres roses de *sa* postérité
lui sont plus doux que ses plus beaux triomphes ora-
toires. De grandes levrettes au pelage cendré se mettent

de la partie et jappent;... un cacatoès, au plumage ruis-
selant d'azur et de pourpre, jette des cris sur son bâton
de zinc — jusqu'à l'heure où l'aïeul disparaît pour céder
la place au tribun.

Voilà, en dehors de quelques soirées consacrées aux
devoirs de ses fonctions ou à de rares apparitions au
théâtre (il reprochait l'autre jour encore à M. Jules
Favre de ne pas lui laisser le loisir d'y aller plus souvent), — voilà, dis-je, en dehors de quelques promenades à son château de Sercey, les uniques distractions
d'un homme qui, l'hiver, est assis devant son bureau à
sept heures, et qui, l'été, sonne parfois son huissier au
petit jour...

Le devoir est le meilleur des réveille-matin.

XIX

LE CHATEAU DE CLAREMONT

Londres, 31 mars.

Le château de Claremont, où s'éteignait, il y a huit jours, la reine Marie-Amélie, est situé à quatorze lieues de Londres. Pour s'y rendre, il faut gagner la gare de Waterloo (un nom dont on abuse ici) et descendre à Esher. Là les employés du chemin de fer montrent au voyageur en quête de son chemin une route jaune qu'il doit suivre pendant trente-cinq minutes avant de toucher à la demeure où le vent de la révolution a jeté la famille d'Orléans.

En avançant dans la campagne, baignée d'une atmosphère bleuâtre, on se sent pris d'une indicible émotion. Le plaintif bêlement des agneaux, les rauques soupirs des taureaux, le cri aigu des merles accompagnent le bruit de vos pas, et les grands bœufs, que votre présence étonne, lèvent sur votre passage leurs mufles baveux en vous regardant d'un air mélancolique. Un ciel gris et un horizon terne, sur lequel les arbres tordent leur branches noires, complètent la tristesse de ce tableau, devant lequel le cœur se serre involontairement.

Connaissant peu la langue anglaise, je n'ai pu savoir pourquoi l'on est tenu de payer deux pences avant de pénétrer dans la commune de Claremont et j'ai été fort surpris d'apprendre que le baby roux qui m'avait tendu la main était un percepteur de contributions : je croyais avoir eu affaire à un mendiant.

A deux cents pas de ce péage, on franchit la grille du parc royal pour gravir une allée montueuse en haut de laquelle se dresse le palais blanc et carré. Sa façade principale ne manque pas de majesté. Avec ses quatre colonnes trapues et son escalier de vingt-cinq marches, elle m'a rappelé, au fronton près, celle de l'église Notre-Dame-de-Lorette.

J'étais porteur d'une lettre pour le capitaine Charles Reille, aide de camp du duc de Nemours, et voulant la lui faire tenir aussitôt, je m'approchai de deux hommes l'un déjà vieux, l'autre jeune encore, qui se promenaient de long en large sous le péristyle. Aussi est-ce avec ravissement que je n'essuyai pas cette fois la réponse invariable dont mes oreilles étaient rebattues depuis deux jours :

— *I dow'nt speak french.*

Au reste, l'extrême politesse de mes interlocuteurs m'apprit leur nationalité, autant que la pureté de leur prononciation ! J'étais devant des compatriotes.

Le plus âgé étant légèrement sourd, le plus jeune eut l'obligeance de lui répéter ma question en élevant la voix, et je remarquai qu'il l'appela :

— Mon cher père.

Au même instant, un domestique s'approcha d'eux, et s'étant incliné :

— Monseigneur le prince de Joinville et monseigneur le duc de Penthièvre sont attendus au salon, leur dit-il.

— Nous y allons, fit le duc de Penthièvre. Et se tournant vers moi, il me désigna un gentleman qui causait dans l'antichambre avec un valet de pied.

— Voilà justement M. Reille, me dit-il.

J'avoue que je fus légèrement ému en apprenant, grâce à un hasard, le nom des deux personnages que j'avais abordés. Je fus presque confus de ma méprise, et bien qu'ayant pêché par ignorance, j'eus regret du sans façon avec lequel j'avais demandé mon renseignement.

Mais le capitaine Reille me rassura... et dix minutes plus tard le prince de Joinville me rassurait lui-même en me remerciant d'être venu mettre mon nom sur le registre ouvert devant ceux que la mort de Marie-Amélie a touchés au cœur.

Je demandai tout d'abord à voir la chambre de la reine ; c'est une pièce très-haute dont les fenêtres donnent sur le côté méridional du parc ; elle est simplement meublée. Au fond, un petit lit de fer qui se démonte, et qui a suivi Sa Majesté dans tous ses déplacements, depuis son séjour en Angleterre. Entre les rideaux blancs on distingue un crucifix, et sur le mur, de chaque côté, deux estampes de moyenne dimension. Ces compositions ont été gravées sur acier, d'après des ébauches du duc d'Aumale.

La première représente le roi Louis-Philippe couronne en tête et sceptre en main. Il est agenouillé sur des nuages dans l'éther, et à ses côtés la Religion sous les traits d'un ange lui montre le saint triangle où brille le nom de Jehovah en caractères hébraïques. Au bas du dessin, c'est la mer orageuse dont les flots écumants assaillent un esquif ballotté. L'autre cadre est une prière pour le repos de l'âme du roi; cette prière est entourée de feuilles d'acanthe, et surmontée d'une croix lumineuse.

Les autres pans de mur sont ornés d'un portrait du duc d'Orléans et de la *Marguerite* d'Ary Scheffer. Ce dernier tableau avait été détérioré dans le sac des Tuileries en 48; puis, repris ou racheté aux insurgés, il fut expédié à Claremont, après avoir été restauré par Ary Scheffer lui-même.

La reine s'asseyait d'ordinaire dans un grand fauteuil poussé au milieu de sa chambre. Là, elle faisait de la tapisserie ou écoutait des lectures confiées à l'organe mélodieux de mademoiselle Muser, sa dame de compagnie.

Près de ce siége, que je n'ai pu considérer sans attendrissement, j'ai remarqué une petite table couverte d'une singulière collection de fleurs artificielles. Ce sont des débris de fleurs d'orangers arrachées aux bouquets de mariage de toutes les princesses parentes ou amies de notre ancienne souveraine. Des globes de verre les protégent contre la poussière et des étiquettes apprennent le nom des illustres fiancées qui les ont portées à leur corsage.

C'est dans cette pièce que tous les jours, à huit heures du matin, l'abbé Guelle venait dire la messe, à laquelle assistaient les hôtes de Claremont. C'est là aussi que la famille royale se retrouvait le soir après le dîner.

La reine jouait au whist jusqu'à dix heures avec le duc de Nemours, le duc d'Aumale et la princesse de

Joinville. Il arrivait parfois que l'on y lisait les journaux de France à haute voix.

Le fond du caractère de Marie-Amélie était la piété, l'indulgence, l'humilité et la bonté. Jamais ses lèvres ne prononcèrent un mot méchant, et si quelqu'un élevait la voix contre ceux qui avaient déserté la cause des d'Orléans, elle lui imposait doucement silence avec des paroles de pardon.

« Quand j'ai aimé quelqu'un, disait-elle, c'est pour toujours, et si ceux que j'ai aimés changent d'affection, je ne suis pas obligée pour cela d'en changer.

La mort de M. Dupin la chagrina vivement. Celle du duc de Morny lui fit venir les larmes aux yeux. On se rappelle que notre regretté président avait été le compagnon et l'ami du duc d'Orléans. L'épouse de Louis-Philippe Ier était une causeuse charmante et aussi un esprit doué d'une grande finesse. Rien dans ses propos n'annonçait qu'elle allait être nonagénaire. Son intelligence semblait au contraire s'accroître à mesure qu'elle avançait en âge, et elle assistait sans peur ni trouble à l'altération de ses facultés.

« Mes sens m'abandonnent, disait-elle à son médecin au commencement du mois. Mais, au milieu de cet amoindrissement de mes forces, je sens mon cœur plein d'ardeur et de jeunesse. » Elle portait d'habitude des tuniques de mérinos noir, et avait gardé jusqu'au dernier jour la coiffure qu'on remarque sur tous ses portraits : trois anglaises superposées et disposées en éventail de chaque côté des tempes. Elle aimait peu la parure. Le seul bijou qu'elle affectionnait et ne quittait jamais, était un bracelet composé des miniatures de ses enfants et de ses petits-enfants. Elle l'avait au bras quand elle rendit le dernier soupir.

Marie-Amélie était morte depuis quatre jours lorsque je fus admis au château. Tandis que je causais dans l'antichambre avec le général comte Dumas, chargé du service intérieur du palais, je voyais des femmes, vêtues de noir, qui montaient et descendaient gravement les larges escaliers de pierre. Leurs robes de crêpe, leurs bonnets de tulle, et leurs sombres costumes tranchaient sur les murs blancs. Presque toutes arrivaient à pas comptés et comme avec précaution. Le respect inspiré par le cadavre royal était tel que chacun craignait de troubler son dernier sommeil !

J'étais en train d'écrire sous la dictée du général les noms des princes et des princesses logés au château dans les étages supérieurs, quand un homme s'approcha et fit tout bas une question à mon guide. Son visage ouvert et son nez busqué me rappelèrent le portrait de Henri IV. Il avait jusqu'à sa barbe, ses cheveux et l'expression de son regard.

— Monseigneur le duc de Nemours, me dit le général Dumas, après m'avoir présenté au nouveau venu.

— Monsieur, me dit Son Altesse, veuillez, à votre retour en France, remercier au nom de toute notre famille ceux qui se sont émus du malheur qui nous a frappés, et prenez pour vous la meilleure part de notre gratitude.

— Me permettrez-vous de joindre mes remerciements à ceux de mon oncle, me dit un beau garçon qui était survenu, et de me faire l'interprète de la reconnaissance de mon frère, le comte de Paris, pour ceux qui, comme vous, ont quitté la France dans l'intention de suivre jusqu'à sa dernière demeure notre aïeule bien-aimée ?

S'il est une chose qui m'impose plus que les Majestés

debout, ce sont les Majestés tombées : je bégayai quelques mots respectueux en réponse aux bienveillantes paroles de M. le duc de Chartres, et je me retirai.

Le général Dumas me donna rendez-vous pour le lendemain, à deux lieues de distance, au village de *Weybridge*.

— Je vais là, me dit-il, pour disposer, à côté du cercueil du roi, la place de celui de la reine, dans le caveau que la famille Taylor a mis à la disposition de la famille royale. On comprend que je n'eus garde de manquer à cette cérémonie, dont on retrouvera plus tard la relation. Nul n'en a été témoin, excepté le général Dumas, trois ouvriers sculpteurs et moi.

Mais avant de quitter Claremont, disons que, du rez-de-chaussée aux combles, cette résidence sert pour le moment d'asile à des princes du sang dont j'ai pu à peine noter les noms, pressé que j'étais par l'heure de mon retour pour Londres. Le comte et la comtesse de Paris, qui habitent d'ordinaire à Twickenham, dans une maison voisine de celle du duc d'Aumale, y logent, ainsi que le duc et la duchesse de Chartres, le duc de Nemours, le duc et la duchesse d'Aumale, le prince et la princesse de Joinville, le duc de Penthièvre, le prince de Wurtemberg et sa femme, l'archiduchesse Thérèse.

Les dames du palais, celles qui y demeurent alternativement depuis la révolution de 48, sont madame la marquise de Lasteyrie, madame la marquise de Beauvoir, madame la comtesse de Chabannes et madame la comtesse de Finguerlind. Les généraux qui étaient de service au château à tour de rôle depuis la même époque, sont le général comte Dumas, le marquis de Chavannes et le comte de Montesquiou.

Je tenais d'autant plus à ne pas manquer le train, que je devais dîner le soir même à Londres, Cavendish square, chez le docteur Henri Gueneau de Mussy, médecin de la reine Marie-Amélie.

Voici la lettre que m'avait remise pour lui, avant mon départ de Paris, un homme dont l'estime rend trop fier pour que je manque l'occasion d'en publier la preuve :

« Mon cher cousin,

« Je t'envoie un jeune écrivain, Adrien Marx, un honnête homme, dont je réponds. On peut se fier à lui. Il assistera aux obsèques de la reine; et tout ce que tu lui diras, toi, le témoin oculaire de cette pieuse agonie, sera fidèlement rapporté dans l'accent même de sa piété filiale.

« Si j'avais pu marcher, je n'aurais pas manqué à ce rendez-vous funèbre, et je porte envie aux cœurs fidèles auxquels cette consolation dernière ne fera pas défaut.

« Je te serre la main bien tristement, de tout mon cœur.

« JULES JANIN.

« Passy, 26 mars, 1866. »

Cet autographe flatteur m'avait ouvert toutes grandes les portes de la maison du digne médecin qui, depuis vingt ans bientôt, prodigue ses soins dans l'exil à une famille qui a perdu son trône, mais non sa dignité et ses vertus. Je dois au savant praticien la relation des dernières heures vécues par la pieuse reine.

Elle souffrait depuis quinze ans d'une bronchite qui

revenait tous les hivers avec violence pour s'apaiser et décroître durant la belle saison.

Marie-Amélie avait demeuré cet été à Town-Bridge, dans la modeste villa qu'elle y louait depuis 1857, et, à la grande joie de ses proches et de ses amis, elle avait repris ses quartiers d'hiver à Claremont, dans un état de santé très-satisfaisant. De plus, son médecin avait constaté, avec une surprise légitime devant ses quatre-vingt-quatre ans, la disparition presque totale des symptômes inflammatoires qui lui faisaient redouter périodiquement un malheur aux approches de la froidure.

Lors de sa visite du mercredi de l'autre semaine, M. de Mussy trouva la reine légèrement souffrante; son pouls était fréquent, et elle avait de longs accès de toux, mais ses soins enrayèrent les progrès du mal, et l'illustre malade passa une bonne nuit. Le mieux se continua tout le jeudi, et le vendredi matin, il n'y paraissait pas.

— A dimanche, dit la reine à M. de Mussy, lorsqu'il vint prendre congé d'elle.

La journée fut excellente. Marie-Amélie fit, comme à l'ordinaire, ses quatre repas composés de bouillon, de thé et de viandes blanches. Cette alimentation répétée et digestive lui avait été depuis longtemps prescrite à cause de l'appauvrissement de son sang, de l'épuisement de sa constitution et de la délicatesse de ses organes digestifs.

Vers quatre heures elle écrivit à son petit-fils le comte d'Eu, gendre de l'empereur du Brésil. Puis, se sentant fatiguée, elle se coucha.

Sa lectrice, mademoiselle Muser, qui reposait d'habitude dans un cabinet attenant à sa chambre, entendit du bruit chez elle, au milieu de la nuit. Inquiète, elle accourut près de sa souveraine et la trouva dans un état d'agitation extrême... Mais ce désordre s'apaisa peu à peu, et vers cinq heures du matin, la reine s'assoupissait. Mademoiselle Muser, qui n'avait pas voulu regagner son lit et s'était assise aux pieds de la couche de la malade, s'aperçut, avec une certaine anxiété, que sa respiration était très-lente. Elle fit prévenir le duc de Nemours, qui expédia une dépêche au docteur de Mussy, à Londres, et manda au château un jeune médecin habitant Esher.

Pendant ce temps la reine s'était réveillée, et, après avoir pris une petite tasse de bouillon :

— Je me sens mieux, dit-elle à sa lectrice... Je vais dormir.

En la voyant fermer les yeux, on se doutait si peu de la catastrophe que l'on ne crut pas urgent de faire entrer le jeune médecin d'Esher.

Tout le monde, au château, fut instruit qu'on avait été victime d'une fausse alerte, et mademoiselle Muser, ayant repris auprès de sa reine sa place habituelle, se mit à lire... Ayant levé les yeux par hasard, elle fut frappée de la pâleur des traits de Marie-Amélie; elle remarqua de nouveau que sa respiration était devenue faible, rare et à peine perceptible à l'audition. Le médecin d'Esher, qui était encore au palais, fut introduit; il tâta le pouls de la reine et secoua la tête... Le docteur de Mussy arriva de Londres en ce moment. Quelques minutes après, tous les membres de la famille royale étaient dans la chambre de leur mère et grand'-mère.

A onze heures douze minutes, la reine poussa un faible soupir, et tous tombèrent à genoux devant la couchette de fer d'où venait de s'envoler au ciel la plus belle âme de femme qui ait traversé ce monde !

Lorsque le docteur de Mussy me conta ces détails, il était depuis un quart d'heure de retour de Claremont, où il avait dû assister à l'ensevelissement de Marie-Amélie. C'est là duchesse d'Aumale et la princesse de Joinville, assistées de mademoiselle Muser, qui accomplirent ce pieux et triste devoir. Suivant les vœux exprimés dans le testament de la défunte, elle ne fut pas embaumée; on la coiffa seulement de son bonnet de veuve et on la revêtit de la robe qu'elle portait lors de son départ de Paris en 1848.

Après qu'elle eut été couchée dans son cercueil, elle fut transportée dans le cabinet de travail du roi Louis-Philippe, et l'on couvrit d'un drap noir la bière préalablement posée sur deux chaises. Elle y restera sous la garde alternative des princesses royales, jusqu'au matin des obsèques, fixées à mardi prochain.

XX

LE CAVEAU DE LOUIS-PHILIPPE A WEYBRIDGE

Londres, 2 avril.

C'est à Weybridge, hameau séparé de Claremont par quelques kilomètres, que reposent les restes de Louis-Philippe Ier. Une fervente catholique, miss Taylor, habite, à l'entrée de ce village, un cottage dans le parc duquel s'élève une chapelle de dimension exiguë. Au-dessous de ce pieux refuge, elle a fait construire un caveau primitivement destiné à ses propres dépouilles et à celles des siens. Mais les hasards de l'infortune en ont décidé autrement.

La résidence de Claremont n'appartenant pas aux d'Orléans, il fut impossible d'y construire un mausolée à leur usage. Aussi les princes acceptèrent avec reconnaissance l'offre que leur fit miss Taylor de déposer dans sa propriété le cercueil de notre ancien souverain.

Je suis descendu dans cet hypogée il y a trois jours.

Le caveau, creusé dans le sol en forme de croix, reçoit assez de jour pour que l'usage des lanternes y soit superflu. Il est précédé d'une sorte d'antichambre, de laquelle on passe dans la sépulture par une porte de chêne. Les branches latérales de cet asile tumulaire sont occupées à droite par deux membres de la famille Taylor, et à gauche par les restes de la duchesse de Nemours et ceux de la duchesse d'Orléans.

Il paraît surprenant que cette dernière princesse repose dans le sous-sol d'un temple catholique, — étant donnée l'animation qui règne ici entre les deux cultes.

Le général Dumas m'expliqua que cette infraction aux lois luthériennes fut obtenue par Mgr Grant, évêque de Southwark, saint homme qui doit dire mardi l'office funèbre. C'est à ce prélat qu'est due la présence du cercueil de la duchesse à côté de celui de sa belle-sœur, à un mètre de celui de son beau-père, placé au fond.

Les tombes de cette triste retraite sont en forme de boîtes de pierre, sobres de sculptures, dont le haut bout est scellé dans la maçonnerie, et dont la partie inférieure avance sur la partie centrale. Des ouvertures ménagées dans le plafond du caveau permettent de lire les inscriptions du marbre qui ferme ces cubes funèbres.

Quand Louis-Philippe fut inhumé, on ne savait point si un jour son auguste épouse le viendrait rejoindre en ces lieux, et l'on mit son cercueil au milieu du vide ménagé entre ces six blocs granitiques. La mort vient de rappeler qu'il y avait là place pour deux, et l'on a été tenu de procéder à un déplacement dont je n'ai pu suivre les phases sans oppression.

Les ouvriers commencèrent par soulever la plaque supérieure à l'aide de pinces, et tandis que l'un d'eux profitait de ce mouvement pour desceller la pierre perpendiculaire de la face antérieure, je lus sur le marbre soutenu en l'air par les deux autres .

DEPOSITÆ JACENT SUB HOC LAPIDE
RELIQUIÆ LUDOVICI PHILIPPI, FRANCORUM REGIS.

Par l'ouverture carrée de cette tombe, j'aperçus le cercueil. Il fallut allumer une bougie à ce moment, car on voulait éviter de souiller le velours noir qui entoure la bière royale. Des clous d'argent en garnissent les bords, et une plaque du même métal est fixée au centre, — portant l'âge du défunt, la date de sa naissance et celle de sa mort.

C'est par des pesées successives que l'on parvint à faire glisser à gauche le lourd sarcophage, composé de trois enveloppes.

Dans ce travail, un clou se détacha des cercles inférieurs du cercueil : je le ramassai, mais je n'eus pas, hélas! la joie de garder longtemps le fruit de ce pieux larcin, car, en arrivant à Londres, je le fis tomber de ma poche en donnant mon billet de chemin de fer, et toutes mes recherches furent vaines.

Que deviendra ce fragment d'argent arraché au cercueil d'un roi? Nul ne le sait. Pas plus qu'on ne peut dire si les cendres de ce même roi ne seront pas de nouveau troublées dans leur paix !

On se rappelle que Louis-Philippe avait choisi lui-même, dans la crypte de sa chapelle, à Dreux, l'endroit où il voulait reposer dans l'éternité. Il s'y était rendu à cet effet un matin avec la reine, et ils entendirent la

messe après avoir fait placer leurs chaises au-dessus
même du point qu'ils avaient désigné pour leurs dépouilles.

Derrière le cercueil de ce monarque, déçu par-delà
la mort, nous avons trouvé cinq petites bières cou-
vertes de velours blanc moisi et souillé par l'hu-
midité.

— Ce sont, me dit le général Dumas, des enfants
de la famille d'Orléans décédés à peine entrés dans la vie.

Le plus âgé de ces petits êtres qui, s'ils n'ont pas
connu la joie des grandeurs, n'en ont pas connu les déboires, le plus âgé, dis-je, avait six mois lorsqu'il tré-
passa. Je voulus lire le nom gravé sur la plaque du
couvercle, et, comme le jour baissait, les ouvriers chargèrent sur leurs bras le petit cercueil et l'approchèrent
du jour.

La rouille avait déjà rongé le haut de la feuille d'or
sur laquelle je ne pus distinguer que ces mots :

DUC DE GUISE, MORT A NAPLES, 1852.

Pressés par la nuit, qui vient plus vite ici, vu qu'elle
est toujours précédée d'un brouillard plus intense, nous
montâmes à la chapelle, que des tapissiers tendaient de
noir pour mardi. La nef en est si petite qu'on en tou-
cherait presque le sommet avec la main. Douze chaises
y tiennent à peine... Mais ce religieux réduit a un aspect touchant avec son petit autel et ses vitraux colo-
riés, et si le corps des fidèles s'y sent mal à l'aise, leur
âme s'y épanouit dans le contentement.

Les obsèques de la reine ont été disposées en vue des
petites dimensions de ce temple.

Les ambassadeurs et les fidèles se tiendront dans

le parc ; la famille d'Orléans seule pénétrera dans l'église.

Le rendez-vous est fixé à mardi matin, au château de Claremont. Le corps de la reine sera relevé de la chapelle ardente de l'antichambre, où on l'aura déposé de grand matin, et porté jusqu'à la grille du parc, où l'attendra un modeste corbillard. Des voitures destinées aux invités suivront le char funèbre jusqu'à Weybridge, et les restes de Marie-Amélie seront immédiatement descendus dans le caveau sans exposition nouvelle. Ceux qui seront chargés de ce royal fardeau n'auront pas grand poids à supporter en dehors de ses enveloppes.

La reine est morte dans un état de maigreur dont il est difficile de rendre compte. Son médecin me disait que depuis plus de vingt ans elle était affligée d'une étisie telle qu'elle avait des muscles absolument disparus par suite d'une atrophie insensible et progressive. Aussi la famille d'Orléans rend-elle hommage au docteur de Mussy, qui a si longtemps entretenu la vie dans ce corps incomplet, donnant presque par sa structure un démenti aux lois physiologiques On peut citer, à l'appui de cette cure miraculeuse, une des dernières lettres du roi Louis-Philippe, lettre qui fut adressée à M. Gueneau de Mussy. Elle se termine par ces mots :

« Je vous sais gré de tout mon cœur de l'état de santé dans lequel vous entretenez mon adorable et adorée reine. »

Il est de fait que, sans le dévoué docteur, la reine serait morte depuis longtemps. L'érudit praticien a eu le talent d'emprisonner vingt ans dans un corps brisé, délabré et presque sans souffle, une âme qui aspirait au ciel de toutes les forces de sa piété et de ses vertus.

XXI

FUNÉRAILLES DE LA REINE MARIE-AMÉLIE

Village de Weybridge, 3 avril, 5 h. du soir.

On m'avait dit hier que les communications entre Esher et Claremont seraient difficiles aujourd'hui. Comme je tenais à être au château royal de bonne heure, je m'étais immédiatement rendu chez un maître de poste, et ce matin, au petit jour, une chaise attelée de deux poneys vigoureux et conduite par un postillon légèrement gris, stationnait à ma porte. J'avais si souvent fait cette folie pour aller voir courir des chevaux anglais à Paris, que j'eus presque honte de la renouveler en Angleterre, pour aller voir les funérailles d'une ex-reine des Français.

Tout le long de la route, je rencontrai des carrosses qui se dirigeaient vers la résidence mortuaire. Leurs propriétaires, craignant l'obstruction des voies et les irrégularités du chemin de fer, avaient préféré, comme moi, la grande route au *rail-way*.

Durant le chemin, mon postillon, auquel le *gin* avait donné de l'audace, s'était mis en tête de dépasser tous ses confrères, en sorte que nous volions sur la chaussée avec une vitesse inconcevable.

Un équipage dit landau, conduit à la Daumont, essaya, mais en vain, de nous surpasser en vitesse. Nous touchâmes les premiers au perron de Claremont, où se tenaient debout les princes, saluant les arrivants au fur et à mesure qu'ils mettaient pied à terre. J'étais à peine descendu de voiture, que le landau dépassé par mon automédon s'arrêtait devant les marches de l'escalier. Un grand homme blond en descendit, qui embrassa le comte de Paris, son frère et ses oncles.

C'était le roi des Belges.

Si j'avais tenu en ce moment mon postillon dans un coin, je lui eusse appris qu'on ne lutte pas avec les cochers des monarques qu'on rencontre sur les routes; mais j'avais autre chose à faire.

Je m'appuyai dans l'antichambre contre la porte d'entrée, et c'est ainsi que je vis gravir successivement les degrés à des ministres, à des diplomates, à des ambassadeurs et à des hommes qui s'appellent :

Saint-Marc Girardin, A. Thiers, marquis de Bouillé, Henri de l'Aigle, L. de Violaine, général Changarnier, de Salvandy fils, vicomte Oscar d'Hautpoul, Sébastiani, Casimir Perrier, comte de Bondy, M. Cuvillier-Fleury, Mortimer-Ternaux, Siraudin, Choler, Rochefort, Prevost-Paradol, Guizot, M. de Normandie, duc d'Audiffret-Pasquier, Vitet, vicomte Duchâtel, marquis de Flers, comte d'Haussonville, docteur Moreau, docteur Guénaud-Mussy, de Rémusat, de Broglie, M. Passy, M. de Barante, Paul Daru, de la Ferté, Guyot de Villeneuve, Dufaure, de Montesquiou, Guizot, Regnier, de Chabannes, de Chabaud-Latour, etc., etc. J'oublie des commerçants tels que Leroy, Odiot, etc.

Le général Dumas priait chacun de passer dans la bibliothèque située au rez-de-chaussée à droite, pour mettre son nom sur un registre.

A côté de ce livre, sur lequel j'ai vu placer, en une demi-heure, trois cent quatre signatures, se trouvait une circulaire dont voici la copie exacte :

« Toutes les personnes qui voudront rendre les der-
« niers devoirs à la reine Marie-Amélie seront reçues
« par les princes le mercredi dans l'après-midi et dans
« la soirée, à *Claremont,* à *Orléans house* et à *Twi-*
« *kenham.*

« Le mardi 3, jour de la cérémonie funèbre, les
« princes verront avec gratitude les personnes qui
« désireront assister à la levée du corps à Claremont,
« et à l'inhumation qui aura lieu à Weybridge.

« Mais, pour se conformer à la volonté expresse
« de l'auguste défunte, la translation de Claremont
« à Weybridge se fera avec la plus grande simpli-
« cité. »

Sur le même bureau, où tous venaient apposer leurs paraphes et prendre connaissance de cet avis, traînait une lettre ouverte. J'ai eu l'indiscrétion d'y porter les yeux ; c'était une demande de secours adressée au duc de Nemours par une vieille femme portant un beau nom et demeurant au faubourg Saint-Germain. Au bas du placet étaient écrits ces mots, de la main du prince :

« Prière à M. Bocher d'aller voir et de satisfaire. »

Il est évident que cette bonne œuvre devait partir depuis longtemps pour Paris, et qu'on l'avait oubliée au milieu des troubles du deuil et des tracas des obsèques.

C'est dans cette même pièce que j'ai examiné une chaise à porteur dans laquelle la reine se promenait le long du petit lac du parc de Claremont. Elle choisissait, pour prendre cette distraction, les jours où l'avare soleil de l'Angleterre, perçant le brouillard, lui rappelait par ses rayons d'or qu'elle avait régné dans un pays où l'astre du jour brille franchement presque toute l'année.

Les princes fils de Marie-Amélie, ses brus, ainsi que ses parents et ses amis, se tenaient dans une pièce voisine de l'antichambre. A onze heures, ils en sortirent pour se rendre dans la chambre ardente, où venait d'entrer avec son clergé Mgr l'évêque Grant. Grâce à la gracieuseté d'un chambellan, M. le comte de Jarnac, je pus, à l'exception de tous, pénétrer dans cette salle, où je fus témoin d'une cérémonie imposante. En haut d'un gradin à trois étages avait été placé le cercueil recouvert de velours noir, rehaussé de clous d'argent et de poignées du même métal. Des cierges l'entouraient, des cassolettes à encens brûlaient aux quatre coins. En face, l'autel, et tout autour, sur les murs, au plafond et à terre, une tapisserie noire brodée de croix d'argent. Les chaises étaient recouvertes de housses en crêpe noir.

Après l'office, qui dura une demi-heure, quatorze porteurs chargèrent sur leurs épaules la pesante bière. Le cercueil se compose d'une première boîte en plomb, recouverte d'un drap blanc, et renfermée elle-même dans deux autres boîtes ordinaires, et une autre boîte extérieure en acajou, recouverte de velours et d'ornements d'argent.

L'inscription du cercueil est la suivante :

MARIE-AMÉLIE

REINE DES FRANÇAIS

NÉE A CASERTA (DEUX-SICILES), LE 26 AVRIL 1782

MORTE A CLAREMONT (COMTÉ DE SURREY)

ANGLETERRE

LE 24 MARS 1866

Puis les porteurs avancèrent jusqu'au corbillard, qui stationnait devant le perron. Les corbillards se ressemblent partout. Celui où fut déposé le corps de la reine était, comme les nôtres, orné de plumes noires et traîné par dix chevaux empanachés. Sur les parois de la caisse avaient été accrochées les armes de l'auguste défunte, et un cocher, au chapeau entouré d'un crêpe tombant sur les épaules, tenait les rênes sur le siége armorié. Ici, les hommes employés aux pompes funèbres et les domestiques des maisons que la mort vient de frapper ont autour de leur feutre un voile sombre et long qui est d'un effet saisissant.

Lors de la levée du corps, l'évêque Grant marcha devant, ayant en tête sa mitre de soie blanche. Les princes suivaient leur mère et aïeule dans l'ordre suivant :

Le roi des Belges et le comte de Paris,

Le duc de Nemours et le duc de Chartres,

Le prince de Joinville et le duc de Penthièvre,

Deux enfants dont je n'ai pu apprendre la qualité.

Derrière eux, le corps diplomatique.

Ensuite les princesses et mademoiselle Müser et les femmes de la reine.

Tous marchèrent à pied, la tête nue, jusqu'à la grille du parc, où chacun monta dans les voitures qui lui furent désignées par le général Dumas et le capitaine Reille.

Les carrosses étaient au nombre de soixante, dont quinze réservés à la famille royale et à ses proches.

Immédiatement après le char mortuaire venaient les voitures de deuil dans lesquelles étaient les princes d'Orléans. Le reste du cortége suivait dans cet ordre, le corps diplomatique étant dans les voitures immédiatement derrière celles des princes.

1re voiture : l'ambassadeur d'Autriche, celui de Prusse, le ministre de Belgique et celui de Bavière ;

2e voiture : le ministre italien, celui du Portugal, le ministre de Saxe et celui d'Espagne ;

3e voiture : les ministres du Brésil et du Mexique ;

4e voiture : les généraux comte de Montesquiou, comte d'Houdetot, comte Dumas, comte de Chabannes ;

5e voiture : le premier officier belge, le général baron Chabaud-Latour et M. Ellion ;

6e voiture : le comte de Jarnac, le lieutenant général sir Edward Cust, le second officier belge et le capitaine Morlain ;

7e voiture : MM. Guizot, Thiers, Duchâtel, de Rémusat ;

8e voiture : MM. Dufaure, Dumon, Hébert et le général Changarnier ;

9e voiture : le comte de Gronsfeld, MM. Fortunato et Trognon ;

10e voiture : M. le docteur de Mussy, MM. Octave Borel de Brethyzel, Brisson et Asseline ;

11ᵉ voiture : MM. Régnier père, Gauthier, Fauvel et Langel ;

12ᵉ voiture : MM. Cailleux, Allaire, Fleury et A. de Latour ;

13ᵉ voiture : MM. Jolly, Régnier fils et Mesnard.

Venaient ensuite cinq voitures contenant les princesses et les dames qui les accompagnaient :

1ʳᵉ voiture : Mesdames la comtesse de Paris, la duchesse de Chartres, la princesse Marguerite, la princesse de Joinville ;

2ᵉ voiture : Mesdames la duchesse d'Aumale, la duchesse de Würtemberg, la princesse de Salerne et la comtesse d'Auersperg ;

3ᵉ voiture : Mesdames la marquise de Lastigne, la baronne Finquerlin, la comtesse de Chabannes, la marquise de Beauvoir ;

4ᵉ voiture : Mademoiselle Müser, madame Boerio, madame du Parquet, marquis de Beauvoir ;

5ᵉ voiture : Mademoiselle Bernard, madame la comtesse Barnels, la baronne Wangenheim et mademoiselle Saint-Aubin.

Chaque cocher portait à sa boutonnière une cocarde tricolore recouverte de tulle noir.

Le cortége s'avança alors dans la campagne, sur une longueur d'un kilomètre, et la pluie se mit à tomber. On eût dit que les nuages voulaient aussi verser des larmes sur la sainte dépouille que nous portions en terre.

On ne fut pas à Weybridge avant une heure de l'après-midi. Le prince de Galles et le duc de Cambridge s'y étaient rendus de Londres directement.

J'ai dépeint dans mon dernier courrier le caveau royal et la chapelle de miss Taylor. Je n'ai donc pas à revenir sur la sépulture de nos anciens souverains. Je veux seulement, avant de finir, dire que jamais je n'ai assisté à des obsèques plus émouvantes. Cette foule d'hommes éminents, recueillis devant le modeste mausolée d'un roi et d'une reine morts dans l'exil, la masse des badauds du district, participant malgré eux à la désolation de ces princes affables, les paysans, juchés en haut des arbres et racontant en anglais les vertus, la piété et la charité de la reine... en voilà plus qu'il n'en faut pour frapper une imagination sensible.

Nul, du reste, ne peut résister aux émotions provoquées par des scènes semblables... On y va curieux, on en revient triste et pensant au ciel!

XXII

UNE APRÈS-MIDI CHEZ LE PRINCE IMPÉRIAL

I

Quel singulier métier que le nôtre !

Nous assistions hier à Claremont aux obsèques d'une reine ; aujourd'hui nous voilà chez un prince aux Tuileries : demain, peut-être, nous serons devant Garibaldi à Caprera ! Photographes de la petite presse, nous braquons notre objectif où nous pousse l'actualité ; et, que nous pleurions sur des tombes ou que nous souriions à des berceaux, — nous sommes tenus de nous souvenir que notre mission consiste à voir et non à juger.

Quelques jours avant que je ne me rendisse aux funérailles de Marie-Amélie, j'adressais à l'Empereur la lettre suivante :

« Sire,

« Rédigeant tous les jours à l'*Événement* un article intitulé : *Indiscrétions parisiennes*, je désirerais décrire à mes lecteurs les appartements du Prince Impérial.

« Votre Majesté daignera-t-elle me seconder dans ma tâche, en m'autorisant à visiter le corps de logis occupé par son fils au palais des Tuileries?

« Je suis, en attendant le bon plaisir de Votre Majesté, son très-humble et très-obéissant serviteur et sujet,

« Ad. Marx. »

Samedi passé, j'arrivais de Londres à minuit, et l'on me remettait un pli dont voici le contenu :

« Paris, 6 avril 1866.

« Monsieur,

« Voulez-vous avoir la complaisance de venir me trouver au palais des Tuileries demain samedi, vers deux heures? Je voudrais vous entretenir de la demande que vous avez adressée à l'Empereur il y a quelques jours.

« Agréez, monsieur, l'assurance de mes sentiments distingués.

« Le secrétaire particulier de l'Empereur,

« F. Pietri. »

Si l'on songe à l'énorme quantité de requêtes dont les sujets de tous les temps ont accablé leurs souverains, on trouvera que la mienne avait vite reçu satisfaction. Cependant je ressentis une impression pénible à la lecture de cet avis. J'étais convoqué pour le jour même à deux heures de l'après-midi, et une heure après minuit venait de sonner.

Estimant que l'exactitude est aussi bien la politesse des chroniqueurs que celle des monarques, et craignant que mon absence n'eût été mal interprétée, je dépêchai dimanche à M. Pietri un mot où je lui expliquais les causes de ce contre-temps et lui annonçais que je frapperais le lendemain à la porte de son cabinet.

Et l'horloge du pavillon central marquait deux heures lorsque, le 9 courant, je gravissais le dernier perron de gauche, dans la cour des Tuileries.

II

Immédiatement introduit auprès du secrétaire particulier de Sa Majesté, j'appris de sa bouche que l'Empereur ne voyait pas d'obstacles à ma visite, et que, consulté sur le même sujet, le Prince Impérial avait dit :

« Si l'Empereur approuve... je ne désapprouve pas. »

Que les enfants insoumis profitent de cette leçon venant de haut !

M. Pietri fit venir un huissier de Monseigneur, et je pénétrai bientôt dans le salon blanc et or où Son Altesse prend ses leçons et reçoit ses amis le jeudi et le dimanche.

Je n'avais pas fait deux pas dans cette vaste pièce que j'avais adressé déjà vingt questions à mon guide.

« Ne vivant pas dans les appartements de Monseigneur, me dit l'huissier, je ne saurais répondre à monsieur ; mais si monsieur veut attendre, j'irai chercher miss Shaw, la bonne de Monseigneur : elle saura mieux que moi renseigner monsieur sur l'usage des objets que monsieur examine avec tant d'intérêt. »

Je n'objectai pas le moindre amendement à la motion de M. Lefebvre (c'est le nom de l'huissier), et tandis qu'il allait quérir miss Shaw, je promenai les yeux autour de moi.

J'étais dans un salon spacieux, percé de grandes fenêtres au travers desquelles j'entrevoyais la baïonnette d'un factionnaire et la blanche crinière du casque d'un cent-garde. Plus loin, au second plan, j'apercevais la place du Carrousel, avec son arc de triomphe, et le square du Louvre déjà verdoyant.

Un tapis de moquette blanche à bouquets multicolores étouffait mes pas, et la splendide nudité des murs était cachée, à des intervalles réguliers, par des tableaux et des gravures, au nombre desquels je citerai : un portrait de S. M. l'Impératrice, par Winterhalter ; une lithographie de S. M. l'Empereur et une gravure sur pierre représentant la duchesse de Téba, aïeule du Prince Impérial.

En face, une estampe, dont l'ovale allongé contient la tête du cheval de l'Empereur, celle de *Bouton d'or*, le poney de Monseigneur, et celles de Finette et Finaud, épagneuls superbes affectionnés particulièrement par le jeune Prince. Finaud seul existe encore. La mort a tout récemment frappé la brave Finette.

La cheminée est à droite en entrant. Elle est garnie d'une pendule rocaille à cadran circulaire, indiquant les heures par la rotation horizontale d'un hémisphère bleu constellé d'or. A gauche, un piano à deux fins, qui rend des sons au moyen des mains ou d'une manivelle, à volonté.

8.

Ce qui m'a surtout frappé, c'est une petite biblio-thèque sur laquelle sont rangés les livres d'étude du Prince. Je m'attendais à trouver des dictionnaires splendidement reliés et des grammaires dorées sur tranche. Grande a été ma surprise de rencontrer sur les rayons — derrière deux mappemondes sphériques — une collection d'ouvrages classiques cassés aux angles et maculés sur leurs couvertures. Malgré moi, j'ai pensé aux bouquins sans prétention que les élèves des lycées étranglent d'une courroie et font tournoyer en l'air à la porte de la classe, en attendant l'heure du cours.

Si une rapide observation ne m'a point trompé, je puis constater que les traités de M. Duruy dominent dans la série des œuvres mises entre les mains de Son Altesse.

Le bureau, trapu et garni de tiroirs, est en acajou. Son dessus de basane, où l'ongle de l'impérial disciple a laissé des traces de distraction ou d'impatience, est garni d'une écritoire de porcelaine commune et de grattoirs, de plumes et de règles — d'apparence fort démocratique.

De chaque côté de l'encrier à pompe, deux petits bustes en or et deux miniatures sur ivoire représentant Leurs Majestés Impériales; et, au-devant de ces images de famille, un presse-papier dont la base en marbre supporte un Napoléon Ier à cheval sur une chaise, dans la position légendaire.

Cette figurine, admirablement travaillée, est sculptée dans un seul bloc d'ivoire.

Avant de quitter ce coin du salon, signalons deux chaises cannelées placées devant le bureau. L'une est basse, c'est celle du précepteur; l'autre est élevée, c'est celle de Son Altesse.

Il est des singularités qui frappent l'observateur partout. Le siége réservé au maître est intact, celui où s'asseoit l'élève est légèrement détérioré. Son fond de paille est effiloqué aux bords, et les bâtons qui joignent ses pieds antérieurs sont usés... Tant il est vrai qu'à tous les degrés de l'échelle sociale, on constate le calme chez l'homme qui enseigne et la pétulance chez l'enfant qui apprend.

La console du panneau situé entre les deux croisées est chargée d'une collection de livres anglais. Le Prince entend et parle la langue anglaise aussi bien que la nôtre, grâce à ses rapports incessants avec celle qui l'a élevé, miss Shaw, qui m'apparut à ce moment et m'expliqua la présence de cette littérature étrangère chez le petit-neveu de Napoléon Ier.

III

Miss Shaw est une forte blonde de trente-cinq ans, au visage riant et à la physionomie ouverte. Son caractère est d'une affabilité toute gauloise, et sa nature est très-sensible, c'est-à-dire excellente.

On sent, lorsqu'elle parle du Prince, que l'affection qu'elle lui porte est dénuée de toute idée de calcul, et que la naissance de son poupon chéri n'entre pour rien dans l'amour qu'elle lui a voué; elle l'aime parce qu'elle l'a sous sa tutelle depuis qu'il est venu au monde, et elle en cause avec un culte et une adoration qu'on ne feint pas.

On ne peut reprocher qu'une chose à miss Shaw, c'est son parler. Sa conversation est d'une bizarrerie facile à expliquer quand on saura qu'elle possède peu notre idiome, malgré ses dix ans de séjour à Paris. En sorte que ses phrases, panachées de mots anglais et français, entrecoupées d'interjections sans nationalité, sonnent à l'oreille comme un lexique inconnu — même des professeurs du Collége de France.

Après une seconde de bonne volonté et une minute de patience, on arrive à saisir le sens de ce langage baroque mais harmonieux, et l'on entend sortir de cette bouche polyglotte d'assez louables reparties.

— Regrettez-vous l'Angleterre, miss Shaw? lui ai-je demandé.

— *Certainly! but.* J'adore Monseigneur, *and* à cause de lui, *I have now* deux patries !

Mise sur le chapitre de la gentillesse de Son Altesse Impériale, miss Shaw ne se connaît plus.

L'alliage franco-britannique au moyen duquel elle exprime son enthousiasme participe du rébus, et l'on comprend plutôt sa pensée à ses yeux qui se mouillent de bonheur et se lèvent au ciel avec une expression de gratitude.

Miss Shaw me raconta sa venue en France.

Quelques mois avant la naissance du Prince Impérial, le médecin de la reine d'Angleterre fut prié d'envoyer aux Tuileries une femme de confiance qui donnerait au nouveau-né tous les soins nécessaires en dehors de l'allaitement. Miss Shaw fut expédiée de Londres dans un lot de mercenaires et l'emporta dans ce concours — à cause de sa bonne mine et de la franchise de ses allures. C'est elle qui habille Monseigneur et qui préside à sa toilette : de plus, elle repose la nuit derrière l'un des rideaux flottant de chaque côté du lit de Son Altesse.

IV

La chambre à coucher du Prince est capitonnée de satin bleu clair, à l'exception du plafond peint à l'huile.

En face des fenêtres, on a placé en long la couchette, curieux travail de marqueterie moderne, rehaussé d'ornements en bronze doré. Contre le mur de l'alcôve, au-dessus de ce chef-d'œuvre grand comme un berceau, le visiteur s'arrête attendri devant un tableau de Hugues Merle, représentant la *Religion protégeant l'enfance*, et donné au Prince par le feu duc de Morny. Le bas de son cadre soutient un gros bouquet de buis béni, tranchant par son vert jaune sur les reflets soyeux des tentures. Une main religieuse a fixé au moyen d'une épingle, dans le capitonnage qui garnit la tête de ce ravissant dodo, une faveur bleue qui sert d'anneau à un amas de saintes images... C'est d'abord une petite croix en argent, une autre en plomb, puis un gros cœur en vieux plaqué remis pour Son Altesse à sa gouvernante madame de Brancion, par une amie inconnue, et enfin une grosse médaille d'or frappée à l'effigie de la vierge Marie — sainte monnaie avec laquelle on paye sa place au paradis !

La vue de ces amulettes pieuses m'a rendu songeur... Qui de nous, alors qu'il était tout petit, durant l'une de ces nuits de fièvre si longues pour les familles inquiètes, qui de nous n'a pas aperçu sa mère s'avançant à pas silencieux dans la vacillante clarté de la veilleuse, et accrochant à son chevet ces préservatifs bénins, auxquels

la foi prête des vertus rarement démenties par·la
miséricorde divine !

Sur la commode en bois de rose, j'ai distingué une
mignonne chapelle de style byzantin, avec peintures
sacrées sur fond d'or et d'émail, et tout à côté, un
crucifix d'ébène où le Sauveur étend les bras. N'oublions pas dans l'embrasure des fenêtres des petits
fauteuils, des chaises lilliputiennes et des réductions de
canapés. Ce sont les meubles de la première enfance du
Prince : il n'a jamais voulu qu'on les emportât de son
domaine.

En dehors de ces menus détails, la chambre de Son
Altesse n'a rien de particulièrement digne de remarque.
Au mur sont appendus deux cadres : l'un contient la
photographie des fils du général Fleury, l'autre enserre
un quatrain, adressé à Monseigneur par l'Orphelinat
impérial.

L'intention de cette poésie est parfaite : sa versifica-
tion l'est beaucoup moins, et si M. Belmontet était plus
jeune et plus orphelin, on serait tenté de lui en attribuer
la rédaction. Jugez plutôt :

> Prince, de vos futurs sujets
> Recevez aujourd'hui l'hommage ;
> Puissiez-vous quelques jours, sous nos riches bosquets,
> En recevoir de nous un humble témoignage !

Je me souviens très-confusément d'un autre tableau
faisant face à la cheminée, ornée d'une pendule en
vieux Sèvres — car miss Shaw me pressait. Elle attendait le Prince en train d'apprendre sa leçon d'équitation
au manége des écuries impériales. Je tâchais, comme
on pense, de faire traîner ma visite en longueur, tenant
à voir le maître du logis, ne fût-ce que pour m'excuser

de mon indiscrétion, et redoutant que, mon « expertise » finie, je ne fusse obligé de me retirer sans avoir accompli ce devoir.

J'imaginai alors, pour gagner du temps, de parler de l'Angleterre à miss Shaw, que je venais de suivre dans la chambre des atours, tendue de papier vert à baguettes dorées. Ma supercherie ne manqua point son effet... Le patriotisme est une corde qui vibre dans tous les cœurs. Je hasardai que le peuple anglais est un grand peuple, mais que sa cuisine ne vaut rien! ce à quoi miss Shaw répliqua que tout est bon au delà de la Manche, et entonna un dithyrambe en l'honneur du roastbeef aux choux rouges. A ce moment, je fis tourner la conversation. que j'amenai insensiblement sur la reine Victoria, et lorsque je vis mon guide sur le point de chanter un *God save the queen* bien senti, je changeai brusquement le texte de l'entretien.

Satisfait du quart d'heure que j'avais gagné par cet expédient, je demandai à l'excellente femme ce que contenaient les meubles rectangulaires disposés de chaque côté de la pièce comme les bahuts des collectionneurs d'insectes, et j'appris que ces hautes commodes recèlent le linge et les habits de l'impérial enfant.

Sur un écran à deux pieds, devant la cheminée où flambait une bûche, était étalé un costume de drap gros bleu que miss Shaw faisait tiédir pour le passer au corps de l'auguste bébé à son retour du manége. J'aperçus aussi accroché à l'angle de ce support un petit bonnet de police, — coiffure que le Prince porte habituellement dans son intérieur.

Après avoir ouvert sous mes yeux quelques-uns des tiroirs pour m'initier à leur contenu, la digne Anglaise me soumit une série de dessins à la plume que Monseigneur lui avait donnés, et il fut convenu que miss Shaw m'en offrirait un, après l'avoir fait signer par son auteur.

C'est dans cette pièce que d'ordinaire le Prince Impérial fait sa toilette ; mais, depuis la petite rougeole qui l'a faiblement atteint, cette opération se passe dans sa chambre à coucher, derrière la tenture de son lit. Ce lavabo improvisé fait pendant au lit de miss Shaw.

Toutes les pièces de l'appartement de Son Altesse *se commandent*. J'ignore si cette disposition subsistera dans le local qu'il doit occuper aux nouvelles galeries du quai — en construction pour le moment. Toujours est-il qu'actuellement la chambre des atours communique à la chambre des joujoux. Là est entassé dans des caisses de bois blanc et sur des étagères, tout ce que les Giroux français et allemands ont inventé pour le plaisir de l'enfance. Des chevaux à bascule et à mécanique, des trompettes, des tambours, des fusils, des théâtres, des ballons, des canons, des armées entières, des shakos, des gibernes, une lanterne magique, que sais-je encore ? — tout cela est réuni dans cette vaste salle, dont la circulation est obstruée.

Les joujoux préférés du Prince sont un camp au travers duquel il fait manœuvrer des légions, et le grand cheval à bascule sur lequel j'aurais volontiers fait une promenade si je n'avais été retenu par les convenances et la crainte du mal de mer.

Les armes à feu, les tambours et deux canons ravissants rapportés de la dernière expédition de Chine rentrent aussi dans la catégorie des objets de prédilection.

La lanterne magique séduit également Son Altesse, qui ne dédaigne pas de montrer elle-même à ses gens

les effets de cet instrument d'optique, et de donner
souvent des représentations dont la vue est à la portée
des bourses les plus modestes.

Miss Shaw me racontait cet indice d'un caractère
sans fierté, et m'allait parler des instincts charitables
de son jeune maître et seigneur, quand une voiture
s'arrêta devant la fenêtre.

— Voilà Monseigneur qui rentre, me dit-elle en rougissant d'aise.

— Ne le verrai-je pas?... hasardai-je timidement.

— Si... passez chez M. Monnier, son précepteur. On
lui avait annoncé que vous viendriez samedi dernier,
et je crois avoir entendu dire qu'il vous recevrait volontiers.

— Mais êtes-vous sûre qu'on ne vous reprochera pas
cette infraction au programme d'aujourd'hui?

— Je prends tout sur moi.

Et, poussé par miss Shaw, je traversai à la hâte
deux pièces, la salle à manger, fort simple, ornée
d'un portrait de Gladiateur, le roi des chevaux; et
la salle de billard réservée au jeu de toupie hollandaise,
au billard anglais, aux poissons rouges et aux oiseaux
des îles.

V

Nous arrivâmes tout haletants au salon de M. Monnier, dont les appartements font suite à ceux de Son
Altesse. Après quelques minutes d'attente, M. Monnier
entra.

C'est un savant digne en tout point des fonctions qu'il

occupe au château impérial. Il voulut bien m'exposer la façon dont il entend sa profession et l'heureuse application de sa méthode sur l'intelligence naissante qui lui est confiée.

M. Monnier instruit surtout son auguste élève durant les promenades qu'il fait avec lui. Les études à l'intérieur, devant le bureau, entrent pour une proportion minime dans la somme des notions qu'il lui inculque, et les leçons qui lui sont le plus profitables sont celles qui résultent de cet enseignement quasi-péripatéticien. Dans l'espace d'une heure ainsi écoulée au dehors, le précepteur du Prince a fait faire un pas de plus aux connaissances universelles dont le germe a été semé, voici tantôt trois ans, dans une terre (j'allais dire un esprit) excessivement fertile. Il grave les dates historiques dans son cerveau en les écrivant sur le sable des allées du jardin. Il lui explique, au bois, comment les poumons se sentent mieux à l'aise dans un milieu riche en oxygène, et il lui désigne les objets en les appelant par leurs noms grecs ou latins. Le Prince lève-t-il les yeux en l'air au moment où la nuit tombe, l'entretien roule sur les étoiles, et voilà un feuillet tourné dans le traité d'astronomie. Ainsi de l'histoire naturelle, de la géologie, de la chimie, des mathématiques. L'excellence de ce système devient patente lorsqu'on songe qu'à peine âgé de dix ans il n'est pas de science humaine sur laquelle le Prince n'ait des notions sérieuses.

L'histoire est de toutes les branches de l'instruction celle qui attire le plus son esprit soucieux de savoir. La cosmographie le tente à cause de son domaine inconnu et lumineux. Tous les phénomènes physiques le captivent et il ne se lasse pas de les commenter et de les éclaircir.

On jouait cet hiver, dans les réunions intimes des Tuileries, un jeu qui consistait à faire sortir une des personnes présentes, et à convenir en son absence d'un fait historique, d'une bataille par exemple. La personne rentrait ensuite dans le cercle et devait, au moyen des phrases ambiguës qui lui étaient jetées, découvrir qu'il s'agissait d'une lutte entre deux peuples, deviner la date du conflit, le nom des nations en présence, et le lieu de l'action. Le Prince Impérial était de beaucoup le plus habile dans ce délassement instructif.

En dehors de son feu pour l'histoire, le côté dominant de cet esprit avide est l'investigation et l'observation.

Les appétits de sa nature lui donnent une telle prescience de la vérité qu'il voit au delà du mythe. Il sait démêler la signification des symboles et des fictions dans lesquelles se meuvent, comme dans un brouillard, les peuples à leur aurore.

Je veux citer une preuve de cette qualité singulière : M. Monnier me disait que, le matin même du jour où je suis allé aux Tuileries, il contait au Prince la légende de Cadmus. L'enfant écouta attentivement l'histoire du héros phénicien, fondant une ville en Béotie, immolant un dragon gardien d'une fontaine et donnant naissance, en semant les dents du monstre, à des guerriers qui s'entretuent aussitôt.

— Cadmus, dit le Prince Impérial, c'est la civilisation. Le dragon, c'est la barbarie empêchant qu'on approche de la fontaine, c'est-à-dire de la lumière. Le triomphe de Cadmus, c'est celui de la civilisation, et la venue des soldats qui se massacrent, c'est la guerre civile ou l'agitation des factieux qu'on ne peut jamais exiler des États.

A ces preuves de précocité, le Prince joint un goût prononcé pour les arts ; il peint et dessine sans maîtres, modèle la glaise sans avoir pris aucune leçon, et répète avec un doigt, sur le piano, les airs que son oreille a retenus.

J'allais sans doute apprendre quelque nouveau prodige de ses aptitudes encyclopédiques quand miss Shaw entrebâilla la porte.

— Monsieur, me dit-elle, j'ai prié Monseigneur de signer pour vous un des dessins que je vous ai montrés ; il a répondu qu'il en voulait faire un à votre intention. Il est en train de le terminer, et tenez, le voilà qui vous l'apporte...

VI

Au même instant le Prince entra. Il vint à moi et me remit, encore tout humide, l'esquisse placée en tête de ce volume.

Après que je l'eus remerciée de son gracieux présent, Son Altesse me parla de son goût pour les annales de tous les empires en général et celles de son pays en particulier. Elle me mena ensuite devant le buste de son précepteur, buste pétri de ses mains après les quelques séances consacrées à M. Carpeaux, auquel sa statue avait été commandée. Tandis que l'artiste faisait poser le modèle, le modèle observait... faculté rare dans un âge aussi tendre.

Le plâtre de M. Monnier est fort curieux. Bien que peu fini, il est d'une ressemblance frappante, et si le Prince Impérial n'était pas le Prince Impérial, je l'en-

gagerais à l'exposer... il obtiendrait une mention hono-
rable, pour le moins.

Je me suis permis de féliciter Son Altesse sur son
goût pour les beaux-arts, et comme entre tous ses penchants je n'en ai distingué aucun pour la littérature
militante, je l'ai fort approuvée d'avoir choisi une autre
carrière que le journalisme.

Vous parlerai-je du visage du Prince? La photographie a répandu ses traits affables, mais elle n'a pu
révéler son regard clair, sa physionomie séduisante,
l'exquise distinction de ses formes légèrement grêles.
D'ici à deux ans, le Prince sera le portrait vivant de sa
mère, dont il a déjà le profil. Cette perspective n'a, en
somme, rien d'effrayant.

Sa vie est à peu près réglée ainsi : il se lève à sept
heures, prend du chocolat et monte au premier étage
chez l'Impératrice : de là il passe chez l'Empereur,
redescend faire un tour de jardin et se met à l'étude
jusqu'à onze heures et demie. Il déjeune, se livre aux
exercices gymnastiques, tels que l'escrime, l'équitation,
le fusil, fait avec son précepteur une promenade instruc-
tive et se remet au travail jusqu'à l'heure du dîner. Le
soir il joue avant de se coucher et apporte à ses récréa-
tions une ardeur rassurante sur les côtés dangereux
d'une tension intellectuelle exagérée.

Trois huissiers et trois femmes sont chargés de son
service intime, et il se montre avec eux d'une égalité
d'humeur digne d'être consignée dans cette ébauche.

A la suite d'un assez long entretien, qui roula sur
les goûts, les travaux et les études de Son Altesse, je la
priai de remercier pour moi l'Empereur, qui avait bien
voulu m'ouvrir les portes des Tuileries, et je me retirai après avoir serré respectueusement les petites

mains que me tendait le fils de S. M. Napoléon III.

Telle est la vie de cet enfant, né sur les marches du trône de France. En levant le voile sur cette jeune et déjà célèbre existence, je me suis promis d'être sincère et sans flatterie ; et, avant de livrer à l'impression cet exact récit de ma visite au palais, je l'ai relu d'un bout à l'autre. J'ose affirmer que, dans ses moindres détails, ma relation est conforme à la scrupuleuse vérité que tout écrivain consciencieux doit à ceux qui daignent le lire.

XXIII

UNE RÉPÉTITION GÉNÉRALE

L'apparition d'une œuvre lyrique ou dramatique est toujours précédée, à Paris, d'une épreuve destinée à faire juger son ensemble par une assistance spéciale pour laquelle le mot RELACHE signifie SPECTACLE. Le soir de cette solennité à huis clos, le concierge du théâtre reçoit la consigne la plus sévère. A l'exception des gens de service, des auteurs de la pièce et de ses interprètes, nul ne peut pénétrer dans le sanctuaire où a lieu la représentation fictive, et les profanes sont impitoyablement évincés par messire Cerbère, s'ils ne présentent à son guichet un laissez-passer orné du parafe directorial.

Je sais des gens friands de ce genre de distraction, au point qu'ils vont jusqu'à contrefaire la signature des *impresarii*. D'autres font mouvoir les plus hautes influences... Certains, — pour lesquels rien n'est sacré, — se déguisent en sapeurs... pompiers et livrent leurs crânes à la douloureuse étreinte d'un casque en cuivre.

Dieu merci, je n'ai pas été contraint de faire des faux, des courbettes ou des sacriléges afin d'assister avant-hier à la répétition générale de *Don Juan* dans le domaine de M. Carvalho.

Je me suis tout simplement muni d'une vieille boîte à pistolets, dans laquelle j'avais préalablement glissé un fifre, et j'ai bravement passé devant le pipelet du Théâtre-Lyrique, en lui criant ma qualité de *petite flûte auxiliaire*. Grâce à cette innocente supercherie, l'enceinte réservée aux musiciens m'a été ouverte. Tout d'abord le chef d'orchestre m'a dévisagé avec surprise, — ma figure lui étant inconnue. J'ai tremblé un instant en le voyant s'approcher de mon siége, mais avec un naturel dont les chroniqueurs ont seuls le monopole, j'ai tiré mon fifre de son enveloppe, je l'ai approché de mes lèvres, et j'y ai crachoté quelques modulations...

L'étui d'ébène a gémi, et le croque-notes, complétement rassuré par les soupirs de mon instrument, s'en est allé à son fauteuil, convaincu qu'il avait mal essuyé les verres de ses lunettes.

Le lustre était allumé comme s'il s'agissait d'une représentation devant César-Public. Au parquet, des artistes, des amis d'artistes, des pensionnaires de la maison : à la galerie quelques ouvreuses, et dans les loges des dames du meilleur monde.

Le directeur et les auteurs (Mozart excepté) avaient pris place dans une loge latérale... On frappa les trois coups et l'ouverture commença. Prélude mélodieux qu'un médecin mélomane appelle dans les salons qu'il hante *les délices du tympan*.

En montant le chef-d'œuvre du maître allemand, après deux de ses confrères, M. Carvalho a senti qu'il jouait une grosse partie. Aussi, ne saurais-je trop m'étendre sur le soin qu'il a apporté dans la mise en scène et dans l'interprétation de *Don Juan.*

Le poëme, remanié d'après le grand Molière, va saisissant et rapide. Les quatorze tableaux, ornés de décors frais et de toiles splendides, se succèdent sans lenteurs, et, comme disent les benoitonnes pour exprimer une soirée agréable :

— La chose a été bon train l'autre soir : petit galop de chasse tout le temps. Pas une minute d'ennui !

Bien que parti dernier, don Juan du Châtelet arrivera bien avant don Juan Ventadour et don Juan Drouot, et M. Carvalho gagnera la timbale à la barbe de M. Bagier et aux cheveux (?) de M. Perrin.

C'est que la troupe de la place des Pyramides fait merveille.

En première ligne Barré — un baryton de province « qui n'a encore paru sur aucune scène parisienne, » et qui arrive de Marseille avec un gosier tout frais. Ce joli homme n'a qu'un tort à mon sens : il est de corpulence un peu grêle pour le rôle qu'il remplit.

Don Juan était ou devait être un gars largement taillé, avec des allures de casse-cœur et non des mièvreries de jeune premier... C'était Zampa plutôt qu'Armand Duval, Mélingue plutôt que Laferrière.

M. Barré n'a pas le talent souple et la méthode extrapure de l'académicien Faure; mais il a dans le timbre une jeunesse et une candeur qui font oublier le larynx magistral de Nelusko.

A côté de cette précieuse recrue apparaît Michot, un ténor qui, après avoir été guéri d'une affection des cordes vocales, possède tout simplement aujourd'hui le plus bel organe de Paris. (Sois béni, docteur Fauvel!)

Don Ottavio me permettra, je pense, après ce juste hommage, de lui trouver le visage inférieur en beauté à la voix, — d'autant plus que la laideur n'a jamais influé sur la carrière des chanteurs.

Rubini, Duprez et madame Viardot n'en ont pas moins fait leur bonhomme de chemin, et il est avéré que le sentiment de l'harmonie donne aux figures les plus ingrates une expression séduisante. Donnez à M* Crémieux le *galoubet* de Faure (déjà nommé), et je lui garantis que les princesses les plus étrangères se tordront d'amour sur son paillasson, que les soubrettes des plus grandes dames se pendront à sa sonnette!

Un exemple à l'appui de mon assertion :

J'ai connu jadis, au quartier latin, un étudiant en médecine dont le dos avait le profil de celui du dromadaire. Il louchait, était bègue et possédait une bouche tordue par suite de convulsions spasmodiques. Ce garçon, quelque peu allemand, avait une voix superbe, et il me conviait souvent, le soir, à monter dans sa chambrette, à l'hôtel des Grès.

Ce tudesque Quasimodo adorait Mozart et chantait de préférence des morceaux de ce *Don Juan* que vous entendrez avant huit jours au Théâtre-Lyrique.

Eh bien! je vous assure qu'au bout de cinq ou six mesures, alors que, charmé, je portais les yeux sur mon collègue assis devant son piano, il m'apparaissait plus beau qu'Adonis, plus séduisant que Don Juan, plus droit qu'un I lui-même, et des événements survinrent qui justifient mon dire... Le carabin déshérité par dame nature disparut un jour de la maison meublée, et j'appris qu'il vivait avec sa blanchisseuse, une brune âgée de dix-huit ans, vertueuse jusque-là et réputée inaccessible chez les marchands de prunes du quartier.

Tandis que la fillette comptait son linge, Quasimodo avait roucoulé des fragments de sa partition bien-aimée. Une association en résulta, dans laquelle la lavandière versa comme capital deux grands yeux noirs, un nez à la roxelane, deux lèvres de pourpre et un million d'éclats de rire !

Mais revenons au Théâtre-Lyrique.

Mademoiselle Nilsson est adorable, charmante, irrésistible dans le rôle de dona Elvire, et dans celui de dona Anna madame Charton-Demeur récoltera ses plus beaux lauriers.

Mon voisin d'orchestre, — le musicien, — la vraie petite flûte, est un farceur qui, dans les entr'actes, se livrait sur le nom de cette artiste aux *à peu près* les plus irritants. Après : *Madame Charton-Demeur... et ne se rend pas*, il usa du : *Madame Quarteron de beurre*, puis du : *Madame Chardon demeure impasse Mazagran !*

Si je n'avais craint de révéler ma présence illicite par un scandale, j'eusse volontiers accueilli ces fadaises par quelques coups de fifre vigoureusement assénés sur le chef de l'importun. Mais j'ai dû subir mon supplice sans murmurer. Tant il est vrai que toute faute est accompagnée d'un châtiment.

Quand les historiens racontent une bataille, ils rendent d'abord justice à la bravoure des soldats, puis ils exaltent le courage des officiers, et ils terminent par un dithyrambe en l'honneur du général en chef. C'est pourquoi j'ai réservé mes dernières et mes meilleures marques d'enthousiasme pour madame Miolan.

Sa voix est une caresse, les sons qu'elle file semblent émanés d'une coupe de cristal heurtée avec une baguette de velours. Elle a fini qu'on l'écoute encore, et lorsqu'elle recommence, on retrouve toujours en soi quelques-uns de ces transports comme elle sait seule en arracher aux plus insensibles. Après sa première romance, vous vous croyez dépouillé de votre enthousiasme, et elle vous extirpe des pâmoisons nouvelles. Jamais dévaliseuse d'admiration n'entendit mieux son métier.

Comme vous en pouvez juger par cette courte critique, la représentation a marché mirifiquement. Un tout petit incident a interrompu l'un des tableaux.

— Attendez! a crié un machiniste aux acteurs en scène, nous sommes pris à la cour.

Je suis enchanté que cette exclamation me revienne en l'esprit, car elle me va permettre une digression qui a quelque intérêt :

Il y a bien longtemps de cela, on jouait la comédie à Versailles devant le roi Louis XIV. Les machinistes du théâtre royal avaient pris l'habitude de désigner la droite du spectateur par le mot *cour*, et la gauche par le mot *jardin*, parce que la scène était enclavée entre un jardin et une cour... Les rois et les empires disparaissent, mais les expressions ne disparaissent pas.

Aujourd'hui, après deux siècles écoulés, les machinistes des théâtres français disent encore : cour pour droite, et jardin pour gauche.

Voilà le moment de placer une phrase ronflante :

La routine est la seule majesté qui échappe à la versatilité des peuples et aux bouleversements des révolutions.

Toutes les répétitions générales n'ont pas cette placidité et ce calme. Dans les salles de genre, on est témoin d'interruptions baroques.

Tantôt c'est le directeur qui interrompt une de ses pensionnaires au beau milieu de sa réplique.

Tantôt c'est l'auteur qui quitte son siége, grimpe sur la scène, explique à ses interprètes un geste, un mouvement, une locution.

C'est encore un acteur qui reste court et qui, jetant des yeux furibonds sur le trou du souffleur, eng... age ce prolétaire à parler plus haut ou à parler plus bas, suivant que ses services sont peu ou trop accentués. N'oublions pas les observations du régisseur assis dans la salle.

— Mademoiselle Cornélie, votre maillot est mal mis. Vous avez les mollets sur le cou-de-pied.

Parfois les artistes ne s'accommodent point de ces interpellations et répliquent sur un ton aigre.

— Mademoiselle Adèle, dit un jour un auteur à un fort premier rôle, il y a dans le manuscrit : J'osai les arrêter, et vous vous obstinez à dire : Josué les arrêta... cela n'a pas de sens !

— Je ne dirai pas autrement, monsieur, fit l'actrice piquée de voir son intelligence en suspicion, *je sens ma réplique comme ça.*

L'un des meilleurs comiques de Paris est réputé pour les côtés anguleux de son caractère. Mécontent de son costume, il entra en scène pieds nus et tenant en main une paire de bottes à la Souvarow.

— J'ai dit, cria-t-il au directeur placé dans l'avant-scène, j'ai dit que je ne jouerais mon rôle qu'avec des bottes à l'écuyère et vous m'en donnez à la Souvarow... Les voilà, vos chaussures ! Vous pouvez vous les appliquer de ma part... où je sais bien.

Du même au même. Au moment de chanter un rondeau, il apparaît la tête enveloppée, du menton aux yeux, d'un gros cachemire de laine au travers duquel sa voix et ses paroles sortent imperceptibles.

— Qu'est cela? demanda l'impresario à son administré.

— Monsieur, dit en rabattant son cache-nez sur son cou l'acteur pointilleux, je suis enrhumé et je ne chanterai qu'avec cet accessoire.

D'autres grands artistes ont, aux répétitions générales, des tics et des manies.

Mélingue sculpte un morceau de bois et prononce à peine les paroles qui lui sont échues. Frédérick-Lemaître bâille. Madame Arnould-Plessy fait de la tapisserie. Delaunay joue au bilboquet.

Mais le plus piquant du spectacle, c'est l'aspect des acteurs et des actrices dont les costumes ne sont pas encore prêts. Burrhus, en habit de ville, donne la réplique à une Agrippine vêtue d'un peplum.

C'est ainsi qu'avant-hier M. Depassio, la basse chargée d'interpréter *la statue du Commandeur*, a dit son récitatif en paletot marron... Le tailleur... de pierre n'avait pas terminé son accoutrement marmoréen.

Terminons en signalant au lecteur le tohu-bohu qui règne dans les coulisses des théâtres à farces. Cet aria bizarre est surtout sensible à la Porte-Saint-Martin, où durant les répétitions générales de la *Biche au bois*, on entendait les sous-régisseurs errant dans les couloirs :

— Allons, mesdames les crevettes, en scène !

Ou bien :

— Les légumes! les légumes! descendez.

— Je ne suis pas encore frisée, répondait un petit chou — à la crème de riz, ou une laitue pommée... partout.

Ajoutez à cela les gens de service qui se coudoient, les choristes qui dorment dans leurs têtes de poisson, les dames du corps de ballet s'exerçant, demi-vêtues, à faire des ronds de jambes... les cris du censeur voulant qu'on rogne une phrase, qu'on allonge une jupe, les mugissements des accessoires qu'on essaye; *le tonnerre* qu'on réclame; *la pluie* qu'on graisse; *les bruits de voitures* qu'on répare, et vous aurez une véritable idée de ce qu'on appelle à Paris une répétition générale.

XXIV

LES FABRIQUES DE PRIMEURS

Ceci se passait au milieu du mois de janvier dernier.

J'étais entré chez Chevet pour un achat de comestibles, quand je vis la dame de comptoir s'approcher du garçon qui me servait :

— Il n'y a plus de cerises, ni de melons, ni d'asperges, ni d'ananas, lui dit-elle. Vous ferez bien d'en aller chercher à Montrouge.

On comprend que cet ordre m'intrigua au dernier point. Il gelait ce jour-là, je ne pouvais croire qu'il régnât dans un faubourg, à deux kilomètres du boulevard des Italiens, une température assez élevée pour faire éclore des fruits indigènes des contrées torrides.

Je cherchai dans un livre de géographie s'il ne se cachait point au Sénégal, ou sous les tropiques, un Montrouge inconnu du vulgaire. Mais en dehors du département de la Seine, je ne trouvai aucune ville de ce nom.

Je crus avoir mal entendu, et je ne songeais plus à

cet incident, lorsque avant-hier je décachetai dans mon courrier une lettre qui contenait les lignes suivantes :

« Monsieur le rédacteur,

« La description d'une fabrique de primeurs m'intéresserait beaucoup. Comme je vous sais peu avare de démarches quand il s'agit de soulever le voile qui tombe devant les industries ignorées, je vous signale les jardins de M. Fromont, situés route d'Orléans, à Montrouge.

« Veuillez croire que le récit de votre visite ne sera pas la moins belle perle de votre écrin.

« Un abonné. »

Les désirs de mes lecteurs — surtout de ceux qui donnent à ma prose des noms de bijoux — sont des ordres pour moi... Une heure après la réception de ce poulet, mes bottines suivaient les sabots de maître Anthoine, jardinier en chef de l'établissement désigné par mon gracieux correspondant.

Vous vous rappelez que le temps était — jeudi — glacial et humide. Les nuages fondaient de temps à autre en pluie fine, et le vent coupait les oreilles de ceux qui s'aventuraient au dehors. Eh bien, le sol gras que nous foulions à Montrouge était tiède, l'eau des flaques qui interceptaient la circulation des allées était chaude, et, à l'exemple de mon guide, qui était en bras de chemise, je dus mettre bas mon pardessus, sous lequel je suais comme à la première représentation d'un drame en douze tableaux. A quoi attribuer cette atmosphère coloniale, à trois cents pas du thermomètre de l'ingénieur

Chevalier descendu à huit degrés ! Je vais vous le dire.

Le terrain (d'une capacité de deux arpents) que je parcourais est coupé de tranchées longitudinales aboutissant à des chaudières où un feu nourri entretient en état d'ébullition de l'eau qui sillonne le sol dans des conduits de fonte, à une profondeur d'un mètre. L'eau échauffe la terre, qui échauffe l'air après avoir échauffé les germes des plantes. La caléfaction des couches par l'eau bouillante n'est pas le seul procédé mis en usage par M. Fromont; il emploie aussi le *fumier vif*, ainsi nommé parce que, plus fermentescible que ses « confrères », il développe à ses alentours une chaleur plus grande et plus continue. J'ai enfoncé le doigt dans un trou creusé par Anthoine dans ce terreau... Si par hasard j'avais eu sur moi du beurre, des œufs et de la farine, j'y aurais pu faire une tarte aux abricots, car, à deux pas, un abricotier me tendait des fruits mûrs au bout de ses branches verdoyantes !

Chaque couche a quarante mètres de longueur. Des châssis de verre les protègent contre les méchancetés du ciel d'hiver. Anthoine souleva l'un de ces couvercles et j'aperçus des melons cucurbitacés séduisants, parfumant leur demeure vitrée et couchés mollement sur le terreau entre leurs larges feuilles déjà jaunes.

— Allons voir le raisin, dis-je au jardinier.

— Oh ! monsieur, fit-il, nous n'en avons plus... *nous avons fait les vendanges le* 15 *février.*

— Et les cerises?

— Récoltées et vendues depuis six semaines.

— Et les asperges ?

— C'est une vieille histoire... Le 10 décembre, nous liions nos dernières bottes.

— Et les fraises?

— Histoire ancienne aussi... Cependant il m'en reste une couche.

Je suivis le pépiniériste, dont le front dégouttait de sueur, jusqu'à un quadrilatère dont il souleva le cadre de vitrage, et j'aperçus un plant de fruits gros comme le poing qui, par leur poids, entraînaient à terre leurs tiges vert-tendre.

— Anthoine, lui dis-je, je suis épaté, mais je meurs de soif.

Mon compère me comprit et me tendit une douzaine de fraises. Je me désaltérai ardemment dans le courant de cette végétation prodigieuse... En un quart d'heure, j'en avais *bu* pour deux louis.

— Vous eussiez préféré peut-être des fraises des bois... Nous en avons, ajouta mon conducteur.

— Celles-là m'ont suffi.

— Ou bien une pêche?

Je m'inclinai en refusant. Il est des additions que les chroniqueurs eux-mêmes redoutent. Tout à coup, messire Anthoine fronça le sourcil.

— Diables de bêtes! s'écria-t-il.

Et je le vis saisir des limaces, des puces, des cochenilles... des primeurs d'insectes. Car, si la plante est avancée, la larve de l'animal destructeur l'est également.

J'ai vu, de mes yeux vu, périr sous le sabot du paysan des parasites de l'année prochaine, qui raffolent des comestibles prématurés, comme les cocottes et les gandins du Café Anglais.

Je veux cependant être sincère : cette végétation hâtive a, malgré son apparence succulente, une tournure maladive et chlorotique. On sent que la sève qui circule dans ses vaisseaux surchauffés n'est pas mise en mouvement par les forces naturelles et par les brûlants baisers du soleil d'août.

Les haricots verts sont pâles, les concombres ont des airs penchés, les figues sont mélancoliques dans leur attitude... J'ai failli m'attendrir sur le sort d'un cantaloup dont la queue était garnie de coton... comme le genou d'un rhumatisant ou la joue d'un fluxionnaire.

Bien que la récolte du raisin fût terminée depuis deux mois, Anthoine me mena dans une petite serre encore garnie de treilles intactes. Des grappes bibliques pendaient le long des murs, noires comme la conscience de Philippe l'assassin, et de grosses guêpes au corsage velouté leur faisaient un doigt de cour.

C'est là que le jardinier m'expliqua les causes de ses cueillettes accélérées.

— Du moment, me dit-il, que le Midi et l'Algérie commencent à envoyer à Paris, des cerises, du chasselas, des pastèques et toutes sortes de fruits, nous suspendons nos cultures pour nous occuper des récoltes de l'hiver prochain. L'ananas est le seul article que nous débitions en tous temps.

Nous nous rendîmes dans sa terre aux ananas. Les feuilles piquantes de ces plantes charnues maltraitèrent mon pantalon — voire même sa doublure.

— Je n'ai jamais rien vu de méchant comme *ces élèves-là*, me dit Anthoine... On dirait qu'ils font exprès de raccrocher les visiteurs. L'autre jour, *il y a* venu une dame. Croiriez-vous que ce *pied* dont vous vous plaigniez lui a déchiré sa robe et sa crinoline, si bien qu'au respect que je vous dois...

Les yeux d'Anthoine, qui est Belge, brillèrent à ce moment comme deux escarboucles, et je pus constater, à la vivacité de son récit, que le chaud milieu où il vit trouble parfois le calme inhérent au naturel septentrional.

Combien estimez-vous qu'un ananas de la maison Fromont mette de temps à mûrir, — à partir du jour où il a mis le nez hors de sa tige?

Un mois! deux mois! trois mois! Vous n'y êtes point, et je ramasse la langue que vous jetez aux chiens, pour vous apprendre que ce fruit savoureux demande deux cent cinquante jours avant d'arriver à maturité... Il vaut alors trente francs, — sans compter le marasquin dont on l'assaisonne. C'est un dessert que les restaurants à trente-deux sous affichent sans me surprendre, car j'ai appris qu'ils le fabriquent avec des carottes marinées dans du sirop. (On est indiscret ou on ne l'est pas!)

J'aurais pu peut-être compléter ce travail en me rendant à Thomery, où M. Charmeux cultive le raisin primeur et la pêche hâtive; — à Clamart, où M. Bousien tient spécialement la fraise et le haricot vert; — à Sarcelles, où M. Cremont débite en plein hiver des fruits de l'automne suivant; — à Clichy-la-Garenne, chez M. Bouvet; à Montreuil ou à Argenteuil, également habités par des cultivateurs de la même famille. Mais je suppose *mon abonné* suffisamment satisfait, et je crains de l'ennuyer par trop de prolixité. C'est pourquoi je lui demande de terminer « cette perle » extraite du fumier (c'est le cas de le dire), par un secret que m'a confié l'obligeant Anthoine.

Nous causions asperges, et je m'extasiais sur la dimension qu'atteint ce légume dans la vitrine des Potel et Chabot de la capitale.

— La grosseur de l'asperge est simple à obtenir, me dit le jardinier. Si vous en avez un plan, et si vous voyez poindre de terre deux ou trois têtes d'asperges très-rapprochées, unissez-les par un fil et enterrez-les, en ayant soin de mettre de la terre dessus à mesure qu'elles poussent. Au bout de quelque temps les trois individus se soudent et vous avez un sujet dont le diamètre est trois fois plus fort.

Je n'ose croire qu'Anthoine s'est moqué de moi, et comme je suis très-crédule, je vais acheter un jardin potager. Me rappelant ensuite les instructions de mon jardinier, je veux, à l'aide de son procédé, exposer en 1867 une asperge aussi grosse que l'arbre de Robinson. J'y ferai creuser un hôtel garni, un estaminet-billard, un restaurant et un bureau de rédaction pour le journal *l'Événement*, — le tout à la sauce blanche, bien entendu.

XXV

LA MISSION CHINOISE

Je me vois contraint, pour affirmer mon zèle, de donner une petite leçon à certains de mes confrères qui faisaient arriver, dimanche soir, au Grand-Hôtel, des étrangers en train de fumer leur pipe, au même moment, sur la Cannebière à Marseille.

Les fidèles et basanés sujets de l'empire du Soleil ne devaient débarquer qu'aujourd'hui à Paris. — Mais le chef de l'ambassade, qui n'est pas venu en France pour s'amuser, a tout à coup fait quitter à sa troupe la douce Phocée, et voilà comment hier matin, à six heures, cinq officiers, accompagnés de deux interprètes, gravissaient, dans l'ordre suivant, le perron du palais Pereire :

M. Ping, mandarin de troisième classe, membre du collége des relations extérieures, chef de la mission ;

M. Kvvang, mandarin de sixième classe ;

M. Teh-Ming, mandarin de sixième classe ;

M. Fun-Yin, mandarin de sixième classe ;

M. Yeu-Hvvei, mandarin de sixième classe;

Également détachés par le ministère des affaires étrangères de Pékin.

M. de Champs, sinologue distingué, a pour mission de guider en France les envoyés impériaux ; M. Bovora, Londonien élégant, les accompagnera dans les pays où la langue anglaise a cours.

L'ambassade, sans être investie d'un caractère officiel qui l'accrédite auprès des gouvernements, vient en Europe et en Amérique pour jeter la base de rapports continus et fonder des légations. Sur la foi du premier mandarin-commissaire, j'ose assurer qu'avant quelques années Paris, Londres, Madrid, Bruxelles, Rome, Athènes, Berlin, Amsterdam, Saint-Pétersbourg et Constantinople auront des bureaux chinois à la disposition des touristes du Céleste Pays. Il faut dire adieu au mystérieux. Des ponts vont être jetés entre le connu et l'inconnu.

Il était neuf heures du matin quand je me présentai chez Leurs Excellences. Je m'attendais à les trouver couchées après un long et fatigant voyage ; mais la curiosité avait tenu nos visiteurs éveillés. Je les ai surpris debout en train d'acheter des instruments d'optique, des lorgnettes et des vues photographiques !

L'interprète français, M. de Champs, étant encore au lit, le trucheman anglais m'a présenté au mandarin qui commande l'expédition.

M. Ping a soixante-cinq ans ; il est cuivré de peau, son œil est noir, sa taille est grande. Seul de ses collègues il porte une moustache et une barbiche grisonnantes qui tombent sur ses lèvres et son menton. Les poils de sa barbe sont rares et roides et présentent l'abandon peu prétentieux des barbes de nos grenadiers.

Son Excellence était encore en costume de voyage : une jupe en bourre de soie, un veston de laine bleue, doublé de peau d'agneau et retenu sur le côté par des boutons d'or brillants, sur lesquels un praticien de Pékin a ciselé des fleurs et des oiseaux.

Lorsque la présentation eut été faite, M. Ping poussa quelques exclamations gutturales qui équivalent sans doute à des marques de sympathie, et je m'inclinai respectueusement lorsqu'il eut dit à l'interprète que « le journalisme était une grande chose. »

Ses compagnons ne présentent dans leur visage ou leur costume aucune singularité. Tous les Chinois se ressemblent : regardez plutôt un paravent. Cependant, soit à cause de son grand âge, soit à cause d'une affection ophthalmique, M. le commissaire en chef fait usage de lunettes grandes comme des roues de cabriolet. Le verre de ces besicles est concave, ce qui indique un affaiblissement du nerf optique.

Chacun de ces messieurs, — qu'il soit maître ou valet, — porte, pendu à ses côtés, un étui qui contient son éventail, sa pipe, son tabac et son briquet. Je n'ai guère pu juger des mœurs et des habitudes des ambassadeurs. Leurs domestiques, au nombre de dix, circulaient dans les neuf pièces qui composent leur appartement, portant sur leurs épaules de lourds colis remplis de trésors que je vous dépeindrai plus tard. Et, au milieu de cette agitation, les Chinois restaient calmes et impassibles, fumant leurs pipes tranquillement et regardant avec un sourire les valets dont les pas étaient assourdis par leurs chaussures à semelle épaisse.

Les serviteurs de la mission ont, à quelques ornements de velours près, le même accoutrement que le chef.

Celui-ci sortait d'un sac de soie une aiguière en bronze clair, cet autre étendait des nattes sur le sol. L'un comptait des pièces de monnaie françaises ; l'autre, essuyant un nécessaire de voyage, riait aux éclats, me trouvant sans doute ridicule avec mon crayon à la main, mon cigare aux lèvres et mon tuyau de poêle sur la tête.

Les envoyés de l'empereur de la Chine portent, en guise de coiffure, une petite calotte noire qui protége leur crâne rasé, à l'exception de la partie postérieure, d'où émerge la longue tresse traditionnelle.

J'ai retrouvé en eux la même courtoisie que chez les Japonais ; j'ai également remarqué qu'ils me regardaient dans les yeux avec la même attention.

Cette singularité m'a frappé, et je crois en avoir deviné la cause. Je suis venu au monde avec les paupières excessivement retroussées, et je suppose que ce signe de nationalité asiatique les pousse à penser que j'ai vu le jour au bord du fleuve Jaune.

Mon acte de naissance, par lequel je suis Lorrain, me semble concluant au point de vue de cette origine, et d'ailleurs mon nez, d'une courbe respectable et d'un volume plus que satisfaisant, donne un démenti aux suppositions que ces messieurs peuvent faire ou avoir faites.

Avant de me retirer, j'ai jeté sur les lourdes malles que les portefaix montaient des regards de regret : j'aurais voulu voir leur contenu et leur monde de babioles curieuses. J'étais presque désappointé et tout à fait ennuyé d'avoir été si prompt à courir au Grand-Hôtel.

En arrivant un jour plus tard, je pouvais repaître mes regards des riches et soyeuses tuniques que ces caisses protégeaient des avaries de la traversée... J'eusse vu peut-être le bonnet du mandarin avec sa plume de paon et son bouton de cristal.

Mais il est difficile d'arriver bien quand on arrive vite.

J'ai eu pourtant la chance de voir déjeuner Leurs Excellences par l'entrebâillement de la porte de leur salle à manger. Elles avaient commandé du riz bouilli, du poulet, des côtelettes de mouton, trois ou quatre sortes de poissons et des fruits (fraises et pommes). J'ai appris que l'usage du bœuf, de la vache et du veau leur est interdit, « parce que ces quadrupèdes servent à l'agriculture! »

Touchante coutume que celle qui prescrit à l'homme de ne point se repaître de ceux qui l'aident à féconder, labourer et ensemencer la terre généreuse.

Les Chinois n'ont pas bu de vin pendant leur repas. Ils se sont bornés à arroser de thé préparé par eux les mets auxquels ils ont fait honneur. Ces messieurs n'aiment le vin qu'entre les repas, et ils le préfèrent chaud et sucré.

On n'avait pas encore déballé les baguettes de bois au moyen desquelles les Chinois saisissent leurs aliments ; aussi semblaient-ils très-gênés en se servant de leurs fourchettes, sur lesquelles criaient leurs ongles démesurément longs.

J'ai dit plus haut que la mission occupait neuf chambres, mais je n'ai pas dit dans quelle portion de l'hôtel ces neuf pièces se trouvent situées. Si vous flânez ce soir le long du boulevard des Capucines, levez les yeux au second étage de la rue Scribe, vous les verrez tous aux fenêtres.

Ils s'y sont précipités dès leur arrivée et ont toutes

les peines du monde à les quitter... J'ai vu rarement pareille soif de voir, pareil amour de l'observation. Leurs Excellences se sont refusées à ce que l'on plaçât à leurs croisées le pavillon de leur souverain, — ce qui implique qu'ils tiennent à conserver à leur voyage son allure officieuse.

Cela me surprend d'autant plus que **M.** Drouyn de Lhuys a immédiatement mis des guides et des employés de son ministère à la disposition des seigneurs mandarins.

J'ai été accompagné jusqu'au bas de leur escalier par un officier grêlé.

— On ne vaccine donc pas chez vous? lui ai-je dit en anglais.

— Pardon, depuis trois cents ans! mais cela ne m'a pas préservé.

Je croyais que Jenner avait le monopole de la découverte qui devait enrichir plus tard l'*homme à la vache*... J'étais dans l'erreur.

— Ces diables de Chinois, on ne peut rien leur apprendre, m'a dit le secrétaire du Grand-Hôtel, et je croirais plutôt qu'ils nous viennent apporter des découvertes.

XXVI

LE SACRÉ-CŒUR

Si tous les chemins mènent à Rome, ils n'aboutissent certainement pas au Sacré-Cœur. Ceux par lesquels on arrive à cette retraite sont si tortueux, si ensevelis, si dissimulés que le plus fûté géographe y perdrait son latin... Il m'a fallu tout mon désir d'entrer au couvent pour ne pas renoncer à mon projet — d'autant plus que les indigènes de Conflans n'y ont mis aucune complaisance.

— Le Sacré-Cœur, s'il vous plaît? demandai-je à un voiturier qui parut surpris de ma question.

— Vous voyez bien cette ruelle? me répondit le bonhomme.

— Oui.

— Eh bien ! vous prendrez celle d'en face...

— Parfait...

— Ensuite, vous tournerez à droite...

— A merveille.

— Vous apercevrez alors une petite église...

10.

— Je vois ça d'ici...

— Vous ne pouvez rien voir d'ici. Si vous vous moquez de moi, faut le dire.

Je ne pus prouver au prolétaire que j'avais été respectueux à son endroit.

Il fouetta sa rosse et disparut.

— Le Sacré-Cœur, ma brave commère? criai-je à
une paysanne qui revenait de la Halle avec sa hotte
vide.

— C'est pas un couvent d'hommes, fit-elle.

Et elle passa outre.

Au même instant, j'aperçus la coiffe blanche d'une
sœur converse, à laquelle je m'adressai, tremblant à
l'idée d'un nouvel échec. Par bonheur, la sainte femme
était attachée à l'établissement que je désirais visiter,
et nous fîmes route ensemble.

Elle marchait devant, les yeux baissés, les mains
fourrées dans ses manches pagodes, et tandis qu'elle
avançait, sa robe de bure flottait au vent et son chapelet sonnait contre sa hanche avec un bruit clair...

Ah! l'on a bien raison de dire qu'elle est âpre la voie
qui mène au salut, et je pense, pour mon compte, qu'il
y aurait injustice à n'avoir pas gagné un petit bout de
paradis après s'être écorché les pieds aux cailloux de
ces routes moins bien entretenues que mademoiselle
Trois-Étoiles.

L'établissement est, comme vous savez, immense et
spacieux. Les bâtiments sont imposants et baignent
dans un silence particulier aux communautés religieuses. Les grilles et les murs qui les entourent défient
par leur hauteur les ruses de MM. les *enleveurs* de pensionnaires. Je dois constater tout d'abord des sons
laïques (ceux d'un piano) qui me vinrent heurter les

oreilles. Cette musique partait du pied d'une haute tour enclavée dans les jardins et que l'on me dit être l'ancien clocher de l'église de Charenton.

Son rez-de-chaussée est affecté aujourd'hui à l'étude des arts d'agrément, mais les parties supérieures de l'édifice sont désertes. Quelque puissante que soit la foi contre la superstition, elle n'a pu empêcher que les élèves se transmissent d'âge en âge une légende qui troublait encore, il y a quelques années, le pur sommeil des petites pensionnaires.

Il paraît que sous Louis XI, un officier félon fut enfermé dans les caveaux de la chapelle pour y expier sa traîtrise par la faim, la prière et la mort. Depuis cette époque, le chevalier apparaît tous les soirs à minuit en haut du clocher, et demande au roi la permission d'aller casser une croûte à la Maison-d'Or.

Il faut croire que Louis XI refuse, car on entend des gémissements, et le chevalier de la Fringale rentre dans sa tombe avec un grand bruit de ferraille. Il reste coi jusqu'au lendemain et renouvelle sa supplique, à la même heure, sans plus de succès.

Toutes réflexions faites, le roi Louis XI fait très-bien de refuser cette faveur au méchant capitaine. Son apparition dans les couloirs du Café Anglais pourrait jeter le trouble dans les âmes chastes et dans les potages à la bisque qui y circulent.

Le parloir est la première pièce qui frappe l'attention du visiteur. C'est une vaste salle aux murs nus — à l'exception de quelques tableaux dont les personnages sont beaucoup plus vêtus que la Vénus-Courbet. J'allais oublier certains cadres où sont consignés les noms des pensionnaires qui l'ont emporté dans les concours de bonne tenue, d'appétit et de diligence.

Voici quelques noms extraits de ces *ordres du jour* :

Mesdemoiselles de Champigny, de Sussex, de la Vauzelle, de Saulay, de Brossard, JOSÉPHINE FÉVAL, de Brimont, de Branges, d'Aremberg, de Rostaing, de Lorière, de Brassac, d'Eyparsac, de Toulongeon, etc.

Comme on peut voir, il n'y a pas de danger à placer sa fille chez les Dames du Cœur de Jésus : elles ne s'y encanailleront pas.

C'est dans ce salon que les élèves viennent voir leurs parents. Il faut être autorisé par Madame la Supérieure pour entrer en colloque avec les brebis confiées à sa garde.

Le jour où j'ai pénétré au Sacré-Cœur, le parloir était presque vide. Seule une fillette de seize ans était assise, près de l'auteur de ses jours, sur l'une des chaises rangées le long du mur. Son père la dévorait des yeux et s'émerveillait devant sa bonne mine.

La jeune enfant babillait de son côté, et je pus juger, par le sujet de la conversation, de la candeur qu'on entretient dans le moral des pensionnaires.

— Comment va le petit chat?

— A ravir... Il a EU des petits le mois passé.

— Oh! quel bonheur! Je jouerai avec eux aux vacances... Pourvu qu'ils restent petits jusque-là!

— Je leur dirai d'attendre...

— Et ma petite chambre qui donne sur la rivière?

— J'y ai fait mettre du papier bleu.

— Du papier bleu!!! Oh! du papier bleu!!!

La jeune fille se mit à battre des mains. Elle suffoquait de joie : « Du papier bleu! » répétait-elle.

Puis tout à coup :

— De quel bleu? fit-elle du ton dont doit parler M. de Bismark à ses courriers.

— Voilà, pensais-je, les préoccupations d'une enfant qu'on viendra chercher l'an prochain pour l'unir à un quart d'agent de change — qui lui en fera voir du papier... de toutes les couleurs !

Mais je n'avais pas le temps de verser des torrents de philosophie sur nos usages sociaux. Je continuai mes investigations et j'aperçus, au bout du parloir, assise devant une petite table, une Sœur Converse... je devrais dire : une statue.

Dupuis, des Variétés, se serait écrié, à son aspect, sur un air de *Barbe-Bleue* :

C'est un Murillo !

Je ne sais comment vous peindre son immobilité terrifiante et son visage faisant l'effet, au fond de sa coiffe, d'un bloc d'ivoire dans un saladier... Elle est là pour surveiller les entretiens et dire aux parents l'heure où ces demoiselles doivent retourner à l'étude.

On n'a pas d'exemple qu'un profane ait pénétré plus avant que le parloir dans le Sacré-Cœur.

Comment ai-je vu les dortoirs? C'est mon secret. Imaginez deux longues séries de *boxes*, semblables à ceux des restaurants anglais. Entre les branches de ces stalles, on trouve un petit lit surmonté d'un rideau blanc et une table de nuit dont les tiroirs soutiennent des objets de toilette.

Le réfectoire est la seule pièce où toutes les élèves soient réunies. Elles s'y rendent le matin, après la messe, à six heures et demie, pour y prendre du potage, puis elles travaillent jusqu'à dix heures, moment où elles se livrent aux arts d'agrément (piano, chant et dessin). A midi, elles dînent, jouent en plein air pendant trente minutes, et s'adonnent à la broderie et à la couture jusqu'à l'heure du goûter, qui consiste en un petit pain. Arrive alors le cours d'instruction religieuse, et la journée se termine par le souper, immédiatement suivi d'un *dodo* bien senti.

Durant tous leurs ébats et leurs travaux, les jeunes filles sont sans cesse sous la surveillance des sœurs converses.

Quelques-unes de ces dignes créatures se sont appelées et s'appellent encore : princesse de Wurtemberg, mademoiselle de Montalembert, mademoiselle de Mérode, mademoiselle de la Roulière.

Le couvent contient trois cents femmes en tout. A part les deux aumôniers, l'économe et le jardinier, le sexe auquel appartient le maréchal Wrangel est exclu de la maison...

Je me trompe... un professeur de piano du nom de Populus !!! a ses petites et ses grandes entrées dans la cour dont j'ai parlé plus haut. Avant de livrer ses partitions aux index des pensionnaires, il doit les soumettre à Madame la Supérieure, qui joue le rôle des censeurs en cette occurrence.

Le *Joseph* de Méhul est admis sans coupure ; *Guillaume Tell* et les *Dragons de Villars* sont accueillis, mais après de larges mutilations... si larges que le Suisse mélodieux de Rossini et les cavaliers de M. Maillard arrivent tout écloppés sur le pupitre des clavecins.

La mort m'apparaît souriante est le seul morceau d'*Orphée aux Enfers* qui ait pénétré jusqu'ici dans le couvent de Conflans. M. Populus prépare sans doute une édition expurgée de la *Belle-Hélène*, dont l'étude est nécessaire, — selon Offenbach, — à toute éducation musicale accomplie.

La préparation des confitures est, dans la belle saison, un des principaux événements de la maison. Quelques *grandes* qui ont donné des preuves de sagesse pendant toute l'année sont admises à prendre part à cette chimie sucrée. C'est une joie et des cris dont on n'a pas idée...

Il advint qu'une fois l'héritière de l'un des plus beaux noms de France se brûla le doigt en goûtant, malgré la défense de la sœur cuisinière, de la marmelade de reines-claudes qui mijotait sur le feu... on lui enleva le *ruban de Marie*, décoration bleue qu'on accorde aux plus laborieuses... et après avoir subi cette dégradation devant ses compagnes, on lui appliqua le surnom de *La Gloutonne*...

La gloutonne dansait l'autre soir le cotillon à l'ambassade de X... la marmelade de reines-claudes n'est plus ce qu'elle aime!

XXVII

LES WAGONS-POSTE

Il m'advint une fois, — dans un voyage en chemin de fer, — de vouloir pénétrer dans l'un des bureaux ambulants que l'administration des postes a établis sur les voies ferrées. Je m'étais juché sur le marche-pied et j'allais risquer un œil dans la caisse mystérieuse, quand le conducteur du train me pria, — par la basque de mon habit, — de regagner mon wagon. Depuis ce jour, l'idée de parcourir quelques kilomètres dans l'étroit espace d'où les profanes sont exilés avec tant de soin ne m'a point quitté, et, un matin de la semaine passée, je sollicitais de M. Vandal mes entrées dans les succursales mobiles de son établissement de la rue Jean-Jacques.

Je ne connaissais le directeur général des Postes, conseiller d'État et commissaire du gouvernement, que par son éloquente réplique de l'an dernier aux taquineries de M. Guéroult: Et comme tous, j'avais constaté, à la lecture de la séance du 21 juin, que le Corps législatif comptait un orateur de plus. On comprend donc le double mobile qui m'avait fait franchir le seuil de l'Hôtel de la rue Coq-Héron ; je voulais causer avec le fonctionnaire qui avait inspiré cette phrase en haut lieu :

« M. Vandal est un homme de poste et de riposte. »

Et je voulais contempler un travail dont le spectacle est interdit au vulgaire.

Voyons le fonctionnaire d'abord.

Imaginez un colonel de cuirassiers bien conservé, à la parole pétulante et brève, à l'accent légèrement méridional, à l'œil vif, au geste démonstratif, et vous aurez l'exact portrait du fonctionnaire le plus occupé de France et de Savoie, — de celui auquel les citoyens de l'Empire confient tous les jours dix millions de missives ! Au milieu des soucis de sa charge, M. Vandal a gardé une apparence de jeunesse que l'ébène de sa moustache tend à confirmer et une liberté de pensée que son langage imagé et spirituel ne dément pas.

Et pourtant il suffit d'être un peu physionomiste pour lire sur le visage de cet homme que la vigueur physique a triomphé chez lui des fatigues morales, et qu'il doit à une constitution robuste de résister aux flots de préoccupations qui l'assiégent incessamment.

Son bureau est encombré de projets, d'imprimés, de manuscrits et de modèles de toutes sortes.

Là, c'est un petit sac dont il étudie la fermeture inédite en vue de la sécurité des dépêches ; ici, c'est une réduction de wagon-poste dont l'intérieur signale des aménagements d'un nouveau genre et dont l'extérieur est orné d'appareils spéciaux au service postal.

M. Vandal est de la classe des zélés et des innovateurs. C'est un progressiste dans toute l'acception du mot... et, comme on va voir, sa modestie ne fait pas naufrage dans la fièvre de perfectionnement qui le cloue des journées entières devant son bureau.

« — Je vous accorde avec grand plaisir l'autorisation que vous me demandez, m'a-t-il dit, mais je vous préviens que vous allez vous trouver tout décontenancé dans une caisse de capacité médiocre où s'agitent onze employés au milieu de sacs énormes et bourrés jusqu'à la gueule. C'est un tohubohu, une mêlée, un brouhaha dont on ne se fait pas idée. La première fois que j'ai monté dans un bureau ambulant, je me suis demandé, en présence de cette agitation et de ce désordre apparent comment il se fait qu'une lettre parvienne à son adresse... et *pourtant cela arrive quelquefois.* »

Aujourd'hui que j'ai assisté aux manipulations épileptiques des employés nomades, j'éprouve un sentiment identique.

Muni du laissez-passer directorial, je me suis rendu à la gare de Lyon et j'ai pénétré dans le fourgon diabolique. Chacune de ces voitures, qui coûte 13,000 francs (un peu plus que le coupé de mademoiselle Barucci), contient un chef de brigade, cinq commis de première classe, quatre de seconde catégorie et un subalterne chargé du cachetage des sacs et de l'entretien du bureau.

Le mobilier se compose de trois chaises qui ont la forme de selles montées sur un trépied de bambou, de quelques balais, d'une petite bibliothèques garnie de livres spéciaux, de huit lampes modérateurs, de plumes, d'encriers et d'une petite casserole dont le fond écrase la flamme d'un cierge. N'allez pas croire que ce luminaire chauffe un punch destiné à réconforter MM. les employés; il sert à fondre la cire qui doit clore les colis le long de la route.

Les parois du wagon sont garnies de tablettes surmontées de casiers quadrangulaires portant le nom des localités. L'aspect de cet intérieur fait songer un peu aux officines des pharmaciens... et l'analogie subsiste quand on songe que les enveloppes, dont les compartiments sont bourrés, contiennent, sous formes de billets de banque ou d'heureuses nouvelles, des baumes souverains pour la misère et l'affliction!

Le chef de brigade, auquel je me suis adressé, est le frère de Boudeville!... de ce fameux Boudeville qui enseigna au jeune Fanfan l'art de dire des énormités au profit de Sardou-Benoiton. Le professeur de déclamation est quelque peu de mes camarades; il avait jadis parlé de moi à son frère; aussi la glace fut vite rompue entre nous, et j'obtins sans courbettes les renseignements qui m'étaient nécessaires.

Dès quatre heures de l'après-midi, les dépêches sont jetées dans le wagon-poste. On les dépouille, et le triage se fait immédiatement. A cinq heures, autre livraison triée de même; à six heures, troisième apport de correspondances; à sept heures, quatrième avalanche; à huit heures enfin, dix minutes avant le départ de l'express, cinquième et dernier déluge!

A mesure que les sacs arrivent, les employés les vident avec une activité qui tient du prodige, car il faut noter ce point : la lettre que j'adresse à Melun doit être trouvée et timbrée en l'espace de trente minutes, dans les 4 ou 500,000 lettres qui prennent la direction des Bouches-du-Rhône.

Mais l'heure du départ vient de sonner. Boudeville, chef de brigade, tire au plafond de la caisse un bouton communiquant à une cloche que tout le monde a pu voir sur la toiture des wagons-poste. Ce signal indique que l'administration postale a reçu son contingent de courriers et n'entrave pas la sortie du train. Le sifflet de la locomotive retentit.... Nous partons.

Ici l'auteur s'embarrasse, car il se produit dans le bureau un roulis compliqué de trépidation qui lui donne un véritable mal de mer. Le plancher du wagon danse et lui fait exécuter une polka écœurante; il s'informe de ce phénomène, et il apprend que les employés dont le diaphragme est sensible payent tous un tribut de nausées au commencement de leur service. Néanmoins je surmonte mon malaise, et je continue à causer... Mes paroles sortent entrecoupées de ma bouche, j'ai l'air de parler au milieu d'un hoquet formidable. Mes genoux s'entrechoquent, mes épaules battent les murs. Boudeville junior m'offre le trépied dont j'ai parlé plus haut, et je tire mon carnet pour prendre des notes.

Autre déconvenue! le bec de mon crayon s'abat partout, excepté sur la page blanche, et, quand je suis parvenu à coucher quelque part la moitié d'un mot, l'autre moitié m'apparaît cinquante centimètres plus loin.

Je regarde avec stupéfaction Boudeville qui, devant son pupitre, écrit sa comptabilité avec aisance, et je remarque que sa dextre jouit d'une cursive sans pareille pour l'élégance et le délié.

— Cela vous étonne? me dit un vieux commis attaché depuis quinze ans au service des bureaux ambulants. Eh bien! moi, j'ai tellement l'habitude de griffonner dans les wagons « qu'en ville, » sur un bureau, il m'est impossible d'écrire si quelqu'un ne remue pas la table ou ne me pousse pas le coude.

Je ris... jaune, car je continue à ressentir des inquiétudes du côté de l'estomac.

— Tiens! s'écrie un trieur, une lettre de M. Thiers!

Je me précipite pour contempler le pli de l'homme d'État, et je constate qu'il n'est pas en correspondance avec M. de Bismark... la direction de la missive l'affirme.

— Mais, dit le timbreur (un homme qui, avec une rapidité foudroyante, appose sur les lettres le cachet postal, — il en timbre cent à la minute !) moi, *j'en ai timbré une* de M. Berryer ce matin, elle venait du château d'Angerville... Il correspond beaucoup depuis quelque temps, M. Berryer !... M. Casimir Périer aussi !

Les vieux routiers de la corporation, ceux qui naviguent depuis des années sur les voies ferrées, ceux-là, dis-je, en sont arrivés à une telle expérience qu'outre l'écriture des illustrations françaises, ils reconnaissent l'origine des suscriptions et vous disent le nom de ceux qui les ont tracées.

Pendant que Boudeville comptait qu'il avait pour cinq cent mille francs de lettres chargées dans son petit royaume, j'avais jeté les yeux sur un pli accusant en un de ses coins une valeur déclarée de cent écus. Les cinq cachets réglementaires de l'enveloppe portaient une couronne de comte; mais l'adresse était formée d'une écriture gauche et sans orthographe.

La lettre était pour une petite localité des environs de Paris. Ma laborieuse imagination me suggéra qu'une cocotte envoyait des fonds à la nourrice de son enfant. Il n'y a que ces femmes-là pour reléguer leur progéniture dans la banlieue, cacheter leurs lettres avec des armoiries retour des croisades, et orthographier Fontainebleau de la manière suivante : *Fonteneblot*.

Mais en voici bien d'une autre !

Un trieur me montre une lettre qui m'est adressée,

à moi, au village de Samoreau, — hameau de Seine-et-Marne où je vais parfois le dimanche chercher des indiscrétions champêtres que je garde pour moi. Je veux la prendre, car j'ignore qui peut me relancer sous mon saule au bord de la rivière... Mais ma main se tend : un employé la retient : Et le règlement !!!

Pour me consoler, le même employé me raconte qu'il faisait autrefois le service entre Paris et Strasbourg.

En se rendant à la gare de l'Est, il perdit toute sa fortune, — dix mille francs, — qu'il avait dans un portefeuille. De la gare, il expédie un commissionnaire à sa femme, lui recommande de faire des recherches et de lui écrire le résultat de ses démarches, poste restante, à Strasbourg, où il doit s'arrêter soixante heures avant son retour à Paris. Sa moitié, instruite de l'accident, cherche et trouve dans l'allée même de sa maison le portefeuille égaré. Le commissionnaire était déjà loin ; il était huit heures, le train partait à huit heures dix, impossible du reste de pénétrer dans la gare pour annoncer la nouvelle à son époux. C'est alors qu'elle met un mot sous enveloppe et prie un voyageur, en train d'enregistrer ses bagages, de jeter ce pli, au premier arrêt du convoi, dans la boîte que les wagons-poste portent sur leurs côtés.

Ce qui fut dit fut fait. A Epernay, le pauvre employé, qui faisait sa besogne d'un air navré, trouve dans un groupe qui lui passe par les mains la missive à lui adressée : il reconnaît l'écriture de sa femme. Il va l'ouvrir... mais il pense à sa consigne et sacrifie à son devoir sa sécurité, son repos de quarante-huit heures.

— Je n'ai pas vécu ce voyage-là, m'a-t-il dit, car il m'a fallu attendre à Strasbourg que le bureau sédentaire eût enregistré ma lettre, et, comme le commun des martyrs, j'ai dû attendre l'ouverture du bureau central.

— Mais, ajoutai-je, vous vous doutiez bien de ce que votre femme vous disait dans sa lettre?

— Point. Elle pouvait l'avoir écrite avant que mon commissionnaire ne fût arrivé à la maison, car je l'avais quittée à quatre heures, à Montmartre, et j'avais laissé notre petite fille très-malade... Cette lettre pouvait m'annoncer sa mort ou un autre malheur.

Les envois d'argent sont ceux qui donnent le plus de tablature à M. Vandal. — Lorsqu'une lettre chargée s'égare, le digne conseiller d'État en est instruit, et il en perd le sommeil.

— Le soupçon est une douleur pour moi, me disait-il, et je me vois obligé, quand un de ces accidents survient, de me méfier de tout mon personnel.

De tels faits arrivent assez souvent.

L'an passé, 41,000 francs disparurent d'une dépêche sans qu'on pût mettre la main sur le coupable. Il y a quatre jours, les tribunaux infligeaient trois ans de ré-clusion à un chef de brigade qui avait pris 2,000 francs dans le courrier de Marseille. Ce qu'il y a de plus mal-heureux, c'est que ce malfaiteur appartient à une famille illustre.

Il arrive aussi que la poste est accusée à tort de dé-tournements dont elle est innocente. Témoin l'histoire suivante :

C'était, je crois, en 1860. Une lettre adressée à Paris par un négociant de Montpellier, et portant un charge-ment de 2,000 francs, était arrivée rue Jean-Jacques, contenant deux feuilles de papier ordinaire d'un poids égal à celui de deux billets de banque. Les magistrats, instruits du méfait, se livrèrent en vain aux recherches les plus minutieuses. L'administration des postes paya la perte aux requérants, et le dossier resta dans les mains du procureur impérial de Montpellier.

Deux ans plus tard, ce magistrat avait chez lui à dîner le procureur impérial de Lyon, — un homme à lunettes.

Au dessert, les procureurs causent généralement de leur métier, et le hasard voulut que les yeux du magistrat lyonnais tombassent sur le dossier qui gisait abandonné sur le bureau de son amphitryon.

— Mais, dit le Lyonnais en assujetissant ses besicles, le vol n'a pas été commis dans les bureaux de la poste.

— A quoi le voyez-vous?

— A cette empreinte imperceptible qu'a laissée sur le papier bleu le timbre apposé au coin de l'enveloppe, dans le bureau central de Montpellier, lors de l'enregistrement du chargement. Donc ce n'est pas de Montpellier à Paris que le crime a été accompli, mais bien à Montpellier même.

Cette judicieuse observation poussa le juge d'instruction à recommencer ses recherches. Des soupçons avaient plané jadis sur le caissier de l'expéditeur ; bien que ce même expéditeur eût répondu de l'honnêteté de son commis, on l'arrêta et il fit des aveux... Tant il est vrai que les gens qui voient le mieux sont ceux qui ont besoin de lunettes!

XXVIII

LE GRAND OPÉRA DE 1869

Tel que vous me voyez, j'ai mangé un jour un morceau du nouvel Opéra. C'était à un dîner offert par ses collègues à l'architecte Garnier en l'honneur de son triomphe au concours de 1861. Pour fêter dignement le héros de la fête, les Visconti parisiens avaient commandé à un pâtissier célèbre un nougat représentant la future Académie impériale de musique, et si j'ai bon souvenir, c'est un fragment de la coupole que j'ai croqué entre la poire et le fromage. Je voulus être présenté incontinent à l'homme qui avait inspiré au confiseur du coin un édifice aussi succulent, mais mon voisin de droite et mon voisin de gauche, dont j'avais sollicité le patronage, continuèrent, sans tenir compte de ma requête, à discuter par dessus mon assiette la supériorité de l'ordre dorien sur l'ordre corinthien... Si bien que je sortis du festin sans avoir vu l'homme appelé par ses grandioses conceptions à relever l'architecture française du dix-neuvième siècle.

11.

Il est difficile d'apprécier l'œuvre, le caractère et le visage d'un artiste en dévorant un nougat construit d'après ses plans. On ne s'étonnera donc pas d'apprendre qu'en compagnie de M. Monge (un autre fameux aligneur de pierres), je pénétrai hier dans le bureau de M. Garnier.

Le *Dieu de la machine* était dans son temple, en train de fumer sa pipe comme un simple mortel. Courbé sur des épures, entouré d'échantillons de granit, juché sur un bloc de marbre et la main droite armée d'un compas, M. Garnier leva la tête à notre entrée, et je pus entrevoir son visage, dont l'ensemble est d'une intelligence rare.

Maigre et basanée, sa figure est éclairée par deux yeux très-lumineux; sa lèvre supérieure, qu'ombrage une moustache noire, apparaît d'autant plus mince qu'elle est dissimulée par l'ombre portée d'un nez raisonnablement aquilin. Le menton ferme et saillant dit la volonté et l'ambition.

Voilà un menton qu'on n'ose accuser de mentir quand on songe que son propriétaire, né d'un carrossier besoigneux, élève d'une école de dessin secondaire, a remporté le prix de Rome à l'âge de seize ans, et se trouve aujourd'hui chargé de bâtir le plus beau monument des temps modernes.

M. Garnier ne semble pas se douter de son mérite, et, s'il prouve qu'il a conscience de sa glorieuse mission, c'est par un travail incessant et par le perpétuel souci de son œuvre. C'est de lui que tous les travaux émanent. Il a la haute main sur l'ornementation comme sur la construction, et les plus petites sculptures comme les plus infimes maçonneries lui sont soumises avant d'être livrées à l'exécution. On est étonné, à la pensée de tant de tracas, de trouver sur la tête de M. Garnier une énorme quantité de cheveux noirs, qui, avec ses traits méridionaux, achèvent de lui donner l'air italien.

Il ne parut point désireux de me faire les honneurs de sa bâtisse, et je vis bien qu'il craignait, en m'accompagnant dans le chantier, d'avoir l'air de me *vendre son piano*.

— Si vous voulez me le permettre, me dit-il, je vais vous livrer à deux inspecteurs qui vous piloteront mieux que moi dans les méandres de l'édifice... mais, d'abord, n'avez-vous point peur de grimper sur des échafaudages, et l'abîme vous donne-t-il le vertige ?

Je répondis non par amour-propre, mais au fond je pensais au grand Opéra en nougat. Je commençais à le trouver plus rassurant, et aussi d'un goût plus agréable, car le vent soulevait des tourbillons de plâtre et m'envoyait dans la bouche du mortier pulvérisé.

Je pénétrai, en compagnie de MM. Bouvet et Jourdain, inspecteurs des travaux, dans le futur palais de l'harmonie.

Il est difficile de le peindre dans son état actuel ; cependant, avec un peu d'imagination et les détails que m'ont fournis mes guides, mes lecteurs se feront peut-être une idée de sa splendeur à venir.

Pas un atome de bois n'entrera dans la construction du monument : le fer, la pierre de taille et le marbre sont seuls employés par les ouvriers, qui me parurent fort nombreux.

— Combien occupez-vous d'hommes ici ? demandai-je à M. Bouvet.

— Ma foi, c'est difficile à dire exactement.

— A mille près, ajoutai-je pour lui venir en aide.

— A mille près ? Eh bien ! nous en employons mille...

J'aurais parié pour le quintuple, devant l'activité, le va-et-vient et le tapage des maçons, utilisant la force des douze machines locomobiles, grimpant après les treuils et broyant le ciment, en sifflant des romances de Thérésa.

Le gouvernement a mis 25 millions à la disposition de M. Garnier, pour parachever son œuvre ; 16 millions sont déjà dépensés. Les appointements de l'architecte sont de 2 p. 100 sur les déboursés. En conséquence, il aura gagné 500,000 francs en l'espace de huit ans, c'est-à-dire au 1er janvier 1869, époque de l'inauguration du Grand-Opéra.

On peut répartir de la manière suivante les 25 millions accordés par l'État : fer, 2 millions ; marbre, 8 millions ; sculpture et objets d'art, 15 millions.

Comme on le voit, le côté artistique de l'entreprise est le plus onéreux. C'est qu'aussi les gens destinés à peindre l'intérieur de la salle s'appellent Baudry, Boulanger, Lenepveu, Barrias, Delaunay, Gérôme, Pills.

Carpeaux est le plus accommodant des sculpteurs sur le ciseau desquels on compte à cette heure. Les marbres utilisés dans la construction viennent pour la plupart des Pyrénées, de l'Isère, du Jura, de la Suède, de Carare, de Serra Vegga, de Saramolas et de la brèche d'Alep. Joignez-y l'onyx d'Algérie, le jaspe du Mont-Blanc et les granits d'Écosse, et vous aurez un aperçu incomplet des matériaux employés dans cet édifice, dont le point culminant sera aussi élevé que les tours Notre-Dame !

Ci-joint quelques notes arides au point de vue littéraire, — mais d'une exactitude scrupuleuse.

Les dessous de la scène ont, dès à présent, 17 mètres

de profondeur. La scène elle-même a 17 mètres de hauteur, et, au-dessus du rideau, on a ménagé un espace de 17 mètres.

Il est facile de comprendre quelle utilité présenteront ces vides pour le maniement et l'agencement des décors. La scène a 35 mètres de profondeur sur 52 mètres de largeur.

L'ornementation intérieure de la salle est encore à l'étude : 15,000 dessins ont été déjà présentés à M. Garnier, qui les revoit et les corrige suivant son goût — duquel nous n'avons rien à craindre.

Les couloirs n'auront pas moins de 6 mètres de largeur, et les loges seront complétées par des salons trois fois plus spacieux que la loge elle-même.

Le corps de logis réservé aux artistes est déjà divisé en compartiments où les Gueymard et les Granzow auront des lavabos mirifiques avec eau chaude et eau froide à volonté ; — plus des cabinets pour pendre leurs soyeuses tuniques, leurs maillots rembourrés, et leurs ailes de papillon automobiles.

En présence des sacs de plâtre qui encombrent en ce moment le foyer de la danse, M. Monge s'est écrié :

« — On a tort de croire que l'Opéra ne sera pas inauguré avant dix ans. Vous voyez... on a *déjà* apporté la poudre de riz. »

Cette exclamation, « sanglante d'ironie » ne m'a point empêché d'admirer les dimensions de ce tabernacle, situé derrière la scène. La fabrique de Saint-Gobain doit expédier une glace qui aura dix mètres de hauteur sur cinq de largeur, et couvrira le mur tout entier. J'ai toujours désiré me raser devant un miroir de cette dimension — tant il est vrai que les appétits des individus sont en raison inverse de leur taille.

Le foyer des chanteurs est beaucoup plus vaste que celui des filles de Terpsichore. Cela tient sans doute à cette judicieuse réflexion que l'embonpoint est l'apanage des *prime donne* et des ténors, tandis que la maigreur est celui du corps de ballet. Si vous avez vu l'*Africaine*, vous accorderez à M. Garnier qu'il a fait preuve, en cette occurrence, d'un esprit d'observation vraiment supérieur.

Ceux qui ont, comme moi, mangé du nougat-opéra, ont remarqué que M. Garnier a flanqué l'aile gauche de son projet d'une tourelle dite : « Descente à couvert de l'Empereur. » En effet, le carrosse impérial arrivera par une pente douce au premier étage, et descendra par un chemin symétrique pour aller se remiser au-dessous même de la loge de Sa Majesté.

De vastes appartements entourent l'avant-scène de notre souverain. C'est d'abord une antichambre, puis un grand salon avec dépendances. Enfin, le grand salon de réception, qui sera orné de colonnes de marbre d'une valeur de 5,000 francs chaque. Cette pièce circulaire est tellement spacieuse, qu'au cas échéant Sa Majesté pourra y convoquer ses ministres et y tenir conseil dans un entr'acte.

Le boudoir de l'Impératrice aura des proportions plus coquettes et plus mignonnes. Le salon de la loge impériale est percé de trois portes, celle d'entrée, celle de droite donnant dans la loge voisine destinée aux aides de camp, et celle de gauche donnant sur la scène. L'avant-scène réservée aux ministres, située en face, aura une entrée spéciale.

Je vais vous surprendre. Savez-vous le nom du peintre qui, à l'heure où j'écris ces lignes, aura probablement obtenu d'exécuter des peintures colossales sur les murs du salon impérial? Cherchez dans la série des peintres à compositions gigantesques. Pensez à Puvis de Chavannes et à ses collègues... et vous n'y serez pas. L'artiste pétitionnaire se nomme Meissonier!

Oui! le micrographe Meissonier, qui brûle de sortir de son *cadruscule*, et qui veut pousser une pointe hors des champs de la miniature!

Je trouve encore sur mon carnet pas mal d'observations relatives à l'Académie impériale de musique, notamment sur les appartements réservés à M. Perrin. J'en ai visité une portion... dix grosses pierres qui gisent dans la cour, — car M. Perrin habitera les combles du palais confié à sa direction, et l'on n'en est encore qu'au deuxième étage. Je craindrais de trop m'avancer, en me prononçant, d'après cet aperçu, sur le comfort de son futur logis.

Après une promenade de deux heures dans cette immense construction, j'étais affublé comme un voleur. *Une grue* (instrument de dynamique) avait accroché mon pardessus, et l'avait déchiré du haut en bas; et je portais avec mes habits, sous forme de taches blanches, une portion des matériaux que le gouvernement dispense généreusement à M. Garnier.

En honnête homme, je me suis brossé dans son bureau, ne voulant rien distraire des 25 millions de son budget, et je me suis retiré.

Au bas de l'escalier de bois qui mène chez l'intelligent architecte, est placé un guichet, où, tous les samedis, les ouvriers viennent toucher leur paye.

Un monsieur tout roide frappait contre le grillage muet avec une obstination singulière.

— Le bioureau est donc fermé? me dit-il avec un accent britannique très-prononcé.

— Quel bureau?

— Jé voulé louer tout de suite une loge pour l'ouverture de cette théâtre!

O fils d'Albion! sois béni... tu m'as fourni mon mot de la fin!

XXIX

LE DOCTEUR VÉRON

Il y avait une fois un jeune docteur fort érudit, fort intelligent, qui postulait une chaire d'agrégé à la faculté de médecine de Paris. En ce temps-là florissait le favoritisme, — une plaie sociale qu'un philosophe allemand fait naître, en ses écrits, de l'injustice accouplée à l'or.

Mon héros avait l'âme haut placée, l'allure franche et l'humeur indépendante. Il ignorait l'art de troquer deux platitudes contre un suffrage. Il échoua dans le concours, tandis que des concurrents aux vertèbres dociles enlevaient l'emploi dû à son mérite.

Le pauvre malmené rentra chez lui.

— Jérôme, dit-il à son concierge, si l'on vient demander le docteur Véron, dites qu'il a pris la diligence pour Calcutta... Je renonce à guérir les vilaines bêtes qui se disent mes semblables. Enlevez la plaque de cuivre où mes consultations gratuites sont indiquées au passant souffreteux.

— Mais, monsieur, qu'allez-vous faire? demanda le portier. (Les Jérôme de cette époque mangeaient déjà dans la main des locataires.)

Le médecin se gratta le derrière de l'oreille en entendant l'indiscrète question du cerbère.

— Ce que je vais faire?... fit-il. Ma foi, je n'en sais rien.

Et il gravit l'escalier qui aboutissait à son modeste logis.

Arrivé à l'entre-sol, il s'arrêta tout pensif.

— Et du pain? murmura-t-il.

Il continua son ascension jusqu'au premier étage...

— Pourquoi n'embrasserais-je pas la profession de pharmacien? dit-il en s'accoudant sur la rampe.

Au second, il secoua la tête de droite à gauche et réciproquement.

— Oh non! c'est un métier ingrat, ridicule, et puis je reverrais la signature de mes... collègues au bas des ordonnances.

Au troisième étage il s'assit sur une marche, tout essoufflé.

— Si je n'étais pas amoureux de mes aises... j'entrerais à la Trappe.

Au quatrième :

— Ou j'apprendrais l'état de colleur de papier.

Au cinquième :

— A moins que je ne me fasse homme de lettres... Oui, c'est ça... soyons homme de lettres... je suis homme de lettres.

.   .   .   .

Aujourd'hui tous les libraires de la capitale mettent en vente un volume intitulé : *Nouveaux Mémoires d'un Bourgeois de Paris*. Le signataire des trois cents pages qui composent cet intéressant et spirituel ouvrage n'est autre que mon apostat du culte d'Esculape. Si vous passez un matin rue de Rivoli et qu'un rayon de soleil dore la cime des marronniers des Tuileries, regardez au balcon du coin de la rue Castiglione : vous y verrez un vieillard au visage épanoui, à l'œil émerillonné, à la bouche railleuse.

De temps à autre, un sourire plisse sa lèvre charnue, un éclair illumine sa prunelle noire : c'est qu'il pense à sa richesse et à sa célébrité, c'est qu'il savoure la rare jouissance d'une fortune due à l'injustice des hommes; c'est qu'il se dit :

— Sans la partialité d'un jury, je serais aujourd'hui un obscur praticien courant la visite dans la crotte, et je prierais la providence des marchands de santé d'accabler d'épidémies les Parisiens de mon arrondissement. Au lieu de cela, je souhaite longue vie et longue prospérité à des concitoyens que mes écrits d'aujourd'hui égayent plus que mes purgations d'autrefois.

M. Véron est entré en 1847 dans l'appartement qu'il occupe actuellement, et où j'ai fait mon inventaire habituel.

Sur un bureau de marqueterie brillaient deux tabatières.

— Celle-ci, me dit l'aimable docteur, a jadis été donnée par l'Empereur au compositeur Adam, qui mourut dans les mêmes conditions qu'Aristide. Sa veuve voulut lui élever un mausolée digne de son talent et me remit le présent impérial contre une somme destinée à ce pieux usage.

— Et celle-là? demandai-je en posant le doigt sur un adorable coffret émaillé et enluminé par le pinceau d'un maître.

— Oh! celle-là! fit M. Véron, je ne puis vous en dire
l'histoire...

— Pourquoi?

— Vous n'auriez qu'à l'écrire...

— Cher docteur, dis-je de mon air le plus fin, je réclamais de vous l'histoire de ce joyau pour l'entendre
narrer spirituellement... car autrement, je la connais.

— Pas possible!...

— Écoutez-moi... N'est-il pas vrai qu'un directeur de
l'Opéra portait jadis une vive amitié à une illustre tragédienne, et qu'un jour il rencontra dans le boudoir de
la grande artiste le fils d'un roi offrant cette mirifique
tabatière à la prêtresse de Melpomène?

— C'est vrai.

— Est-il vrai que le directeur de l'Opéra, jaloux
comme un tigre (l'amitié ne connaît ni la fortune ni le
rang), ait déserté le boudoir de la tragédienne, fort
marri à la pensée qu'il n'y entrait pas seul?...

— C'est encore bien vrai.

— Nierez-vous qu'il n'ait pu tenir rancune à la volage,
qu'il ait refait un nœud à la corde rompue, et qu'en
souvenir du raccommodement, il n'ait exigé la tabatière royale?...

Le docteur n'en revenait pas.

Il m'appela « petit sorcier » et me pria de remarquer
la couverture de son lit, — large pièce de satin sur laquelle les meilleures brodeuses du Céleste-Empire ont
raconté avec leurs aiguilles de fées et leurs soies étincelantes *la fête de l'Empereur de la Chine.*

Mais je suis peu amateur de courtes-pointes, et tandis
que mon hôte m'apprenait la provenance de ce chef-
d'œuvre, je regardais une miniature représentant la
tête de Fanny Essler.

— Quelle adorable chose!... m'écriai-je. On ne peint plus comme cela!

— On ne danse plus comme elle... dit M. Véron devenu rêveur.

Nous passâmes devant la bibliothèque.

Une femme, vêtue comme une dame de compagnie, écrivait sur un pupitre garni de drap vert.

— Voilà mon secrétaire, me dit tout bas le docteur. C'est une femme très-instruite, très-puriste, qui griffonne sous ma dictée (je n'écris jamais mes ouvrages). Jadis elle mourait de faim et s'épuisait la santé dans des travaux de tapisserie mal payés. Elle m'a proposé ses bons offices... Je les ai acceptés, et nous nous en trouvons bien tous deux...

— Travaillez-vous beaucoup? demandai-je au fondateur de la *Revue de Paris*.

— Voilà ma vie, me répondit-il : je me lève à sept heures; je cours à mon balcon, où je hume à pleins poumons l'air oxygéné du jardin des Tuileries; je lis les *dix-huit* journaux dont je suis l'abonné fidèle, puis je dicte mes mémoires. Je déjeune ensuite très-frugalement et je reprends ma besogne jusqu'à deux heures, moment où ma voiture me mène au bois. J'arpente aussi bien que me le permettent mes jambes rouillées *l'allée des Acacias*, qui a pour extrémités la grande cascade et la porte Maillot, puis je reviens dîner ici, où je retrouve — les lundis notamment — mes familiers ordinaires : Auber..., Albéric Second..., Roqueplan..., ainsi que mon camarade l'aveugle (un commensal de tous les jours, celui-là). Le soir, je vais généralement au théâtre .. à l'Opéra surtout. L'auteur de la *Muette* me tient compagnie et me distrait par les ravissantes saillies de son esprit prime-sautier. Je lui disais hier :

« Savez-vous, mon cher Auber, que la vieillesse est bien ennuyeuse? » — « Mon bon, me répondit-il, trouvez un autre moyen de vieillir! » En voilà un qui porte bravement ses quatre-vingt-quatre ans!

Nous arrivâmes, devisant ainsi, devant la porte de la salle à manger. Nous avions mis une demi-heure à traverser le salon; car le charmant conteur, s'appuyant sur mon épaule, avançait à petits pas ou s'arrêtait pour relater avec une verve presque enfantine quelque bon tour de son jeune âge.

— Avez-vous remarqué l'absence des peintures chez moi? me dit-il tout à coup.

— Oui.

— Je m'en suis défait dernièrement. Supposez que je meure demain. On affiche la vente du splendide mobilier du docteur Véron et de sa riche galerie de tableaux. La cohorte des amateurs et des courtiers s'abat sur mon logis et lorgne mes cadres. « Est-il possible, dit l'un, d'avoir chez soi des croûtes pareilles? » — « Peut-on, dit un autre, pousser l'amour des épinards jusqu'à en pendre après ses murs! » Voilà des oraisons funèbres dont je suis médiocrement désireux.

La salle à manger est veuve de *natures mortes;* en revanche, elle est encombrée de dressoirs chargés de vaisselles précieuses.

Mes yeux se sont longtemps arrêtés sur un service d'or et d'argent, que le docteur paya trois mille écus en 1848, à Froment Meurice (prononcez Benvenuto Cellini).

Comme je m'émerveillais devant les délicieux bas-reliefs collés par le ciseleur aux flancs des rafraîchissoirs en or massif :

— J'ai acheté cela, me dit mon guide, dans un temps

où les ouvriers ne travaillaient guère... Il est certains hommes dont le chômage est un crime. Oui, il y a des ciseaux qui ne doivent jamais se mettre en grève! Je ne m'exprimerais pas de même relativement à ces surtouts anciennement possédés par M. de Cambacérès... C'est lourd, c'est pataud, cela ressemble à des flambeaux d'hôtel garni.

Il est de fait que Commerson les eût trouvés *archichandeliers* en diable!

Le docteur poursuivit :

— Je prépare en ce moment un volume où je ferai l'histoire de ma salle à manger, — c'est-à-dire l'histoire des époques distinctes où des hommes de trois partis différents sont venus s'asseoir devant les ragoûts de Sophie, — mon fidèle cordon bleu.

— A propos! m'écriai-je, je n'ai pas vu Sophie!

— La voilà! fit une voix légèrement rauque.

Je me retournai. J'avais devant moi une vieille femme dont les traits étaient encadrés par le gaufrage d'un bonnet normand. Son nez turgide et pourpré, ses petits yeux ronds, vifs et cerclés de rides, sa lèvre et son menton, garnis de poils clair-semés, donnaient à sa figure un aspect tout à fait rabelaisien.

Elle me contempla d'un air gouailleur.

— Vous vous appelez?... me dit-elle.

Je lui dis mon nom; elle ajouta :

— Vous êtes un malin, monsieur Marx, et votre style me plaît beaucoup.

— Sophie serait un trésor, me dit le docteur, si elle n'apportait dans les conversations politiques une passion qui l'égare.

— Monsieur, dit la cuisinière à son maître... il faut savoir épicer les discussions aussi bien que les ragoûts.

Après la riposte de Sophie, M. Véron m'a tendu la main en m'invitant à ses dîners du lundi.

Je n'aurai garde de manquer à ces festins de joyeux et alertes sexagénaires... j'ai toujours aimé la société des jeunes gens.

XXX

SAINT-LAZARE

Muni d'une autorisation préfectorale, je soulevai hier le heurtoir de la porte d'entrée de Saint-Lazare. Au bruit que fit dans sa chute le lourd marteau, une formidable paire de moustaches m'apparut dans le cadre du guichet, et une voix brouillée avec l'harmonie me demanda « ce qu'il y avait pour mon service. »

Je me bornai à déployer devant le grillage de fer le laissez-passer remis en mes mains le matin même par M. Mettetal, et tout aussitôt, j'entendis le cliquetis d'un trousseau de clefs : la serrure jeta trois grincements, et le vantail de chêne massif roula sur ses gonds avec un gémissement analogue aux deux premières mesures du fameux morceau à l'unisson — dans l'*Africaine*.

— Veuillez vous asseoir, me dit un geôlier ; je vais faire signer votre permis de visite par le directeur.

J'étais dans un vestibule carré, percé de cinq portes surmontées des inscriptions suivantes : *Prévenues, Jugées, Insoumises, Jeunes Détenues, Parloir des avocats.*

Je n'eusse pas lu la destination de cette dernière pièce que j'eusse parfaitement deviné son usage, car, au travers du châssis vitré, je distinguai un monsieur à favoris noirs et à cravate blanche en conférence avec une femme coiffée d'un petit bonnet.

— C'en est *une* qui a trompé son mari, me dit un gardien. Elle s'explique avec son défenseur; donc, son affaire se plaidera bientôt.

Je voulus pousser plus avant dans la voie des révélations l'homme qui m'avait donné ce renseignement; mais il n'en savait pas plus long ou il n'en voulait pas dire davantage. Je le trouvai moins rétif concernant l'objet et le but de la prison où on l'emploie. Il m'apprit qu'on y incarcère toutes celles qui sont coupables d'un délit, — depuis le vol jusqu'à l'adultère, — depuis le détournement de mineur jusqu'au crime.

Les affolées enrégimentées par le bureau des mœurs ne passent point par le Palais de Justice; elles sont directement expédiées de la place Dauphine au faubourg Saint-Denis, et subissent dans un bâtiment séparé une captivité de durée proportionnelle à la gravité de l'infraction au règlement qui les dirige. Sont également isolées des prévenues et vivent à part, celles dont le châtiment a été prononcé par le tribunal. Ceci explique les cinq portes dont je citais plus haut les suscriptions.

Au bout de trois minutes d'attente, un grand gaillard coiffé d'une casquette à filets d'argent entra : les parements de sa veste portaient les galons de brigadier.

— J'ai reçu du directeur l'ordre de vous montrer l'intérieur de l'établissement, me dit-il, mais vous vous souviendrez qu'il est interdit de causer avec les détenues.

Cette recommandation me mit tout d'abord un peu

de noir à l'âme. Allez donc commettre des indiscrétions quand on s'est promené pendant une heure dans des galeries de construction identique ! D'autre part je m'étais promis de faire jaser quelques délinquantes et de récolter une ample moisson d'anecdotes. Ajoutez à cela que mon guide était impénétrable... Il marchait devant, son passe-partout à la main, se contentant de me dire la destination des salles, des cellules et des dortoirs.

— Vous êtes peu bavard, lui dis-je.

— Le séjour des prisons ne rend pas communicatif, me répondit-il, et voilà trente ans que j'y vis.

— Trente ans !

— Oui. Tel que vous me voyez j'ai gardé l'Empereur au fort de Ham... Oh ! il me connait bien allez ! et je suis sûr qu'il se souvient de Birre (c'est mon nom, monsieur). Comme j'ai jadis servi dans l'artillerie de marine, j'ai pu aider mon illustre captif dans ses travaux de balistique... On avait livré au prince un emplacement pour y établir une petite batterie. C'est moi qui le secondais dans ses expériences... Voilà un prince actif !.. il bûchait du matin au soir. Je l'aimais beaucoup... tant même que cela m'a fait du tort et que j'ai failli perdre ma place... J'ai aussi gardé M. de Persigny, après l'affaire de Boulogne, et bien d'autres grands personnages encore. Aujourd'hui, j'ai dégoût de mon métier, et sitôt que j'aurai la croix, je demanderai ma retraite...

A ce moment, nous entrâmes dans le *couloir de la pistole*.

C'est l'endroit habité par les détenues pourvues d'une certaine aisance. Elles peuvent y vivre en cellules, sans contact avec leurs collègues.

La porte de l'un de ces réduits, cadenassés la nuit seulement, s'ouvrit. Une brune en sortit, qui passa devant nous, la tête baissée... Je la reconnus. C'était l'héroïne d'un récent procès, dont le résultat a enseigné aux *dames du lac* qu'il ne faut pas abuser de la naïveté des fils de famille.

Nous pénétrâmes de là dans le dortoir des nourrices. Je suis encore ému à la pensée du spectacle qui frappa mes yeux...

Le long des murs, une double rangée de grabats, et au milieu de la salle des petites couchettes en fer dans lesquelles les coupables étendent leur progéniture. Quand une femme commet une faute, et qu'elle porte en son sein un enfant ou qu'elle allaite un nourrisson, elle est enfermée avec son poupon... Si bien que les pauvres petits subissent la peine du crime maternel. J'ai embrassé là des prisonniers de six mois qui m'ont regardé d'un air tout étonné et qui ont fait la risette devant mes agaceries... Que dis-je ? j'ai vu un petit garçon qui a déjà fait un an de prison ; et pourtant il n'a que quatre-vingt-dix jours, — singularité qu'il est, je suppose, inutile de vous expliquer. D'après sa mine placide et l'insouciance qu'il affiche au sujet de son sort, j'affirme qu'il ne médite en ce moment aucune évasion...

Rien, je vous assure, n'est plus touchant que l'aspect de ces êtres dont les yeux se sont ouverts à la lumière dans un cachot, et qui ont aperçu le ciel pour la première fois à travers des barreaux de fer !

La garde des détenues, — à quelque classe qu'elles appartiennent, — est confiée à cinquante sœurs. La présence de ces pieuses femmes et les images de sainteté qui décorent l'intérieur des salles où vivent les prisonnières corrigent beaucoup l'impression pénible que le visiteur ressent d'ordinaire dans les lieux de captivité. C'est à ces détails sans doute que je dois d'avoir trouvé une certaine analogie entre Saint-Lazare et un hôpital ou un couvent. La vie des malheureuses enfermées là a du reste quelque chose de claustral... Elles se lèvent de grand matin, revêtent leur uniforme (un bonnet vert, noir ou blanc suivant les catégories, un mouchoir à carreaux autour du cou et une robe de bure grise); puis, elles se rendent à l'atelier, où elles cousent à l'aiguille et à la mécanique.

Leurs journées leur rapportent environ vingt sous ; les plus laborieuses gagnent jusqu'à trois francs. Leurs tâches quotidiennes sont livrées à un entrepreneur, qui, moyennant une redevance annuelle de 80,000 fr. à l'administration, confie à la maison d'arrêt des commandes prises au dehors. La confection des chemises domine dans la série des travaux imposés aux prisonnières, et l'argent qu'elles tirent de ce labeur journalier sert à adoucir, par des achats de comestibles faits à la cantine, les rigueurs alimentaires du régime pénitentiaire.

Il en est dans le nombre qui refusent de s'assujettir à la besogne des ateliers. On m'a montré l'une de ces récalcitrantes : c'est une Anglaise, âgée de vingt-trois ans, qui en est à sa dixième année de prison. Elle a été déjà incarcérée à Saint-Lazare trois fois, toujours pour le même délit. Cette jeune fille a la passion de fouiller dans les poches de ses voisins — en omnibus.

Les moins sympathiques de ces échantillons du beau sexe sont les *filles soumises*, — celles qui ont eu maille à partir avec le bureau des mœurs. Leur attitude est insolente et cynique; on ne lit pas sur leur front le remords de leurs fautes, et leur aplomb est aussi grand sous les verrous que sur l'asphalte. Aussi, quand les

12.

« bonnes sœurs » ont le dos tourné, les saintes-n'y-touche, à la pudeur simulée, reprennent les hardiesses de madame Putiphar.

C'est dans la chapelle surtout qu'on peut juger de leur hypocrisie. A l'heure des offices, elles étalent une piété et une contrition à se faire donner le bon Dieu sans confession ; mais, sitôt que la récréation arrive et qu'elles se promènent ou conversent par bandes sur le préau, elles ont des expressions dont MM. les militaires n'usent que dans les grandes occasions, et qui indiquent la perte absolue du sens moral.

A leur entrée en prison, elles sont dépouillées de leurs robes de soie, de leurs boucles d'oreilles et de leurs bracelets pour prendre la livrée du lieu, et quand leur temps est fini, on leur restitue leurs falbalas... Presque toutes sont jeunes : les plus âgées n'ont pas dépassé trente ans, et pourtant mon guide n'a pu m'en désigner une seule qui ne soit récidiviste.

Le nombre des femmes détenues varie peu :

— *Je ferme* presque toujours entre 950 et 1,000, m'a dit Birre, chargé de vérifier tous les soirs le livre d'écrou.

Cette expression, empruntée aux vocables de la Bourse, m'a fait sourire, et j'ai pensé, devant la *fermeture* du brigadier, que les actions du vice sont les seules qui soient en hausse à Paris, pour le quart d'heure.

Maître Birre m'a ensuite montré, dans un petit temple réservé exclusivement aux sœurs de charité, une pierre foulée jadis par le soulier de Vincent de Paul. Le saint fondateur du couvent des Lazarets, — converti en maison d'arrêt en 93, — travaillait dans une cellule sur l'emplacement de laquelle a été élevé l'autel de l'oratoire des filles de Dieu. Il poussait sa table près de la fenêtre et battait le sol de son pied durant qu'il travaillait. C'est à ce long et incessant contact que le grès s'est usé...

Lorsque nous eûmes trotté toute l'après-dînée dans les corridors, uniformément garnis de cachots, de dortoirs, de réfectoires, d'infirmeries, nous revînmes à notre point de départ, en passant par un couloir, sur les murs duquel j'ai lu le mot : *Politiques*.

— Vous êtes, me dit le brigadier, dans un endroit toujours vide. Il est destiné à renfermer les femmes compromises dans les conspirations ou les délits tendant à compromettre la solidité des constitutions.

Au moment de nous séparer :

— Ne voudriez-vous pas, s'écria Birre, devenu trèsliant, ne voudriez-vous pas visiter l'endroit où se fabrique le pain de toutes les prisons de Paris? Les fours sont enclavés dans l'aile droite des bâtiments de Saint-Lazare, et ça vaut la peine d'être vu.

J'acceptai la proposition, et quelques secondes après je pénétrais dans un fournil grand comme le quart du Palais de l'Industrie. Des geindres nus jusqu'à la ceinture pétrissaient de la farine bise en poussant de bruyants soupirs; d'autres activaient le feu des fourneaux. Le soumissionnaire de la panneterie des prisons se promenait au travers des huches et des séchoirs, les mains derrière le dos. Je m'extasiai sur l'aspect appétissant des miches qu'on appelle « boules de son » dans l'argot du cru. M. le boulanger en chef m'en offrit une toute chaude, et la mettant bravement sous mon bras, je rentrai chez moi — content d'avoir honnêtement gagné *mon pain.*

XXXI

UNE FIGURE ÉTRANGE

Le retour de Baudelaire à Paris vous a été annoncé par mon ami Alphonse Duchesne. Si j'ose, après la juste appréciation de l'œuvre du poëte par mon collègue, revenir sur la singulière personnalité de l'auteur des *Fleurs du mal*, c'est à cause des côtés curieux que sa nature présentait dans l'intimité à l'observateur. L'indiscrétion se complaît dans la peinture des caractères fantasques ; jamais, pour moi, plus belle occasion ne s'est présentée de tirer le voile devant l'étrange et l'inouï.

Baudelaire a toujours été un excentrique, dans la plus pardonnable acception du mot. Chez lui, la bizarrerie était l'effet d'un tempérament et non d'une pose.

Il était original comme les bourgeois sont banals, — sans le faire exprès, et c'est à tort, selon moi, qu'Asselineau a dit de lui : « Baudelaire rentre le soir et se couche sous son lit pour l'étonner. »

Sa figure et l'habitude de son corps sont de celles

qu'on n'oublie jamais. Petits yeux étonnés, d'un noir profond et sans lumière ; nez rond du bout et lustré, bouche dépourvue de lèvres, railleuse, rageuse, méchante et remuant peu dans l'élocution ; dents de tigre ; joues molles et imberbes encadrées par de longs cheveux grisonnants tombant de son front haut en mèches désolées : telle est la tête que projetaient en avant dans la marche ses épaules voûtées et son torse infléchi.

Sa main et son pied disaient la race ; Baudelaire, qui tirait vanité de cet avantage, se chaussait à ravir (le plus souvent de souliers décolletés à bouffettes) et se gantait chez le bon faiseur. Il affectionnait les gants roses à l'époque de sa splendeur, lorsqu'il habitait dans l'île Saint-Louis le fameux hôtel Pimodan et faisait commerce d'amitié avec Sainte-Beuve, Asselineau, Champfleury, Banville, Murger, de Nerval, Babou, Nadar et de Beauvoir. Il avait hérité d'un joli patrimoine à la mort de son père ; par malheur son goût pour la dépense, en général, et pour les objets d'art, en particulier, eurent vite consommé sa légitime. Il se départit alors de son luxe ordinaire, mais non de certaines habitudes aristocratiques et dispendieuses... Dans ses plus mauvais jours, Baudelaire n'a jamais compris que l'on se passât de champagne et de cigares.

Depuis quelques années, son costume n'a pas varié. Il portait le plus souvent un paletot court, sans taille, à manches larges et flottantes desquelles sortaient ses mains fluettes, plus blanches que son linge de corps, taillé dans la toile de Hollande.

Un détail :

Jamais Baudelaire ne souffrit que sa blanchisseuse empesât ses chemises, dont le col large laissait toujours voir son cou puissamment attaché.

Fort jeune, mon héros manifesta un esprit subversif en matière de soumission aux volontés paternelles. Aussi fut-il embarqué, en manière de châtiment, et parcourut-il les Indes orientales, à l'âge de vingt ans, livré à lui-même, vivant, on ne sait comme, dans les hasards des pérégrinations.

Il se lia, dans ses aventures, avec le frère du fameux Mieroslawski, de celui-là même qui m'apprenait l'histoire à l'institution Barbet, et cassait sa chaise chaque fois que, dans son cours annuel, il racontait la bataille de Waterloo. Le frère du général polonais sillonnait les mers asiatiques dans une chaloupe, à lui appartenant, luttant seul, avec un matelot nègre nommé Ridok, contre la tempête et le flot. Il prit un jour à son bord Baudelaire, qui flânait dans une factorerie hollandaise, et qui avait deviné dans cet étrange capitaine un de ces hommes hardis et entreprenants auprès desquels on peut envisager impunément le danger et la mort. Ils partirent. A cent lieues de terre, un grain cassa la voile de l'embarcation, et les lames déchaînées balayèrent le pont; si bien, qu'après la tourmente, les malheureux s'aperçurent de la disparition de leurs caisses de provisions, de leur boussole et de leur ancre de salut.

Ils passèrent ainsi trois jours en butte à la fureur des éléments. La faim et la soif devinrent pressantes, — surtout dans l'estomac d'un quatrième passager dont je ne vous ai pas encore parlé. C'était une panthère noire qui ne quittait jamais Mieroslawski. Elle vivait à l'ordinaire dans l'entrepont, où son maître lui descendait journellement la pâture. Après quarante-huit heures de jeûne elle commença à mugir; puis elle rugit. Le troisième jour elle monta sur le pont... et regarda tour à tour Baudelaire et le nègre. Tout à coup, elle sembla faire son choix, bondit sur Ridok et l'abattit d'un coup de patte, lui dévora la tête, les bras, puis vint de sa langue sanglante lécher les pieds nus du capitaine, auprès duquel elle s'endormit, comme un progressiste qui a travaillé à l'affranchissement des noirs.

Baudelaire me contait cette histoire, l'automne dernier, à Bruxelles :

— Croiriez-vous, me dit-il, que je me suis pris d'une folle affection pour cette pauvre bête, et que je lui ai servi moi-même son souper le soir de cette aventure? Je lui fis des parts petites comme vous pensez, car Microslawski et moi nous avions intérêt *à ce que le nègre durât longtemps...* Fort heureusement nous fûmes aperçus le lendemain par un navire hollandais qui nous prit à son bord.

Ceux qui ont, comme moi, connu Baudelaire, ne seront nullement étonnés de la sympathie que lui inspira le carnivore. Tout ce qui était cruel l'attirait singulièrement, et entre les animaux domestiques, le chat est celui dont la société l'enchantait. Je dînais avec lui régulièrement dans une taverne de la rue Breda, habitée par un chat noir. Que de fois Baudelaire, dont l'estomac était dévasté pour des causes que j'expliquerai plus loin, que de fois, dis-je, Baudelaire se contenta de prendre une douzaine d'huîtres qu'il fit manger au matou avec des attentions de père... Il n'était pas rare qu'après la régalade il ne saisît l'animal par la queue et l'élevant en l'air ne lui arrachât les poils de ses moustaches avec une joie qui tenait du délire... L'action fascinatrice du mal sur Baudelaire s'est souvent traduite de façon dangereuse. Un jour il essaya de mettre le feu au bois de Boulogne!... Une autre fois il faillit se faire dévorer la main au Jardin-des-Plantes par un lion au nez duquel il avait présenté un cigare.

Il était en butte à des engouements singuliers. Le jour où je l'entrevis à l'hôtel du Grand-Miroir, à Bruxelles, il s'était enflammé d'un beau feu pour l'architecture d'une église de jésuites d'apparence et de style peu remarquables. Il m'amena presque de force devant le portail du temple et me détailla des beautés qui me laissèrent insensible.

— C'est un monument du genre *Kyrrou - Guerresque,* me dit-il avec ravissement. Et comme si ce mot l'eût séduit ou comme s'il avait été fier de cette preuve d'érudition, il me parla huit jours durant du style Kyrrou-Guerresque et de ses avantages avec une emphase surnaturelle. Le même jour, il me contraignit à boire du double skydam dans un bouchon du port. Son palais blasé endurait les brûlures de l'alcool avec délices, et il trouvait une volupté particulière à s'incendier l'œsophage avec ce feu liquide. Quand il se fut bien gorgé de cette liqueur infernale, il alla voir « sa mendiante. »

C'était une petite vieille accroupie sur la berge du fleuve. Elle n'avait plus qu'un œil chassieux et pleurard : l'autre était fondu. Sa bouche tordue laissait voir deux dents jaunes qui avançaient sur la lèvre supérieure à la manière des canines des boules-dogues. Quant à son nez, il était camard et horriblement mal mouché. Tous les matins Baudelaire portait de la menue monnaie à ce monstre auquel il présentait les piécettes en souriant.

— J'adore cette créature, me dit-il, et je compte qu'elle priera le diable pour moi...

— Est-ce qu'elle dit la bonne aventure?

— Non... je l'ai bien engagée à se faire sorcière,

mais elle préfère mendier... C'est dommage, elle a une tête admirable pour cet emploi... Oh! si j'étais artiste!

En matière d'art, Baudelaire avait ses passions. Goya ouvrait la marche de ses peintres préférés. Il me rappelait tout dernièrement encore ce qu'il appelait « ses mécomptes avec la duchesse d'A.... »

Le marchand de tableaux de la rue Saint-Arnault mit un jour dans sa vitrine deux toiles représentant, l'une la duchesse d'A... en costume de Vénus, et l'autre la même princesse en costume de cour. La signature du maître espagnol ornait les deux pendants qui, réunis, formaient un tout inséparable.

Bref, pour un amateur, l'un n'allait pas sans l'autre. Baudelaire, qui passait par là, fut surpris par la vigueur des tons, la vérité du dessin et surtout par une particularité de la duchesse représentée telle qu'elle était, avec des cheveux rouges et des cils noirs; il entra brusquement chez Moreau, marchanda les deux chefs-d'œuvre et courut chercher les fonds nécessaires à cet achat. Quand il revint, il ne trouva plus qu'une duchesse d'A..., l'autre avait été enlevée par M. Paul de Saint-Victor, dont elle ornait encore le salon il y a quelques années.

— J'adore, me disait-il en soupirant au souvenir de cet échec, j'adore les oppositions de couleur. Ainsi je raffole des dames qui se maquillent. Pour moi, la femme n'est belle qu'avec du kohl aux yeux, du fard au visage, et du rouge aux lèvres...

Baudelaire ne mentait point.

Il fut jadis bien accueilli par une déclassée célèbre à laquelle il écrivait (j'ai lu la lettre) :

« J'irai vous rendre visite ce soir... peignez-vous bien. »

On sentait dans les penchants de son intelligence des goûts absolument orientaux. Les Malaises au teint cuivré et à la démarche alanguie provoquaient ses exclamations les plus admiratives.

Il les suivait des heures entières, admirant les teintes vives des foulards qui leur ceignaient la tête ou la blancheur éclatante de leurs dents pointues.

Est-ce à ces mêmes penchants qu'il dut le goût de l'opium, fatal et triste amour qui a mené là où il est son vaste et puissant cerveau? Me croira-t-on lorsque je dirai que j'ai vu avaler d'un seul coup, par Baudelaire, des quantités de laudanum suffisantes pour empoisonner cinq personnes? Il n'aimait pas le hatchich et chérissait les seuls effets de l'opiacé préparé d'après Rousseau. Lorsqu'il avait absorbé jusqu'à cent vingt gouttes de ce mucilage, il semblait plus gai, plus parleur, et il commençait une de ses intéressantes causeries — monologues imagés aussi riches d'expression et aussi exquis de forme que ses plus pures compositions.

On ne se fatiguait point à l'entendre, et j'ai passé bien des nuits à l'écouter, restant sous le charme de sa voix timbrée et vibrante, émerveillé de son lexique correct énoncé sans fatigue, sans embarras, sans défaillance.

En matière politique, Baudelaire avait pour devise : « Le pape et le bourreau, » et niait les résultats des révolutions « qui avaient eu, disait-il, pour corollaire, le massacre des innocents. » Au reste, il se complaisait peu à deviser des gouvernements. Il aimait mieux les entretiens littéraires où il prouvait ses connaissances encyclopédiques et son érudition illimitée.

Son délassement favori était l'étude des peintres, de Delacroix surtout, dont il était l'ami, et dont il fut le prophète. En dehors de cette distraction, je ne lui en connais pas; car il prisait peu la musique et le théâtre contemporain... En revanche, il adorait les marionnettes et les figures de cire. C'est en sa compagnie que j'entrai un jour à la foire de Montmartre dans un *cabinet historique* où l'on me montra une poupée représentant « *Moïse sauvé des eaux, exécuté* D'APRÈS NATURE. »

En entendant ce boniment, j'éclatai de rire et j'appelai Baudelaire arrêté devant un autre mannequin, pour lui narrer cette naïveté. Il ne me répondit point; j'allai à lui, il ne fit pas attention à moi, et continua à parler seul à une *Marguerite de Bourgogne*, superbe dans sa robe de velours nacarat.

— Madame, lui disait-il avec conviction, vous êtes une des rares femmes qui ont su aimer convenablement.

Si Gauthier d'Aulnay avait passé par là, Baudelaire se serait certainement fait une mauvaise affaire.

XXXII

PHILIPPE A LA CONCIERGERIE

Si je viens, après Balzac, vous entretenir de la Conciergerie, c'est que de récentes transformations ont rendu cette prison tout autre qu'elle n'était lorsque l'auteur de la *Comédie humaine* y a pénétré. Aujourd'hui les cachots humides et les préaux encaissés ont disparu; les détenus habitent des chambrettes saines et lumineuses.

La justice contemporaine, en privant les réfractaires de leur liberté, leur dispense l'air et le soleil; en sorte que l'aspect actuel des cellules fait dire aux nourrissons des Muses — fils de la solitude : « Comme on serait bien ici pour travailler ! »

De l'ancienne maison de justice, il ne subsiste que quelques réduits respectés par l'assainissement, en vue des traditions historiques. C'est d'abord la salle des gardes du roi saint Louis, avec ses arceaux gothiques et ses colonnes trapues dont les chapiteaux racontent

en naïves sculptures les aventures d'Héloïse et d'A-
beilard.

Je dois même signaler que le ciseau de l'artiste
a prouvé, dans ses plus visibles « motifs » que les
amours du fameux moine lui étaient connus d'un bout
à l'autre. A la suite de cette vaste pièce, on aperçoit
un couloir obscur qui mène au cachot de Marie-Antoinette.

Beaucoup d'ouvrages vous ont dépeint l'asile étroit
d'où est sortie l'infortunée reine pour se rendre à
l'échafaud. Cependant, aucun d'entre eux ne signale
certains détails, comme la préservation du crucifix
d'ivoire devant lequel s'agenouillait la pieuse martyre,
et qui décore aujourd'hui la tablette d'un monument
d'assez mauvais goût, élevé par Louis XVIII, sur l'emplacement du lit de la captive. Jamais je n'ai lu non
plus la description des trois tableaux qui ornent cette
oubliette. Le premier représente la reine communiant
le matin de son exécution. Les gendarmes qui la sur-
veillaient nuit et jour sont agenouillés à ses côtés, et
dans un coin de la toile, on lit : DROLLING, 1817.

Le deuxième panneau retrace les adieux de Marie-
Antoinette à Madame, lorsqu'elle quitta le Temple.

Cette œuvre fort remarquable est signée Pajou et
porte la même date.

La troisième composition appendue dans la cellule
voisine — celle où râla quelques heures M. de Robes-
pierre avant d'aller perdre, sur la place de la Révolution, ce qu'il y avait fait perdre à tant d'autres — nous
montre l'épouse de Louis XVI, debout près de son gra-
bat ; elle regarde, en pleurant, ce fameux crucifix que
j'ai tenu dans mes mains avec vénération, et la lumière
sobre, tamisée et habilement distribuée par l'auteur,

donne à l'ensemble une tournure mélancolique qui vous va droit au cœur...

Je ne sais si l'envoi de cette toile au Salon de cette année n'eût pas obtenu la totalité des suffrages si diversement partagés entre MM. Bonnat, Carpeaux et Corot.

La chapelle a été organisée dans la prison des Girondins. Il semblerait que les âmes des éloquents tribuns la hantent encore .. Un vieil employé de la Conciergerie, mort fou à Bicêtre en 1845, jurait à qui voulait l'entendre, avoir pénétré, une fois à minuit, sous la nef sonore, et avoir surpris, autour d'une table chargée de plats fumants, l'ombre des héros chantant à mi-voix la *Marseillaise*, tandis qu'un porte-clefs, une torche en main, faisait au fond l'appel funèbre.

Vous parlerai-je des trois masures pittoresques qui s'appellent tour Montgommery, tour d'Argent, tour Ravaillac? En les considérant du quai, chenues, grisâtres et lugubres, qui se douterait que de l'une le directeur de la maison de justice a fait son salon, — un adorable fouillis meublé à l'antique? (Ouvrard, le dernier prisonnier enfermé là, n'avait pas, je suppose, un mobilier aussi précieux.) L'autre, d'où s'est évadé le célèbre La Valette, sert de bureaux administratifs, et dans la troisième (la tour Ravaillac) vient d'être établie la pharmacie des captifs, par les soins de M. Barban.

M. Barban n'est pas seulement l'organisateur habile de la nouvelle Conciergerie, c'est un savant, un érudit; je dirais un confrère, si le meilleur de mes écrits était à la hauteur littéraire de son *Traité sur les prisons de Paris*. Grâce à ses ordres, j'ai vu dans leurs moindres détails les lieux de détention restaurés, et j'ai approché les prisonniers subdivisés en deux classes. La première comprend ceux qui subissent une courte captivité, les vagabonds écroués pour deux jours, nommés *guapes* et *cochers*, parce que la majeure partie d'entre eux est récoltée parmi les voyous des rues et les conducteurs de chars numérotés. Dans la seconde série se trouvent ceux qui sont amenés de Mazas pour comparaître aux assises.

A mon arrivée, j'ai croisé un des cinq Polonais compromis dans l'affaire de la falsification des billets de banque russes. Le malheureux sortait du parloir des avocats. Une sonnerie électrique avait averti les gardiens que son entretien avec son défenseur était terminé, et l'un des surveillants l'accompagnait jusqu'à sa cellule. Le plus jeune de ses *collègues* fut au même instant demandé aux parloirs publics qui méritent un bout de description.

Imaginez dix cages, sur deux rangs, séparées par un intervalle de cinquante centimètres. C'est à travers les deux grilles distantes que le visiteur communique avec le captif.

Les *Parloirs de faveur* sont ceux qui n'ont qu'un treillage de séparation...

Si vous voyiez l'intérieur de ces boxes qui ont à peine l'espace suffisant pour qu'un homme s'y puisse tenir assis, vous comprendriez ce que sont les autres. L'apparence générale de cet endroit est celle d'un établissement de bains.

Lorsque des dames autorisées par la Préfecture visitent la maison de justice, le guichetier les prie de lever leurs voiles afin qu'ils les puissent reconnaître à leur sortie : on redoute des évasions par suite de travestissements dans l'intérieur des bâtiments. Je me demande, devant la hauteur des murs et la solide clôture des portes, comment on peut avoir des craintes de fuite. Huit employés circulent nuit et jour dans les couloirs, et les gendarmes. *les frères de charité*, — comme les appellent les détenus — vont et viennent pour les besoins des audiences et des magistrats instructeurs.

Les juges d'instruction ont pour adjoints (je l'ignorais et vous devez l'ignorer aussi), des brigadiers du service de sûreté, lesquels tâchent d'obtenir des accusés des révélations nouvelles par des causeries quotidiennes dans les cellules. Les aveux des coupables sont récompensés ou provoqués au moyen de fonds secrets qu'on partage aux détenus pour qu'ils achètent des comestibles et du tabac.

Quoi qu'on ait fait jusqu'ici, Philippe est resté taciturne : il passe couché la plus grande partie du jour, lisant les livres contenus dans la bibliothèque de la prison. Quand je suis entré dans sa cellule, il daigna à peine détourner les yeux d'un volume du *Musée des familles*. Philippe ne veut pas alimenter la curiosité du public. Quand, dans la galerie extérieure, les visiteurs plongent sur lui leurs regards par un petit œil de bœuf pratiqué dans l'épaisseur de sa porte, il le sent.

Il se retourne alors et l'on ne voit que son dos.

J'ai été plus heureux, puisque j'ai pu contempler à mon aise son visage bouffi et marqué de la petite vérole. Sa moustache est en brosse et rousse comme la mouche qui orne le dessous de sa lèvre inférieure. Son œil est calme; son front est haut et sa tête est ornée d'une chevelure noire, épaisse, rétive et crêpelée. Philippe doit être frileux, car, bien qu'il fût quatre heures de l'après-midi et que le soleil dardât ses rayons sur son lit, il avait étalé ses habits par dessus la couverture. Il fume toute la journée des cigarettes qu'il confectionne avec beaucoup d'adresse, et qui lui servent de contenance durant son silence imperturbable. Les gardiens n'en peuvent rien tirer, sinon des monosyllabes prononcés avec insouciance.

— Combien fumez-vous de cigarettes par jour? lui demanda devant moi un surveillant.

— Je ne les compte pas, fit-il sans lâcher son bouquin.

— Cela ne vous fatigue pas la poitrine? lui dis-je de ma voix la plus douce.

Philippe me regarda d'un air dédaigneux, et ses yeux, plus bavards que sa bouche, semblèrent me dire :

— Tu es un journaliste qui serait ravi d'emporter une de mes reparties pour l'imprimer dans quelque feuille publique, mais tu sortiras d'ici sans m'avoir fait desserrer les dents.

XXXIII

Pour y arriver, ne montez pas dans l'omnibus de la barrière Pigalle, encore moins dans celui qui aboutit au Luxembourg, car mademoiselle Rosa Bonheur vit avec sa muse loin des brasseries du Mont-Breda et loin des marronniers du Luxembourg.

Si vous êtes désireux de contempler de près cet *animalier* fraîchement décoré, il vous faut prendre la ligne de Lyon, descendre à Fontainebleau, et demander au premier indigène venu le chemin du château de By. Après une heure de marche à travers une forêt ombreuse, vous apercevez sur les confins du bois de Thommery une légère construction, où l'architecte a combiné le fer, la brique et le bois avec un rare sentiment artistique. Depuis le rez-de-chaussée jusqu'aux pignons, tout est gracieux et coquet dans ce castel mignon. Son irrégularité constitue son plus grand charme, et votre regard pourrait errer pendant une journée, des tourelles enguirlandées de lierre aux balcons empanachés de gobéas, si vos oreilles ne percevaient tout à coup une singulière harmonie qui fait dérailler votre admiration.

Vous croyez tout d'abord que dans la grange voisine un orphéon hydrophobe répète un chœur de Richard Wagner, mais après quelques minutes d'une attention soutenue vous comprenez que ce concert étrange résulte du bélement des moutons uni aux mugissements des vaches, soutenus par le hennissement des chevaux et appuyés par les jappements des chiens.

A ces clameurs bestiales, vous sentez que vous touchez au but, et, vous approchant de la grille, vous tirez le cordon de la sonnette; une bonne vieille paraît.... C'est une vieille bonne — l'un des derniers vestiges d'une race qui s'éteint et qui s'appelle : les serviteurs dévoués.

— Mademoiselle Rosa Bonheur?

— Elle est sortie.

— Quand rentrera-t-elle?

— Je ne sais pas.

— Où est-elle?

— Je ne sais pas.

Lorsqu'un domestique riposte à de telles interrogations par des réponses de ce calibre, soyez convaincu que le maître est au logis. Vous devez user, en ce cas, des grands moyens et faire jouer la batterie de réserve : *la lettre de recommandation.*

— Je suis désolé que mademoiselle Bonheur ne soit pas à By, ajoutez-vous. Je lui suis adressé pour affaire urgente par un de ses amis qui m'a remis ce pli pour elle... Faites-le-lui tenir et exprimez-lui mes regrets.

— Fort bien, dit la vieille bonne en vous fermant la porte au nez.

Vous voilà donc à quatre-vingts kilomètres de Paris, dans un hameau, où l'entrecôte au beurre d'anchois est un mythe et où la civilisation pénètre une fois par jour de grand matin, sous la forme du *Petit Journal*. Vous vous tenez alors le langage qui suit : « Je vais faire un petit tour. Pendant ce temps-là, mademoiselle Bonheur prendra connaissance de ma lettre, et lisant la signature de son ami au bas de la missive, elle grondera sa cameriste d'avoir congédié l'ambassadeur d'un camarade... En sorte qu'en me présentant derechef à l'huys du château, Gertrude (toutes les vieilles bonnes se nomment Gertrude), Gertrude s'écriera : « Mademoiselle Bonheur vient d'arriver, et vous attend avec impatience ! .. »

Eh bien ! vous êtes dans l'erreur, et votre monologue est faux de tous points, car si vous affrontez de nouveau le seuil inhospitalier, Gertrude vous dit d'un air maussade :

— Mademoiselle n'est pas rentrée... elle dîne parfois à Fontainebleau. Il arrive même qu'elle fasse des voyages de quinze jours sans en souffler mot devant moi... Vous savez, les artistes sont si drôles !

Si vous n'êtes pas malin, vous pensez que la partie est perdue, et, désappointé, vous consommez les quatre-vingts kilomètres de retour en pestant comme Lucifer ; mais si vous êtes un brin rusé, vous priez Gertrude de vous rendre votre lettre, alléguant que vous avez ordre de la remettre dans les mains mêmes de sa maîtresse. Cette dernière a décacheté le pli... Gertrude ne peut vous le remettre ouvert sous peine de passer pour une servante infidèle... Que faire ?

— Ma foi, s'écrie mademoiselle Bonheur prise au piége, faites entrer le curieux qui trouble mon repos.

Et vous pénétrez dans la place.

C'est, — vous l'avez deviné, — ma propre aventure que je vous ai contée. J'ignorais que les recommandations les plus chaudes fussent d'un effet nul sur la gloire de notre peinture champêtre, et que mademoiselle Rosa évinçât sans exception quiconque aspire à déposer devant ses guêtres un tribut d'enthousiasme...

Dieu merci, j'avais franchi l'obstacle. Gertrude me désigna un singulier petit bonhomme, qui avançait sous une allée du parc et me dévisageait en fronçant le sourcil. Il portait un énorme chapeau de paille qui me dérobait ses traits.

En me baissant un peu, j'aperçus son visage imberbe, grassouillet, hâlé par le soleil et éclairé par deux yeux marrons de dimension moyenne. La petitesse de son nez, pincé aux narines et formé de cartilages émincés, exagérait encore les dimensions d'une bouche largement fendue, et laissait voir, dans son hiatus, deux rangées de dents superbes. Enfin, de longs cheveux, qui me parurent blonds, dépassaient les larges bords de la coiffure du rustre, et tombaient sur ses épaules carrées, dans un désordre tout agreste.

— Qui êtes-vous? d'où venez-vous et que voulez-vous? me dit-il avec pétulance.

Et il se planta devant moi, après avoir retroussé les pans de son sarreau de toile bleue, et fourré ses mains dans les poches d'une culotte de velours gris à côtes.

Ces mains-là m'avaient frappé d'abord à cause de leur exiguïté. Je regardai les pieds, ils étaient également microscopiques, malgré leurs épaisses enveloppes de peau de veau non verni, et à semelles ferrées.

L'apostrophe césarienne du campagnard me déconcerta un peu. Mais, reprenant mon sang-froid :

— Je suis journaliste, répliquai-je ; je viens de Paris, et je veux voir mademoiselle Bonheur.

— Eh bien, regardez-la ! fit le petit paysan en ôtant son couvre-chef...

J'aperçus alors la véritable nuance de ses cheveux, exposés aux rayons du soleil couchant. Ils ne sont pas blonds... ils sont gris.

Je vis également deux boutons de diamant qui retenaient le col de sa chemise de grosse toile.

— Mon cher monsieur, reprit mademoiselle Bonheur d'un ton plus doux, il faut m'excuser... Vous devez comprendre les mesures au moyen desquelles j'éloigne les profanes... Je sais des Anglais qui ont fait cinq cents lieues pour venir me voir, et qui, après m'avoir contemplée à leur aise, s'en sont allés sans m'avoir seulement remerciée. Si le talent fait de l'artiste une bête rare, il ne vaut pas la peine qu'il cherche à l'acquérir... Et puis vous comprenez la perte de temps que les importuns vous font subir... l'ennui qui résulte de leurs causeries... de leurs questions. Si vous faisiez un roman, seriez-vous aise que, dans le feu de votre sujet, un indiscret s'en vînt vous débiter de fades compliments?...

— Je vais me retirer, mademoiselle.

— Oh ! je ne dis pas cela pour vous, qui êtes, par votre profession, « de la grande famille » et, du reste, en me tenant compagnie aujourd'hui vous ne chargerez pas votre conscience de grands remords. Je suis en train de tondre mes moutons... Venez voir... Si cela vous ennuie, tant pis .. Courons vite, j'en ai un qui est à moitié déplumé, et il faut le débarrasser de sa toison en une seule fois, sinon la pauvre bête gèle d'un côté et grille de l'autre. C'est pernicieux. . . . .

Quand mademoiselle Bonheur eut, sous mes yeux, dépouillé de leur matelas trois brebis et quatre béliers :

— Voulez-vous voir mes daims, mes cerfs et mes biches? me dit-elle; j'en ai une qui a mis bas hier....

Après les cerfs et leurs compagnes, ce fut le tour des chiens; les chevaux défilèrent ensuite sous mes yeux. Bref, toute la ménagerie y passa.

— J'ai une chienne basset à jambes torses qui est pleine, ajouta mon guide; voulez-vous un petit?... cette race est exquise pour le lapin.

— Vous chassez?

— Oui, certes... mais je suis fort maladroite. Je ne m'entends réellement bien qu'à une chose, c'est à soigner les bestiaux. Ah! voyez-vous, j'étais née pour être *fermier*. Mais la fatalité en a décidé autrement.... Je suis peintre, je suis hors de ma voie...

Ici, mademoiselle Bonheur poussa un gros soupir auquel je ripostai par ces paroles prononcées avec un sérieux admirablement feint :

— Vous avez raison, mademoiselle, le pinceau ne vous a pas réussi... Malgré vos efforts, vous restez inconnue, pauvre, besoigneuse et peu goûtée des amateurs... Vos croûtes insensées provoquent l'hilarité du public... Réfléchissez! il est peut-être encore temps de changer de carrière... En attendant, je veux vous prouver l'intérêt que je vous porte en vous cherchant une place de garçon de ferme. Vous porterez votre décoration à la boutonnière de votre houppelande... Le ruban rouge vous fera peut-être mal venir des taureaux confiés à vos soins, mais à la longue ils s'y feront, croyez-moi...

Nous éclatâmes de rire, et c'est en débitant de semblables sornettes que nous arrivâmes à l'atelier.

Je ne vous décrirai pas les mille et un bibelots de prix qui encombrent les bahuts et les étagères, ni les chaises gothiques, ni le lustre de cuivre, ni la haute cheminée, ni les tableaux de famille appendus aux murs. Je ne veux m'occuper que des chevalets encombrés à cette heure d'études de chevaux et de cerfs. La direction que mademoiselle Bonheur donne à ces essais partiels tient à ce qu'elle médite en ce moment une grande toile « équestre, » vendue déjà à l'étranger. (Oh! ces étrangers!)

Avant de parfaire son œuvre, la grande artiste a l'habitude de traiter son sujet en détail sur des panneaux isolés. Si bien qu'à la fin elle n'a qu'à grouper ses individus et à les copier... Le tour est fait; c'est ainsi qu'elle s'y prend pour extraire cent mille francs de plus des coffres de la riche Albion.

Ce détail laisse supposer que mademoiselle Bonheur tire ce qu'elle veut de ses produits. Il advient parfois qu'elle se passionne pour une de ses compositions. Elle la garde alors et ne s'en veut défaire à aucun prix.

J'ai vu l'ébauche d'un parc de moutons, sur le coin de laquelle était écrit, au crayon : *M. de Rothschild*. Et, comme j'avais demandé l'explication de ce nom millionnaire surmontant l'esquisse d'une étable :

— Je destinais ceci au banquier de la rue Laffitte, me dit mademoiselle Bonheur: mais j'ai changé d'avis... je le réserve pour moi.

Peut-être suis-je le premier à annoncer au baron cette mauvaise nouvelle, et j'en suis désolé, car nous étions brouillés ensemble depuis « l'affaire des cuisines, » et voilà qui ne nous raccommodera point.

Enfin !!!

Mademoiselle Bonheur a une grande admiration pour Troyon et pour Corot. Ses appartements sont pleins de toiles de ces maîtres. Elle m'a semblé plus froide à l'égard des animaliers hollandais, qui ont bien leur mérite. Sent-elle des rivaux dans les Potter et n'en veut-elle point blesser son amour-propre et sa vue ? Toujours est-il que l'absence de cette belle école sur les murs de sa chambre m'a surpris au dernier degré.

La nuit tombait quand la suzeraine du château de By m'a reconduit jusqu'à la porte de son domicile. Elle marchait à mes côtés d'un pas assuré. Son allure masculine, sa brusque franchise et sa rude gaieté sont telles qu'on oublie près d'elle son sexe et son talent : on est à chaque instant tenté de lui crier : « Mon bon petit vieux, » comme à un ami de trente ans.

— J'ai tâché, me dit-elle, de réparer la brusquerie de mon accueil... Ai-je réussi ?

— Au delà de toute expression.

— Revenez me voir, n'est-ce pas ?

— Certainement.

— Pas trop souvent... nous sommes bavards tous deux... j'oublierais en causant avec vous ma palette et mes pinceaux, et quand je n'ai pas barbouillé huit heures dans ma journée, je suis mécontente de moi.

Combien il avait raison celui qui a écrit que le travail est la moitié du génie !

XXXIV

VIEUX BIBELOTS

Ce n'est pas pour mes confrères que j'ai rédigé l'exorde qui suit, car ceux qui ont, comme moi, tâté du métier des petites lettres, comprennent la difficulté des attributions qui me sont échues. Mon préambule s'adresse principalement aux gens qui lisent nos productions sans prendre souci des obstacles, des déceptions et des déboires surmontés par le rédacteur dans sa « chasse aux sujets. »

Il y a notamment un cas dans lequel je me sens fort empêché : c'est quand j'ai déterré chez un commerçant quelconque un incident ou un type fournissant nature à l'indiscrétion...

Si je cite le nom d'un épicier qui a trouvé les mémoires d'un nègre dans un pain de sucre, d'aucuns s'écrient que le marchand de comestibles a payé les gracieusetés de ma plume en m'accablant gratis de bocaux d'anchois. Si, au contraire, je révèle des manipulations du même garde national, en dévoilant qu'il vend des bâtons de chef d'orchestre pour du jus de réglisse et qu'il fabrique ses sardines avec les ablettes de l'Hôtel-Dieu ; le débitant de pruneaux m'invite à une après-midi musicale au Palais-de-Justice, et me force à méditer, sur les bancs de la 6e Chambre, les avantages du franc-parler...

Ainsi des autres.

Le jour où j'apportai triomphalement à mon rédacteur en chef une étude sur certain androgyne devant lequel les plus grandes dames oublient leur dignité, sous prétexte qu'il leur vend des chiffons trois fois plus cher qu'ailleurs :

— Déchirez ça, me dit mon patron. Ou votre article est bienveillant, et l'on imprimera quelque part que vous vivez du fruit de vos louanges ; ou il est méchant, et vous recevrez du papier timbré de la part de votre héros.

Il m'a donc fallu cette fois-là, comme bien d'autres, rejeter « ma perle » dans l'Océan de l'inconnu et féliciter mentalement Aristophane d'avoir fleuri aux temps où la critique des mœurs était libre.

Me voici aujourd'hui devant un fait analogue.

En flânant sur les quais, j'ai découvert chez un antiquaire une vraie rareté, et sur le point de la signaler *urbi et orbi*, j'hésite ; je crains la médisance ou les huissiers. Dire le champ que parfume cette truffe, nommer le propriétaire de ce tubercule (je parle au figuré), c'est faire suspecter mon désintéressement. Ne pas donner des indications précises, c'est faire planer le doute sur ma relation !...

Oh ! que je souffre ! ! !

Je souffre tellement que je passe outre, et que je vais narrer la chose comme elle s'est passée, — me contentant de laisser dans les brouillards de l'anonyme le bienheureux possesseur de la vieillerie susnommée.

Il y a trois fois vingt-quatre heures, je me promenais aux abords du palais où d'honnêtes vieillards discutent les entrées du verbe *cauchemarder* dans la prochaine édition du dictionnaire français. J'allais des bords du fleuve aux boutiques du quai, regardant tour à tour les vieux bouquinistes du parapet et les vieux chênes des magasins. Tout à coup je m'arrête, car mes regards se posent, à l'étal d'un antiquaire, sur une miniature dont l'étiquette porte en gros caractères : PORTRAIT ÉMAILLÉ SUR OR, DE LOUIS XIV, PAR PETITOT, AVEC AUTOGRAPHE DU ROY A L'APPUI.

J'entre et demande le prix de ce joyau... Le chiffre qu'on me jette, de l'air le plus naturel du monde, me fait songer au coffre des frères Pereire ; mais comme je ne veux pas avoir l'air d'un importun, je sollicite une diminution de mille francs sur la somme réclamée en retour de cette bagatelle.

— Regardez l'objet, me dit le marchand, et pour le mieux juger, sortez-le de sa gaîne.

Il faut vous dire que cet étui est orné par derrière du parafe royal. Cette signature, bien que discutable, ne m'émeut point, et je pèse de mon ongle sur l'ovale du cadre.

Dans l'effort, je décolle le passe-partout de velours qui tombe à terre avec l'image du monarque et un carré de parchemin...

L'antiquaire saisit ce lambeau de papier en poussant un cri — comme les antiquaires seuls en savent pousser.

— C'est une lettre de Louis XIV ! s'écrie-t-il.

Et le voilà qui appelle sa femme, son chien, sa servante...

— Quelle fortune ! continue-t-il ; mon émail vaut trois fois plus... Regardez, monsieur.

Et il me tend le précieux autographe, tandis qu'en signe de réjouissance son caniche, son épouse et sa cuisinière exécutent une polka désordonnée.

Voici dans leur scrupuleuse teneur les termes du billet. Je fais grâce aux lecteurs de leur orthographe surannée :

« Toute belle,

« Le portrait que vous désiriez si fort est achevé. Petitot jure qu'il n'y manque rien. L'envie que j'ai de vous voir aise me fera devancer l'heure aimable où je vous vais d'ordinaire baiser les mains. Je volerai chez vous après les audiences. »

La signature est illisible, — à cause d'une grosse tache marron sous laquelle elle disparaît tout entière, à l'exception de la tête d'un L majuscule.

— C'est sans doute un portrait envoyé par le roi-soleil à mademoiselle de Lavallière ou à madame de Montespan, fit le marchand de bibelots.

— D'où le tenez-vous?

— Je l'ai acheté à la Haye, l'an passé, chez un fabricant de curaçao, poursuivit l'homme dont le visage rayonnait.

Puis, redevenant grave :

— Comment savoir pour laquelle de ses maîtresses Louis le Grand fit exécuter ce chef-d'œuvre ?...

Je remarquai que l'électeur qui me parlait ainsi semblait plus heureux de tenir sous ses yeux un monument du passé que réjoui de la valeur ajoutée à sa marchandise par ce corollaire inespéré, et je contemplai son visage pour la première fois...

On se figure, généralement, les antiquaires chenus, ridés, chauves et vêtus de paletots rapiécés; celui qui est en cause ici donne un démenti à la légende. C'est un des plus jolis garçons de Paris; il a une tête à la Henri III, un timbre de voix fort sympathique, des manières éminemment distinguées, et son langage atteste une érudition bien supérieure à celle que possèdent d'habitude les trafiquants de vieilleries — en vue de leurs intérêts personnels.

J'appris dans un court entretien qu'il se destinait jadis à la peinture, et qu'effrayé, dès ses débuts, par les difficultés qu'elle présente aux nécessiteux impatients de s'enrichir, il avait jeté la palette aux orties et avait monté un magasin d'antiquailles. Il me jura avoir trouvé des consolations dans le spectacle incessant des objets d'art dont il raffolait dès l'âge le plus tendre.

Ses yeux prennent une expression triste quand il pense à ses pinceaux, mais ils se rallument vite lorsqu'il les dirige sur un des mille trésors que sa vitrine recèle.

J'ai vu et touché, dans ses bahuts, des riens dont la possession a nécessité de grands sacrifices et de périlleux voyages.

C'est une châtelaine avec sa montre ayant appartenu à madame Elisabeth de France...

C'est un portrait d'Anne de Clèves, peint par Holbein.

Ce sont les portraits de Marie Stuart et François II, attribués à Clouet.

Puis viennent une miniature sur argent, représentant Gabrielle d'Estrées; un médaillon de Bourdaloue, signé Petitot; une tabatière ornée des traits de François d'Autriche; un drageoir au fond duquel Marie-Thérèse adresse des sourires.

Mentionnerai-je encore une tête de jeune fille, exécutée sur panneau de cèdre, par Tachiarotti; un profil de la princesse de Lamballe (sans chapeau de ce nom); des joyaux italiens et français; des porcelaines de formes étranges; des meubles sculptés, etc., etc.?

Mon guide me citait, à mesure que je les considérais, la provenance de ces trésors, le nom des villes où il les avait flairés. Depuis la Russie jusqu'au fond de l'Espagne, mon antiquaire a tout *fait*. Il a, comme il le dit, « écrémé les chefs-d'œuvre de l'Europe. »

— Mais, m'écriai-je, il faut être riche pour accomplir les voyages dont vous me parlez?

— Oh! l'argent ne me manque pas, me répondit-il. Tenez, on m'a écrit de Venise, l'autre semaine, que pour deux cent mille francs j'aurais une boîte en or massif pleine des joyaux d'une dogaresse.

Ce qui me tentait, c'est que ce coffre avait été trouvé dans le tombeau même de l'illustre dame, mis au jour dans des fouilles récentes... J'allais partir quand la guerre a éclaté... J'en suis tout contrarié, car j'ai à cœur d'émerveiller mes pratiques, au nombre desquelles je puis compter S. M. l'Impératrice, le prince Napoléon, le collectionneur de Mgr le prince de Galles, un connaisseur, celui-là !

Au moment de nous séparer, l'antiquaire me montra un meuble sculpté qui fut la propriété de Henri IV, comme l'attestent sa forme, le buste du roi sur son fronton, et ses armoiries sur ses panneaux.

— Démontez ce bahut, fis-je en riant, vous y trouverez peut-être aussi des déclarations du galant Bourbon à ses nombreuses belles.

Et comme mon interlocuteur secouait la tête, je lui contai un fait dont je puis répondre, puisque, enfant, j'en ai été témoin. Ma mère avait acheté en Lorraine une chaise surmontée d'une couronne royale avec écusson semé de trois fleurs de lis en triangle. Elle voulut remplacer la tapisserie effiloquée du siége par un carré de vieux satin du seizième siècle. Pour ce, elle adressa le meuble et l'étoffe à son tapissier, un garçon d'esprit, qui s'acquitta de sa besogne à ravir.

Il livra l'objet réparé en ma présence.

— Croyez-vous ? nous dit-il, *les tapissiers de ce temps-là étaient déjà* VOLEURS. Voilà ce que j'ai trouvé en certains endroits, dans la garniture du siége, au lieu et place de crin.

Et il tendit à ma mère des tampons de papier qu'elle déplia et qu'elle envoya à un archéologue de ses amis.

C'étaient les feuilles d'un mémoire manuscrit du temps, dans lequel étaient relatées les campagnes de Henri II contre les Impériaux dans les Pays-Bas.

Dès lors, on n'appela plus, « chez nous, » ce meuble que « la chaise de Henri II »; elle est encore en ma possession, et voyez combien sont singulières les propriétés de ces vestiges des temps passés : tous ceux qui s'assoient sur mon précieux tabouret se mettent à jaser en vieux français, et à parler d'eux à la première personne du pluriel, comme les potentats et les journalistes!

XXXV

UN ÉTABLISSEMENT DE BAINS FROIDS POUR DAMES

Je causais, avant-hier soir, avec une dame du meilleur ton, — assise, comme moi, sur les siéges métalliques du concert des Champs-Élysées. Notre conversation roulait sur les avantages respectifs dévolus aux deux sexes, et mon interlocutrice prétendait qu'à ce point de vue les femmes du dix-neuvième siècle sont déshéritées.

Moi, j'affirmais le contraire.

— Tenez, madame, dis-je tout à coup, vous jouissez d'un privilége que vous ne démentirez certes pas. Vous avez pu lire dans maint ouvrage illustré (notez ce point) la description des écoles de natation pour hommes. Je ne sache pas qu'un écrivain ait jamais dépeint une école de natation pour dames.

— Et c'est là, fit ma voisine en ouvrant deux grands yeux étonnés, c'est là ce qui vous empêche de reconnaître l'égale répartition des prérogatives sociales entre les deux moitiés du genre humain ?

— Mais oui, madame.

— Eh bien, qu'à cela ne tienne. Je suis, vous le savez, une des Parisiennes les plus habiles dans « l'art de fendre l'onde » et vous supposez bien que, par ce temps caniculaire, je passe mes après-dînées dans la Seine... Voici ce que je vous propose...

Je rapprochai, tout affriolé, ma chaise du fauteuil de ma jolie adversaire. J'espérais qu'elle m'allait imposer le sacrifice de mes moustaches ainsi qu'un travestissement féminin, afin de m'emmener à sa suite dans la piscine qu'elle honore de ses ébats.

Grande était mon erreur !

— Demain, continua la causeuse, je prendrai des notes sur l'organisation, la clientèle et les types du bain Ouarnier, je vous les ferai tenir immédiatement et vous les servirez à vos abonnés.

— Je m'attendais à une offre plus... piquante, murmurai-je d'un air désappointé; mais j'accepte, n'ayant pas le choix des moyens.

Et, le lendemain, je recevais de la nageuse en question l'étude qu'on va lire. La rédaction en est naïve. Tantôt, elle a les prosaïques allures d'un prospectus ; tantôt, elle a la familière et scabreuse démarche d'une indiscrétion. Je la livre telle quelle à l'appréciation de mes lecteurs, certain, dans tous les cas, que ma collaboratrice ne leur fera pas regretter mon silence momentané.

« L'entreprise Ouarnier, dont la fondation remonte à quarante ans, a toujours compté dans sa clientèle les femmes les plus distinguées de Paris. Les filles du feu roi Louis-Philippe la mirent à la mode, et aujourd'hui l'on trouve sur ses registres d'abonnement le nom des duchesse d'Otrante, de Trévise, de Fitz-James, de

Valmy, des comtesses de Grand-Maison, de Latour-Maubourg, des dames de Rothschild, Conneau, Bouvet...
La Comédie-Française ou Académie impériale de littérature y est représentée par mesdames Favart et Arnoult-Plessis, — ce qui est suffisant.

« Le directeur — M. Ouarnier — est neveu du comte Réal, préfet de police sous le premier empire. Ancien élève de Saint-Cyr, il occupait le grade de lieutenant d'artillerie avant la Restauration; mais au retour des Bourbons, il donna sa démission pour s'occuper du perfectionnement des bains froids... Le fond de bois, dont il est l'inventeur, représente le fruit de ses veilles.

« Bien qu'ancien militaire, il veille à ce que la plus scrupuleuse décence et la plus exquise distinction règnent chez lui. Les employés, au nombre de huit, ont l'ordre de traiter les clientes avec les égards dus aux femmes du monde, et, pour citer un exemple de l'importance qu'attache l'ex-canonnier à l'exécution de son programme, il a, *de ses propres mains*, congédié un baigneur qui s'était permis de dire à une bourgeoise durant sa leçon de nage : « Allongez bien les bras, mon « petit canard. »

« Pour que l'eau des bassins soit pure et claire, Ouarnier a organisé en amont des toues, un filtre qui dépouille l'eau des corps étrangers qu'elle charrie et la rend si limpide qu'on en boirait.

« L'établissement a la forme d'un carré long. Deux cents cabines ornées à l'intérieur d'un banc, d'une glace et de trois patères garnissent les côtés latéraux. A l'extrémité sud, c'est la *girafe* ou estrade du haut de laquelle les plus hardies se précipitent. Au bas bout, c'est un rectangle de bois dont les pieds en fer plongent dans l'eau. Les timides et les enfants se cramponnent aux traverses de cette annexe et clapotent dans une entière sécurité.

« On arrive au bain Ouarnier par un escalier de pierres qui a son sommet sur le quai Voltaire, et dont le pied repose sur une berge pavée, où les maris attendent, en regardant couler l'eau, la sortie de leur moitié. Certaines de ces dames appellent cet endroit : *le vestiaire*, dénomination contre laquelle je proteste : Assimiler un époux à une ombrelle ou à un manteau me semble profondément injuste... Les parasols et les cachemires sont beaucoup moins gênants.

« Toujours est-il que les masculins, confinés sur la rive, ne peuvent franchir le pont qui aboutit au comptoir où madame Ouarnier délivre des cartes.

« Celles qui hantent ce *balnearium* ont pris, pour la plupart, un abonnement de saison, en sorte qu'elles se contentent de montrer leur coupon au bureau, se rendent dans la lingerie, où on leur remet leur costume, traversent le buffet, dont les étagères sont garnies de gâteaux et de vins d'Espagne et pénètrent enfin dans un petit salon orné de glaces, — la dernière antichambre du gynécée aquatique !·

« Un détail.

« Le chef de la maison a un fils employé aux assurances, et, dans sa tendresse, il a plaqué au-dessus d'un miroir de cette pièce une réclame pour l'administration dont son héritier fait partie. Cet écriteau qui porte : ASSURANCES SUR LA VIE est peu rassurant pour celles qui redoutent la noyade, mais elles passent outre, se rappelant que, depuis l'ouverture des bassins, aucun malheur n'a été déploré.

« C'est de quatre heures à cinq heures du soir que l'aspect de l'établissement est le plus pittoresque. Le spectacle de cent cinquante bonnets de toile cirée se débattant dans l'onde bouillonnante, jacassant, criant et remuant, ne manque pas de charmes.

« L'observateur trouverait une ample pâture dans la contemplation de ces nymphes qui restent au-dessous du niveau de la Seine ce qu'elles sont au-dessus — coquettes, babillardes et médisantes. Les unes se drapent dans des lambeaux de pourpre soutachée, les autres portent des coiffures ornées d'agréments. Toutes recherchent une mise originale... C'est un assaut d'élégance fluviale !

« Sur les bancs qui garnissent les galeries, se groupent des essaims de jeunes filles, attendant la disparition de la moiteur de la peau et charmant par une causerie animée le temps qui précède l'immersion.

« Elles sont presque toutes charmantes, malgré la simplicité de «leur appareil, » et gracieuses — comme le sera toujours la vierge sur le point de livrer au flot jaloux des charmes épanouis tout à l'heure !

« Leurs frais éclats de voix sont si sonores qu'on les entend du pont des Saints-Pères ; l'élève en droit qui revient du cours s'arrête et tâche de voir... M. Ouarnier, que ce tapage offusque, recommande le calme, et aussitôt les rieuses se taisent, arrondissent leurs bras blancs sur leurs nuques duvetées, et croisent sur la moquette leurs petits pieds nus... Rien n'est joli comme un pied de femme... J'en ai vu là plus de vingt merveilleux de forme, polis comme l'agathe, d'une transparence opaline, et veinés de bleu à fleur d'épiderme. Ces extrémités marmoréennes entendent à ravir la valse à deux temps, et pourraient écrire les mémoires de plus d'un cotillon fameux !

« Pour être exacte, il me faut mentionner aussi une

classe de femmes qui se promènent en costume de ville dáns l'intérieur. Elles causent du bord à leurs amies qui pataugent mais ne se mettent point à l'eau. Si vous leur demandez pourquoi elles ne se baignent pas, elles vous répondent invariablement :

« — Je ne puis... j'ai eu l'étourderie de manger des gâteaux.

« Mais passons aux types.

« Je me suis trouvée un jour au bureau des bains en même temps qu'une personne douée d'un embonpoint excessif.

« — Un costume, s'il vous plaît, dit-elle à maître Ouarnier.

« — Avec un peignoir?

« — Oh! non, une serviette me suffira!

« — *Quelle prétention !* s'écria une petite fille terrible qui sortait au moment de cette réplique.

« Lorsque ce sylphe se jette dans le bassin, le niveau de la rivière s'élève brusquement et *tout le monde perd pied...* La crue des eaux se fait, dit-on, sentir jusqu'à Saint-Cloud.

« Les baigneurs, soucieux des chastes règlements de la maison, désignent les trésors de la plastique de cette dame, en hasardant « qu'elle est solidement « membrée. »

« Telle qui se présente au contrôle avec un épais chignon et une *tournure* volumineuse apparaît cinq minutes plus tard le chef dénudé et la taille étique. C'est l'histoire des médailles en chocolat. Pressées entre les mains les reliefs de la face disparaissent, et les saillies du revers s'évanouissent!... Les crinolines et les fausses nattes n'en font pas d'autres!

« Les malheureuses qui présentent aux yeux des

curieux ces petites déceptions redoutent faiblement l'adhérence du costume qui, comme vous savez, se moule sur les formes à la sortie de l'eau. J'ai, pour mon profit, vainement cherché le moyen de prévenir ce petit désagrément, — non pour la rivière où nous échappons aux regards masculins. mais pour la mer, où la promiscuïté des naïades et des tritons est admise. Je réclame l'intervention d'un inventeur... vite un procédé! L'une de nous se dévouera, s'il le faut, pour les expériences.

« Vous rappelez-vous, mon cher journaliste, la saison dernière aux bords de l'Océan? Vous souvient-il .de cette habile nageuse qui lisait des romans en faisant la planche et tournait ses pages de l'air le plus naturel?... de ce gros banquier qui, étendu sur la vague, faisait l'effet d'une baleine échouée? Pensez-vous encore à la plage qu'un entrepreneur pudibond avait divisée en trois départements surmontés des étiquettes suivantes : *Sexe masculin, sexe féminin*, SEXE ECCLÉSIASTIQUE?

« Et ce baigneur qui s'éprit de l'une de ses clientes? Avez-vous conté son histoire? On m'a dit que M. Clairville l'avait transporté à la scène, je veux, moi, le mettre « au journal. »

« Il tenait un jour l'objet de sa flamme en suspens sur l'onde amère. Tout à coup il se déclare... La baigneuse jette un cri d'effroi.

« — M'aimez-vous? lui dit-il d'une voix stridente.

« — Non, reprend la dame, outrée de tant d'audace.

« — Eh bien, bois, femme adorée.

« Et d'enfoncer la dame sous l'eau.

« Après ce plongeon l'entretien reprend ainsi :

« — M'aimez-vous, maintenant?

« — Non.

« Nouvelle immersion.

« A la troisième apostrophe de l'effronté marin :

« — Oui, oui, je vous aime! soupire entre deux hoquets la pauvrette asphyxiée.

« — Oh! bonheur! s'écrie le loup de mer.

« Et il lâche complétement l'idole de son cœur pour élever les bras au ciel en manière d'actions de grâces...

« Mais je suis loin des bains Ouarnier, où de telles incongruités sont inconnues... Si j'y reviens, c'est pour vous signaler une dernière personnalité, un vieux pêcheur à la ligne qui trempe ses hameçons en aval des bateaux de l'Ecole.

« — Comme la friture est intelligente! me disait-il un matin, elle comprend que cet endroit est réservé « au sexe »; et la preuve c'est que toutes les ablettes que je pince ici sont des femelles! »

XXXVI

A DROITE, ALIGNEMENT!!!

Qu'on me pardonne cette exclamation que les gardes nationaux insouciants interprètent d'ordinaire par un mouvement diamétralement opposé... mais je n'ai pas trouvé de meilleur titre que ce vocable guerrier, pour exprimer un article ayant trait à l'embellissement de Paris. Ma mission ne consiste pas seulement à saluer ce qui arrive, je dois aussi saluer ce qui part. Je suis surpris, par le temps de *Cendrillon* qui court, que les héritiers de Molière n'aient point consacré un tableau de féerie ou un acte de revue à un sujet poudreux et palpitant — aux bouleversements décrétés par nos municipes. Moi, je sens la pièce, et vous la voyez d'ici, n'est-ce pas?

Une petite dame vêtue parcimonieusement montre au public sa courte jupe ornée des principaux monuments en cours d'exécution. Son chef est coiffé d'une tour crénelée... elle a de petites équerres d'argent aux oreilles et une pioche de vermeil à la main... Derrière ses bottines, des maçons couverts de satin blanc et des gâcheurs de plâtre vêtus de taffetas bleu agitent en l'air des truelles d'or !

La dame range son appétissante milice à l'avant-scène, et, se penchant vers le parterre, elle lui chante sur un air connu :

C'est moi qui suis l'Embellissement...

Lorsqu'elle a dégoisé le cinquantième couplet de son rondeau :

— Halte-là ! s'écrie du fond de sa douillette de soie puce la duègne de l'endroit, qui sort du plancher.

L'Embellissement se recule, et *la gêneuse* prend sa place devant le trou du souffleur en tournant une tabatière entre ses mitaines.

— Quelle est cette mégère ? demande le bataillon des gâcheurs de plâtre, en hexamètres de qualité douteuse. Et il se moque aussitôt de l'accoutrement suranné de l'apparition, de sa démarche chenue, de sa voix cassée.

Mais la vieille ne se déconcerte point, et sitôt qu'elle a essuyé toutes les épigrammes :

— Ne me manquez pas de respect, fait-elle en branlant la tête, car :

C'est moi qui suis le Souvenir...

Et le chœur de reprendre :

C'est elle qui est le Souvenir.

— Qu'est-ce que c'est que le Souvenir ? interroge l'Embellissement.

Cette apostrophe provoque un nouveau rondeau durant lequel l'Embellissement fait signe au fauteuil numéro 34 qu'elle se trouvera sur le coup d'une heure du matin dans le cabinet du café Anglais, le plus riche en crevettes et en écrevisses bordelaises. Ce qui enchante le numéro 34, car on ne soupe pas tous les soirs avec un Embellissement doté d'épaules à fossettes.

Comme bien vous pensez, il n'écoute guère le Souvenir qui s'en vient effeuiller des *vergiss mein nicht* sur sa joie particulière.

Par contre, un spectateur de la galerie qui tient sa canne entre ses jambes, et ne cesse d'essuyer le verre de ses lunettes avec un foulard à carreaux, verse un pleur en ouïssant les derniers vers de la Jérémiade confiée à la duègne :

> Accourez tous, demain serait trop tard,
> On va détruir' le bel hôtel Laffitte.
> Venez le voir avant qu'il ne nous quitte
> Pour faire place au nouveau boulevard.

Certes, je marche avec mon temps, je prise le progrès dans toutes ses expressions, je ne dédaigne pas les « artères spacieuses », et l'assainissement des villes ne me laisse pas froid. Mais cela ne m'empêche pas d'avoir quelque peu de vénération pour ces vestiges du passé. Aussi ai-je tenu compte de l'invitation imaginaire que le Souvenir m'adresse dans ma féerie.

J'ai été porter un adieu bien senti à cet hôtel Laffitte auquel on va « percer le flanc, » et contempler une dernière fois les arbres du parc de la princesse de la Moskowa.

Vous les connaissez sans doute, ces beaux marronniers qui font face à la rue Saint-Georges. Lors de ma visite, je leur ai trouvé un air de tristesse. La cause de leur chagrin résidait-elle dans le pressentiment de leur sort, dans la chaleur tropicale du jour, ou dans l'humiliation de se sentir voisins d'une exposition de zinc perfectionné? Je l'ignore.

Toujours est-il que leurs rameaux avaient des attitudes mornes, et que leurs branches se tordaient sur l'azur du ciel comme des bras de désespérés. Ils réclamaient sans doute sous leurs ombrages les deux génies qu'ils ont abrités tour à tour : madame Stoltz et Fromenthal Halévy, locataires successifs de la délicieuse dépendance sise au 43 de la rue de Provence.

Ce corps de logis, vis-à-vis coquet du pavillon principal, est actuellement occupé par un contribuable qui boucle ses paquets de par la volonté de l'Expropriation (autre personnage de ma féerie.)

Il était écrit que cette annexe de l'immeuble donné jadis par souscription nationale au fameux banquier servirait d'asile à de grandes intelligences. M. Francis Petit n'est pas seulement un expert indispensable lors des criées artistiques... c'est un bienfaiteur, un progressiste, un promoteur!... Ces substantifs expriment faiblement le mérite de l'homme qui, par son travail, son industrie et ses facultés intellectuelles, a contribué à élever à son niveau la peinture contemporaine. Ce niveau est de ceux qui font honneur à un siècle.

Demandez-leur, à nos grands artistes, ce qu'est M. Petit. Ils ne vous diront pas : C'est celui qui achète nos tableaux pour les disperser dans le monde entier, pour alimenter ses agences des capitales de l'Europe, pour orner les musées les plus fameux et composer les galeries des souverains, ils vous répondront par une phrase plus éloquente que ce réel prospectus. Ils vous diront : « C'est notre ami ».

La demeure de l'expert est celle-là même que l'on va démolir. Allez-y, et vous verrez que rien n'est sincère comme le calme qui y règne du sous-sol aux mansardes. Les chefs-d'œuvre appendus aux murailles semblent baignés dans le recueillement que commandent et où se complaisent les grandes compositions.

Au rez-de-chaussée, à droite, un cabinet dont les murs sont ornés d'aquarelles ou de dessins souvent renouvelés d'Ingres ou de Delacroix, de Barye, de Charlet ou de Bonington. — Au premier, à gauche, un grand salon où sont placés, sur de robustes chevalets, le grand dessin de la *Défaite des Cimbres*, de Decamps, et la *Tondeuse de moutons*, de Millet, ou quelque composition historique de Robert Fleury. — Puis, à droite, une galerie de passage, avec une marine d'Isabey dans un angle et un fiévreux portrait de Ricard dans l'autre coin. — Enfin, on entre dans un petit *buen retiro*.

La lumière habilement mesurée permet d'y lire jusqu'au fond du pâle visage d'Hamlet ou des grands yeux des odalisques d'Alger ; de déchiffrer la date de l'elzévir que feuillète le bibliophile de Meissonier ; de relire Théocrite avec Corot, et Virgile avec Louis Cabat. Là, vous pourrez, si vous le voulez, vous embarquer pour Smyrne avec Decamps, et pour la Haute-Égypte avec Marilhat.

Dans un boudoir attenant à cette dernière pièce, une sorte de bibliothèque à casiers profonds et à rayons discrets, où sont entassés tous les chefs-d'œuvre de l'école moderne. J'en ai vu sortir, entre autres, une magnifique étude de M. Ingres; c'est l'ébauché de son plafond de l'Hôtel de Ville...

Une révélation :

M. Ingres surveille lui-même en ce moment l'exécution d'un camée modèle, d'après ce dessin hors de prix.

— C'est là aussi qu'est la « *cachette aux Meissonier,* » petit tiroir vers lequel se dirigent, les yeux fermés, les amateurs illustres et les riches trafiquants que M. Petit compte dans sa clientèle.

Tantôt ce tiroir *en* contient pour cent mille francs, tantôt pour dix mille. Il n'est pas rare que Meissonier arrive lui-même de Poissy, et qu'il tire de dessous sa veste un petit bout de toile élevant tout de suite la valeur de cette cachette dans des régions inaccessibles à un chroniqueur.

Ne vous attendez pas à trouver chez M. Petit d'autres panneaux que des panneaux modernes; il laisse à d'autres le soin d'*attribuer* des croûtes rancies à des maîtres qui n'ont rien fait pour ça. Et il ne s'en trouve que mieux. Les enfiévrés de paysages assouvissent chez lui leur passion avec ses Dupré, ses Rousseau et ses Troyon. Les fanatiques de la figure ont de quoi se satisfaire avec ses Decamps, ses Millet, ses Flandrin et autres barbouilleurs sublimes.

Le maniement de telles denrées porte le chiffre d'affaires de M. Petit à un chiffre énorme. Je ne vous parle pas des capitaux qu'il agite dans les ventes publiques. Personne n'ignore qu'il n'en est pas sans sa présidence. Bien plus, elles se font toutes sous ses ordres, car, je l'ai dit plus haut, ses rapports mondains sont plus amicaux que mercantiles. On se débarrasse d'une galerie par son entremise, comme on prie un vieux camarade de vous négocier une affaire à laquelle on s'entend peu. C'est ainsi que M. Petit a dirigé les ventes de MM. Véron, Corvisart, de Morny, Demidoff, Troubetskoi, Van Cuyck, Meyer de Vienne, de Kat de Dordrecht, Delaroche, Decamps, Delacroix, Troyon, Raffet, Flandrin, etc.

M. Petit était intimement lié avec Delacroix. Il allait journellement dans son atelier, et journellement aussi voulait lui acheter certain tableau que le maître lui refusait.

— Vous l'aurez un jour, disait le grand coloriste. Mais pas aujourd'hui... plus tard.

Plus tard, en effet, par vœu testamentaire, M. Petit recevait de M. Delacroix mourant, à titre d'adieu amical, cette *Éducation d'Achille* tant désirée. J'ai longuement contemplé ce chef-d'œuvre qui orne la paroi gauche de ce qui fut la chambre à coucher de Rosine Stoltz, de ce qui a été le cabinet de travail d'Halévy.

Quand la prima donna habitait cette pièce, elle était toute tendue de velours noir, sans tableaux, sans ornement, à l'exception d'un grand crucifix d'ivoire. Le maëstro fit enlever ce sombre ameublement.

L'exil de M. Petit, hors de ce ravissant asile, va jeter le trouble dans les habitudes de bien des gens qui franchissaient quotidiennement ce seuil hospitalier. A quelque heure qu'on y vînt, on était sûr d'y saluer quelque amateur ou quelque critique.

C'était le marquis Maison, confiant à ses auditeurs incrédules le prix qu'il avait donné, en 1834, pour le *Corps de garde, ou la Rade de Smyrne;* le marquis d'Hertford, venant s'enquérir de la généalogie des belles toiles qui allaient passer en vente à l'hôtel Drouot; puis M. X..., racontant qu'en 1848 il avait ouvert chez lui des ateliers nationaux pour les grands ouvriers en peinture, et que Diaz, Théodore Rousseau, Decamps, Eugène Lami, Jules Dupré, qui étaient tous ses amis, venaient, en fumant des cigares, et après le domino et les calembours, esquisser des pochades à tant par jour. On y entendait la voix de Paul Tesse, défendant Millet avec son sourire sérieux, et Baroilhet, maigre et boutonné, pivotant sur ses talons en lâchant un paradoxe.

Théophile Gautier, Paul de Saint-Victor et tous ceux que passionne l'art moderne y entraient chaque semaine pour prendre une note ou revoir quelque chef-d'œuvre qu'ils avaient jadis salué au passage.

Eh bien! le jour approche où toutes ces souvenances seront sapées par leur base...

Où M. Meissonier fera-t-il désormais adresser sa correspondance de membre de l'Institut? Où M. Diaz viendra-t-il, dans ses spirituelles colères d'enfant gâté, menacer la critique de l'écraser un jour « sous son pilon d'argent »? Où les nouvellistes, A. La Fizelière en tête, iront-ils s'enquérir des grandes ventes de la saison?

Ma foi! je n'ose m'appesantir sur les bouleversements futurs occasionnés par le percement de la rue La Fayette, car je craindrais, comme mon vieux spectateur du commencement, de verser aussi ma larme sur la piètre poésie de la duègne Souvenir :

> Accourez tous, demain serait trop tard,
> On va détruire le bel hôtel Laffitte ;
> Venez le voir avant qu'il ne nous quitte
> Pour faire place au nouveau boulevard.

XXXVII

LES MAGASINS-RÉUNIS

Il est des questions qu'on ne saurait prendre d'assez haut, et il est des conceptions qui exigent qu'on les examine des points les plus culminants de l'analyse. Les données qui font l'objet de cet article sont tellement inouïes, tellement vertigineuses, tellement (qu'on me pardonne ce néologisme) abracadabrantes, qu'elles apparaissent tout d'abord comme une utopie, un rêve creux, un paradoxe. Mais, étudiée dans son ensemble et ses conséquences, la création des *Magasins-Réunis* devient rationnelle, sans cesser pour cela d'être miraculeuse au point de vue des avantages pratiques.

C'est le propre des grandes innovations. Les côtés sublimes de leur caractère stupéfient la foule — naturellement sceptique quand elle n'est pas naturellement injuste. Demandez plutôt à Galilée traîné devant ses juges, à Salomon de Caus enfermé dans un cabanon, et à cent autres méconnus célèbres, dont le génie a été conspué, et dont la vie a été pleine de déboires.

Dieu merci, nous sommes loin des temps où l'on faisait rôtir les inventeurs en place de Grève et où l'on fourrait les progressistes à Bicêtre. Le doute des masses, éclairées malgré elles, est devenu moins difficile à battre en brèche.

Qu'est-ce que nos contemporains demandent ? A comprendre... Étant donné que nous vivons dans un siècle d'intelligence, la besogne est facile.

Écoutez-moi donc.

Un homme, — un conquérant du progrès qui porte le nom d'un conquérant de batailles, a imaginé de grouper dans un palais (sur lequel je reviendrai tout à l'heure) cent cinquante trafiquants et industries diverses. Il leur a dit : « Je vous loge gratis, je vous chauffe, je vous éclaire, j'offre à vos marchandises un asile princier où j'appellerai le chaland tant par la munificence et le confortable de la construction que par les profits inhérents au succès de l'entreprise. Je vous assure une publicité énorme et un tel concours d'acheteurs, que forcément, fatalement vous atteindrez un chiffre d'affaires quintuple du chiffre ordinaire des détaillants isolés.

« En retour de cette bonne fortune, je vous demande de restreindre respectivement vos exigences sur vos bénéfices. Plus ils seront nombreux, moins il vous sera difficile d'en distraire la fraction que je réclame pour fruit de ma peine. »

Avec cette dîme dans sa poche, notre grand capitaine du progrès se tourne vers l'acheteur qu'il aura attiré dans sa « tartane, » et lui tient ce langage :

— Mon cher monsieur, en achetant chez moi pour cent francs de marchandises, vous avez droit à un titre de cent francs, appelé *obligation warrant*, lequel vous assure, au moyen de garanties hypothécaires, que, dans l'espace d'un an au moins, cinquante-neuf ans au plus, vous rentrerez dans vos débours.

Le remboursement de cette obligation warrant, qui repose sur des valeurs hypothécaires, nous l'avons dit, vous est garanti non-seulement par les *Magasins-Réunis*, dont le capital est de douze millions de francs, mais encore par une Société de Crédit Foncier, au capital de deux cents millions de francs.

— Mais alors, monsieur, vous me donnez cent francs en une obligation, plus cent francs de marchandises, soit deux cents francs pour cent francs!

— Justement.

— Vous voulez rire, car sur quoi comptez-vous prendre ce capital qui, par sa propre accumulation, reconstituera mes cent francs?

— Je compte le prélever sur les économies que j'aurai réalisées à votre bénéfice en me faisant acheteur en gros, vendeur au détail, en associant tous les consommateurs à mon entreprise, et en créant une société en participation d'acheteurs et de vendeurs.

N'est-ce pas la mise en pratique par le moyen le plus simple, le plus précis, le plus large, le plus direct, de la véritable société coopérative? Car celle-ci est au profit de tous, au lieu d'être au profit seulement de quelques-uns!...

J'ai dit, autre part, à mes lecteurs, que je n'entendais rien à cette précieuse arithmétique qui transforme en millionnaires les gens qui ont, leur vie durant, le courage des économies. Aussi ne tenterai-je pas de vous dresser le fade couvert qu'on place sur les tables d'intérêts.

Vous savez mieux que moi qu'en prélevant une certaine somme sur le prix d'achat de un ou plusieurs objets, on reconstitue vite la somme dépensée. Mais ce que vous ne pouvez saisir aussi bien que votre serviteur (un prodigue blessé à la bataille de la prodigalité), ce sont les avantages de ce système, qui fait riche celui qui s'appauvrit... Appellerai-je *système* la combinaison qui laisse intacte la fortune de celui qui se ruine?

Cette combinaison-là mérite les noms les plus doux. Il n'est pas de père, pas de Mentor, qui ne se montre plus soucieux des intérêts qu'il dirige.

Sans être devin, nous pouvons prédire, dans un avenir qui n'est pas lointain, la suppression de ces tutelles gênantes qui nuisent à la dignité de certains citoyens, altèrent leur considération et les privent d'une partie de leurs droits civiques. Les gens de loi verront, le sourire aux lèvres, le fils de famille jeter ses millions dans la caisse des *Magasins-Réunis*, et le féliciteront peut-être de sa folie, comme on complimente les adultes à leur retour d'une expédition à la caisse d'épargne.

Et vous, avares, qui jusqu'ici faisiez la grimace lorsque vos fournisseurs vous apportaient leurs notes, votre joie sera d'autant plus grande que le compte sera haut monté; les *Magasins-Réunis* thésauriseront pour vous.

Si vous avez compris l'innovation, vous ne pouvez manquer de voter, à son inventeur, des remerciements universels et nationaux. L'homme dont le cerveau a enfanté une telle idée mérite autant de son pays que le général qui remporte une victoire. La défaite de la misère est préférable à la défaite d'une armée. La pauvreté est un ennemi qu'on n'avait pas su encore refouler hors du domaine social. La voilà désormais bannie, exilée sans retour.

15.

L'ouvrier, en payant son pain quotidien, s'assure le pain de l'avenir, et les Crésus de ce bas-monde peuvent exagérer leurs jouissances et leur bien-être sans craindre d'altérer le patrimoine de leurs rejetons, sans redouter d'aliéner la fortune que leur ont léguée leurs ancêtres... Je vais plus loin. L'imagination des romanciers, des nouvellistes, puisera des éléments dans l'institution des *Magasins-Réunis*. Il sera curieux de raconter un jour tout ce qu'une pratique des *Magasins-Réunis* aura acquis avec les cent francs « éternels » qu'elle lui aura versés au début de l'affaire. En effet, elle pourra se trouver, après cinquante ans, possesseur d'une valeur mobilière ou immobilière de cinq mille francs, plus d'un capital égal à cette somme!... Avez-vous jamais vu quelque part que cent francs aient forcément rapporté dix mille francs?

Ce n'est pas dans une échoppe fumeuse que cette idée nouvelle sera mise à exécution; c'est dans un monument en harmonie avec les besoins actuels, que les *Magasins-Réunis* inaugureront à l'automne prochain ce nouveau système de vente. On termine en ce moment, au boulevard du Prince-Eugène, un splendide caravansérai en pierre de taille. Je l'ai visité et en suis sorti émerveillé. Imaginez le Palais-Royal avec son jardin central, ses jets d'eau, ses boutiques et ses statues, et vous aurez une fidèle idée de ce que sera le *Palais des Magasins-Réunis*. Son sous-sol, son rez-de-chaussée et ses deux étages, avec galeries spacieuses ouvertes sur l'intérieur et affectées à la circulation publique, seront à la disposition des heureux négociants accueillis dans cet imposant refuge des fortunes privées et publiques.

On y trouvera de tout, depuis les objets de valeurs

minimes jusqu'aux marchandises les plus élégantes et les plus coûteuses.

Tous les besoins que s'est créés l'exigeante humanité y seront satisfaits... POUR RIEN. — On ne saurait trop le redire.

Du reste, les fondateurs des *Magasins-Réunis*, voulant démontrer d'une manière pratique la réalisation du prodige de la reconstruction du capital dépensé, ont autorisé l'un des adhérents de la société à vendre, dès à présent, en donnant immédiatement au public l'avantage qui lui sera offert prochainement dans le palais de la place du Château-d'Eau pour toutes marchandises.

Cet adhérent est le propriétaire de la Maison spéciale de blanc, rue Saint-Honoré, 300, à *Saint-Roch*.

Déjà, vous pouvez donc renouveler ou augmenter votre linge de maison, vous pouvez aussi y choisir, qui un trousseau, qui une layette, et, comme de grandes fortunes alliées à de grands noms n'ont pas dédaigné de le faire, retrouver en valeurs hypothécaires le coût d'un trousseau aussi simple, aussi complet et aussi riche que vous pouvez le souhaiter.

Je ne saurais finir autrement que j'ai commencé. Le système des *obligations warrant* est un démenti donné au paradoxe : *c'est l'épargne par la dépense.*

Vous êtes maintenant, je l'espère, comme moi, convaincu que le mot « impossible » doit être rayé du dictionnaire, avec certains substantifs, ses confrères, qui s'écrivent : PAUVRETÉ, RUINE, DÉSHONNEUR et DÉSESPOIR.

XXXVIII

UNE FÊTE AMÉRICAINE

Je recevais, il y a huit jours, l'invitation suivante, surmontée d'un aigle superbe aux ailes déployées, aux serres gantées de foudres, au bec empanaché d'une banderole le long de laquelle brillait le mot : LIBERTY.

« *Bureaux of New-York state commissionner to Paris universel exhibition*, 14, *rue Auber.*

« Paris, 28 juin 1866.

« Tche undersigned will be happy to receive such Americans is are in Paris, at the opening of his rooms on the.

« 4 th of July.

« LUNCH 12 TO 2

« CHARLES B. NORTON

« *N. Y. State commissionner.* »

Le soir même, je me rendais au cercle des Américains dans l'intention de me faire traduire et commenter cette invitation bizarre. Mais, — chose étrange ! — il n'y avait pas un seul Américain au club susnommé. Une douzaine de Parisiens occupaient seuls les tables de bouillotte et exprimaient, dans le plus correct français, les joies du *quarante de face*.

De guerre lasse, je m'adressai aux domestiques qui sommeillaient sous le porte-manteau de l'antichambre. Aucun d'eux ne put m'expliquer la signification de mon poulet, et je n'osai les accuser de mauvais vouloir, ayant appris qu'ils étaient, pour la plupart, originaires de Belleville.

Vers minuit, j'aperçus un gros monsieur aspirant au moyen d'une paille un mélange de cognac, de citron et de sucre devant le café du Grand-Hôtel.

— Voilà mon affaire, pensai-je. Un homme qui déguste les liquides par les épaves des chaises à rempailler ne peut être qu'un pur Yankee.

Et, avec la grâce qu'on me connaît, j'approchai mon papier de la barbiche du consommateur. Je ne m'étais pas trompé, j'étais en présence d'un citoyen de Philadelphie.

L'étranger laissa retomber son chalumeau dans sa chope, et d'une voix pleine de gravité :

— Il y a dans cette lettre, me dit-il, que vous êtes prié, le 4 de juillet, à un *lunch* offert à ses compatriotes par mister Norton, agent commissionnaire pour les Américains dans Paris, en l'honneur de l'anniversaire de l'indépendance nationale.

— *Lunch* ou déjeuner sont synonymes, — hasardai-je.

— Non pas.

Je craignis d'être indiscret en multipliant mes interrogatoires, et hier, je franchissais le seuil de M. Norton dans les meilleures conditions possibles pour *luncher*.

Rien n'est prosaïque comme l'estomac... il a ses exigences même les jours d'anniversaires les plus fameux. Pour mon compte personnel, j'affirme que je tombais d'inanition, bien que je me sentisse tout aise à la pensée que les Américains sont débarrassés d'une gênante servitude.

L'escalier et l'antichambre étaient ornés de fleurs. Une file de géraniums, de volubilis et de camélias, étagés sur les marches de l'escalier, accotés contre la rampe, indiquaient le chemin aux invités.

Dans la première pièce un registre, où chacun mettait son nom, comme au Saint-Bernard. A droite, un salon divisé en deux par une large table couverte de jambon, de roatsbeef, de langues et de gigots. Cette muraille de comestibles séparait les officiers de bouche d'un public recueilli et solennel.

Par exemple, je déclare que tout ce monde-là avait plutôt l'apparence d'une réunion de gens conviés à un enterrement que d'une agglomération de citoyens célébrant leur liberté.

Pour moi, je pensais me rendre à un banquet extra-démocratique, et je m'étais préparé à essuyer le feu de quelques toasts à la congrève... Ma surprise fut extrême de voir deux ou trois cents adultes s'approchant d'un air gourmé d'un buffet de chemin de fer, et se retirant dans les coins avec « une assiette assortie ».

Pas un éclat de rire ! et pourtant le champagne et le bordeaux circulaient, — un champagne exquis fabriqué exprès pour l'Amérique, chez le meilleur chimiste d'Epernay ; un bordeaux pourpre et odorant exhumé, pour la fête, des caves du Girondin Dubreuil !

Chaque peuple exprime ses sensations comme il l'entend, et nous sommes trop libéraux pour trouver à redire à cette satisfaction d'allure lugubre.

Mentionnons pourtant que là, comme partout où le cœur est en liesse, on retrouvait les vins de France ! C'est avec les vins de la vieille Europe que la jeune Amérique célèbre la rupture de ses entraves !

J'ai été présenté à M. Girard, — un homme aimable qui aide son associé, M. Norton, dans l'entreprise de serviabilité qu'il a fondée. Toute mission philanthropique est lourde, il faut être deux pour l'accomplir.

M. Girard est Français. Quelle amabilité ! quelle gaieté ! quel entrain ! Et comme il rit franchement ! On n'a pas besoin de dire sa patrie quand on rit comme ça.

Piloté par ce guide aimable, je suis arrivé à la salle à manger, et j'ai remarqué que le maître d'hôtel avait piqué dans chaque quartier de viande un petit drapeau aux couleurs des États-Unis.

Ces étendards — (faisons une réclame à M. Vitu), — ces étendards mignons plantés dans la fibre des rôtis m'ont rappelé les fleurs dont, aux temps antiques, on parait les victimes à l'heure du sacrifice.

Un invité m'a affirmé que, ce même jour, en Amérique, tous les citoyens offrent un *lunch* à leurs amis. Pas de feu d'artifice, pas de carrousel, pas de spectacle gratis ! La réjouissance nationale est la résultante de toutes les réjouissances privées. Chacun donne sa petite fête, et le gouvernement n'intervient pas. Pas assez même, car il paraît que les rues sont pleines d'enfants tirant des boîtes et allumant des pétards. De nombreux accidents résultent de cette latitude exceptionnelle, et l'on évalue à près de trois cents le nombre des *babys* qui succombent aux blessures occasionnées dans ces ébats.

M. Girard m'a montré dans les groupes des généraux fameux.

Au nombre de ces derniers, le général Dargens, le colonel Norton, M. Pomeray, l'ex-secrétaire du président Johnson; le consul Nicolaï, le vice-consul, les capitaines Emary, Haselime et des officiers de marine dont les noms m'échappent.

Plusieurs d'entre eux s'étaient arrêtés devant un modèle de navire à hélice dit *Monitor*, et, comme je m'étais approché de ce joujou, ils daignèrent m'expliquer ses manœuvres et ses avantages.

En langage marin, ils appellent cette embarcation bateau-cigare, à cause de sa forme, qui rappelle celle d'un *londrès* coupé en deux dans sa longueur. D'après leur relation, le canonnier employé dans la tour doit être renouvelé tous les mois. L'effet de la détonation sur son tympan est tel, qu'outre la surdité inévitable qui en résulte, il saigne des oreilles à chaque décharge, et une maladie mortelle succède à cette secousse... Pas drôle, ce poste-là.

Quoi qu'il en soit, et malgré le ton léger que j'ai employé dans cette relation, je dois dire qu'on se sent pris d'estime, de respect et de vénération, en présence de ces hommes graves qui, au souvenir de leur affranchissement, restent sérieux et expriment, par une tenue quasi-religieuse et d'une dignité exagérée, une satisfaction que d'autres peuples rendraient par une joie immodérée !

XXXIX

NOS ESCLAVES

J'aurais pu écrire « nos maîtres, » puisque c'est de nos domestiques qu'il s'agit ici.

On leur a consacré des livres, des comédies, voire des poëmes; mais on n'a jamais dépeint les agences où, dans l'embarras, nous allons quérir le valet ivrogne et la cuisinière infidèle, la ca* subtile et le groom effronté...

Comblons cette lacune.

Je sais quelque part un bureau de placement qui a pour enseigne : *A l'anse du panier*. Il est administré par un vieux cordon bleu qui a servi trente ans sous la bannière du ragoût. La peau de son visage s'est brunie au feu de mille fourneaux; le cuir de ses mains s'est tanné aux manches de toutes les casseroles de Paris; ses yeux ont versé des pleurs dans les mirotons de cent ménages modestes, et lorsque l'âge et l'embonpoint l'ont rendu impropre aux manipulations culinaires, il s'est uni à un palefrenier rhumatisant pour fonder un comptoir de mercenaires.

Dans le cours de leur carrière, les deux époux se sont, comme on pense, liés avec une pléiade de collègues qui leur donnent la préférence et courent s'inscrire dans les moments de grève sur leurs registres de disponibilité, — si bien que leur magasin est toujours garni.

Le jour où j'ai été visiter ce couple heureux, il tenait en réserve trente-huit cochers, vingt femmes de chambre, douze bonnes à tout faire, et pas mal de bonnes... à ne rien faire.

En me voyant dans le cadre de la porte, madame a souri et monsieur a quitté ses écritures.

— Comment ! vous? ont-ils crié à l'unisson. Seriez-vous mécontent d'Athalie?

Athalie est le dernier article qu'ils m'ont fourni. — Brave fille, travailleuse et fidèle.

— Non, répondis-je, Athalie *va bien*... elle lit peut-être un peu trop les journaux de théâtre qui traînent sur mes tables, mais à part cela, j'en suis enchanté et je crois qu'elle tient à moi.

— Alors, quoi vous amène?

— L'idée d'un article sur un bureau de placement.

— Peuh! fit la placeuse, le sujet est maigre, et je doute que votre plume fasse son beurre sur ce thème-là. Le *mécanisse* au moyen duquel nous approvisionnons nos pratiques est simple comme bonjour. Celui ou celle qui est sans place nous en avise. Celui ou celle qui a besoin d'un serviteur nous le fait savoir. Si, par notre entremise, l'ouvrier sans ouvrage a trouvé de la besogne, il nous remet une somme proportionnelle à son traitement mensuel. Ça n'est pas plus malin que ça.

— On ne peut résumer plus laconiquement les rouages d'une institution; mais la question renseignements, capacités, sécurité, il me semble que vous la traitez bien cavalièrement.

— De quoi? de quoi?... Je réponds de mes *sujets*. J'ai roulé ma bosse et Jean aussi. Est-ce que nous ne connaissons pas notre monde? Croyez-vous que sciemment je m'en vais accueillir ici une femme qui a volé? Et la préfecture de police dont je dépens?... Elle est donc là pour des guignes, cette bonne préfecture? Du reste, asseyez-vous là.

Il est deux heures, c'est le moment où les domestiques et les bourgeois *se remercient*. Peut-être apercevrez-vous dans les allées et les venues de mon personnel des types nouveaux.

La placeuse me désigna un siége dans une encoignure que le jour de la fenêtre n'éclairait pas, et je m'y blottis aussitôt, priant le dieu des indiscrets de me protéger... Mon affût ne fut pas sans résultats... Au bout de cinq minutes, dix commères, qui avaient successivement envahi la place, étaient installées sur les bancs, faisant un tapage d'enfer et jacassant comme des pies borgnes.

— Moi, disait une mégère d'une quarantaine d'années à sa voisine, je *les* ai lâchés d'un cran. Monsieur était devenu très-exigeant, sans compter que Madame était encore enceinte... La perspective d'un mioche à soigner, quand on a déjà sa cuisine, son appartement, son eau à monter, et un escalier de quatre cents marches... croyez-vous que c'est gai ça? Et vous, d'où que vous venez?

— De la rue Blanche...

— Du haut ou du bas?

— Du haut.

— Suffit... vous étiez chez une biche, ma chatte.

— Non, j'étais chez une femme mariée. Elle m'a cherché noise au sujet de mon *bon ami* qui venait me voir pendant qu'elle était au théâtre. « Eh bien! que je lui ai répondu, vous en avez bien *un* aussi vous, que vous recevez quand monsieur est à son bureau? » Par malheur, monsieur était dans la pièce voisine, et il a tout entendu... Ils m'ont fichu mon compte, mais je crois bien que Madame a eu le sien aussi. Ça lui apprendra!

Cet échange de confidences fut brusquement interrompu par l'irruption d'un vieillard qui, s'adressant à la placeuse :

— Je suis célibataire, lui dit-il; j'ai besoin de jeunesse autour de moi. Je paye six cents francs par an et de la toilette.

— Pour qui me prenez-vous? fit l'ex-cordon bleu avec un haut-le-corps plein de dignité... c'est pas une bonne que vous voulez, monsieur, c'est...

— Insolente! Virago!!!

— Virago??? Voulez-vous filer ou sinon j'appelle mon mari...

Le sexagénaire se retira, en lançant, à la manière des Parthes, des épithètes cruelles à la finaude qui avait démasqué ses projets.

— Comprend-on tant d'audace? continua cette dernière lorsque la porte se fut refermée sur le vert-galant.

Survint une dame respectable, en quête de cuisinière.

— Qu'est-ce que vous donnez? lui demanda une des maritornes sans emploi.

— Vingt francs.

— Vingt francs! juste ce que je donne à mon professeur de piano!

Trois minutes plus tard, un grand dadais entra, qui alla droit au bureau et dit à celle qui l'occupait :

— Elle me va, mais pas *lui :* il a l'air trop volontaire.

Ce gaillard avait été dépêché rue de la Victoire, chez un financier que son cocher avait quitté le matin même pour de singuliers motifs. L'automédon avait remis ses fonds à son maître, qui s'était offert de les lui faire valoir ; mais il n'avait pas voulu admettre que le banquier qui l'employait fût innocent de la dépréciation récente de certaines valeurs à la Bourse. Il avait donc accusé tout haut son « bourgeois » de malversations. Une rupture en était résultée...

Une observation avant de passer outre :

Les domestiques sont, pour le quart d'heure, de composition facile, à cause de leur situation précaire. La plupart des esclaves de l'un et de l'autre sexe, ayant voulu dans ces derniers temps placer leurs épargnes à gros intérêts, ont converti leurs capitaux en obligations de rapport exagéré... On devine le reste.

En conséquence, mes lecteurs devront profiter de la situation présente, d'autant plus que l'horizon politique s'éclaircit. Je n'en ose dire plus long... dans la crainte d'être invité *à donner un gage,* par la fameuse loi de 1827.

Pour revenir à mes moutons, sachez que, en non-activité, les domestiques de Paris sont ouvertement ce qu'ils sont en cachette dans l'exercice de leurs fonctions.

Que de bouches ai-je entendu murmurer, dans cette après-dînée, contre l'avarice des gens aisés!

— Croirait-on, disait l'une, que mes maîtres gardaient la clef de la cave ?

— Les miens, disait une autre, étaient gentils de ce côté-là... mais, par exemple, ils me taquinaient bien rapport au sucre.

— Sans le valet de chambre de l'entre-sol, gémissait une fillette dont la taille attestait les vertus solides, je serais encore en maison... Oh! les hommes! quels monstres!

— Et moi, donc? si je n'avais pas crié le jour où monsieur m'a pris le menton dans l'antichambre, j'aurais gardé mon poste; mais madame, qui était jalouse de moi, n'a pas voulu croire à mon innocence.

Tels sont, à quelques variantes près, les racontars des entreprises qui servent de refuge à nos *débineurs* jurés.

Et pourtant il est avéré que les meilleurs ou plutôt les moins mauvais domestiques viennent de là. J'ai, moi aussi, mandé de province des filles « sans crinoline », simples comme la fleur des champs, naïves comme un chapitre de Berquin : au bout de deux mois, elles étaient plus corrompues que les Parisiennes les plus endurcies... C'est que la crèmière du coin et la fruitière d'en face ont vite fait une éducation, allez! Livrez à ces deux dames une sauvage arrachée aux déserts de l'Océanie, elles lui auront appris en moins de huit jours comment on détrousse les gens hors des grandes routes. C'est certainement à ces deux professeurs qu'il faut attribuer l'ouvrage que Fauré va publier : L'ART DE FAIRE SA PELOTE, EN CONDITION, *par une bonne de lettres.*

Qu'on me permette de rattacher une anecdote à cet ordre d'idées.

J'ai jadis congédié une quadragénaire, au nez rubicond, que je tenais d'un bureau du quartier Saint-Georges. Cette charmante personne profitait de ma vie accidentée pour traiter ses pays et ses payses dans mon appartement.

— Catherine, lui dis-je un jour, mon vin va bien vite.

— Eh bien! courez après, monsieur.

— Après une telle réponse, vous n'êtes plus à mon service.

— Comme monsieur voudra.

Le soir même, Catherine avait déguerpi.

Quelques jours plus tard, je déménageai, et je m'en fus demander une servante dans une agence de mon nouveau quartier. Devinez la personne qui fut adressée à mon logis? Catherine, en chair, en trogne et en os.

— Ma fille, lui dis-je, je ne puis vous reprendre.

— *Pourquoi ça, monsieur? je ne viens pas du même bureau.*

Je voudrais terminer par quelques considérations moins décevantes cette courte étude, mais je ne le puis, hélas!

La Sophie du docteur Véron, la Gertrude de Rosa Bonheur, la gouvernante de Roqueplan, la cuisinière du baron de Rothschild sont les rares vestiges d'une race disparue... Ces femmes-là sont contemporaines de celles que, tout petits, nous entendions se lever, à cinq heures du matin en hiver, pour frotter les dalles de pierre de l'office, polir les cuivres des crédences, passer la journée entière sur leurs jambes, occupées à préparer les repas de vingt personnes! et quand le soir venait, quand elles avaient *trimé* treize heures durant, elles craignaient de n'avoir pas accompli leur tâche, et elles se mettaient à filer sous le manteau de la cheminée, ou à raccommoder le linge des enfants.

Dans cent ans, ces êtres-là n'existeront plus que dans

les livres, car nos neveux n'en auront même pas entendu parler !

P. S. — Au moment où j'apposais ma signature au
bas du présent article, Athalie est rentrée.

— Je quitte monsieur, me dit ma bonne.

— Tiens ! m'écriai-je tout étonné, et pourquoi donc ?

— J'entre au théâtre... Je me fais actrice.

O Athalie ! ma dernière illusion !

XL

UNE EXPOSITION DE ROSES

Il y a des choses dont les habitués du restaurant Peter's ne se doutent pas. Interrogez-les sur l'origine du bouton de rose qu'ils accrochent le soir à la boutonnière de leur habit, sur les lieux où cette fleur a vu le jour, sur les moyens employés pour obtenir la couleur de ses pétales, ils vous répondront que cela leur est absolument égal, et vous demanderont si vous avez acheté du *Mobilier* l'autre semaine, ou si vous pensez que M. de Bismark continue ses travaux « à l'aiguille ».

Cette insouciance concernant les produits de Flore et cette sollicitude touchant la fluctuation des valeurs et des ministres eussent été mal accueillies dimanche passé, à Brie-Comte-Robert, où l'on ne s'occupait rien moins que de la Prusse : c'était jour de concours horticole, de feu d'artifice et de courses en sacs !

Tous les ans, le maire de cette localité couronne, vers le 8 juillet, non pas des rosières, mais des rosiéristes, deux produits qu'il ne faut pas confondre... La rosière passe son temps à dire à ses contemporains : Vous n'aurez pas ma rose. Les rosiéristes, au contraire, offrent les leurs à qui les veut acheter.

Pour prix de son humeur sauvage, la rosière reçoit une timbale (sans macaroni) et un certificat de vertu farouche. En récompense de ses recherches, le rosiériste palpe une médaille et encaisse un toast, au banquet du soir, entre le veau froid et la tourte au fromage.

Mais je ne veux point poursuivre ce parallèle... L'industrie de la rosière étant fort connue, et celle des rosiéristes l'étant moins, je passe à cette dernière, certain d'édifier les dîneurs de la taverne américaine sur des phénomènes nouveaux pour eux.

La tente sous laquelle les horticulteurs de Seine-et-Marne avaient rangé leurs *sujets* abritait onze cents variétés de roses, épanouies en tel nombre, qu'un statisticien du cru en compta jusqu'à six cent mille — juste de quoi faire un petit bouquet !... J'ai pour la « reine des fleurs » une vénération spéciale. Je ne me lasse ni de sa vue ni de son parfum, et qu'elle soit rose, rouge, blanche, jaune ou carnée, elle enchante mon nez et ravit mes yeux. Cependant je la dédaigne coupée, et la préfère de beaucoup sur pied, dans un jardinet ou dans la caisse disjointe de Jenny l'ouvrière Que voulez-vous ? je suis primitif.

Privée de ses branches et plongée jusqu'au col, — ainsi que je l'ai vue à Brie-Comte-Robert, — dans des fioles de pharmacien, la rose perd pour moi de son charme ; elle n'a plus ces airs dolents et penchés qui la font si gracieuse, et puis, comme elle est enfouie dans des tas de mousse étalée sur le sol, on en peut approcher les narines. Voilà donc un point bien établi : je déteste la rose en bouteille.

Autre critique. L'exposition de Brie, organisée sur un vaste emplacement, était entourée de boutiques semblables à celles de la fête des Loges. En sorte que l'organe olfactif du visiteur percevait une vague odeur de macaron ranci et de galette au beurre... *dito*.

Enfin des négociants de Dijon avaient déballé leurs gimblettes dans le voisinage, et le parfum du pain d'épice de la Côte-d'Or triomphait des effluves des calices de Seine-et-Marne ! Horreur !!! Du reste, les fleurettes exposées avaient l'air d'être de mon avis et de maudire le fatal sécateur qui les avait détachées de leur souche pour les envoyer dans une atmosphère chargée de poussière et de saltimbanques... Vous ai-je signalé la présence de trois baraques farcies de veaux à cinq pattes et d'hercules belges.

Je communiquai mes impressions à un rosiériste avec lequel j'avais voyagé. Il me fit quelque peu d'opposition et déclara que tout était pour le mieux dans la meilleure des expositions. Il alla même jusqu'à m'accuser d'avoir été mis en mauvaise humeur par les ennuis de la route. Je ne vous ai pas révélé que Brie-Comte-Robert est plus loin que le bout du monde en ces jours de liesse. Les omnibus chargés du service entre ce village et la gare de Brunoy sont assiégés par une population avide de jouissances champêtres, et pour obtenir une place sur la banquette des pataches, il faut plutôt user du poing que de la langue.

J'eus, pour mon compte, à lutter contre les membres d'une musique d'orphéon qui se rendait à la solennité. Ces messieurs étaient pressés, vu qu'ils devaient entonner une cantate à l'arrivée des autorités sur le champ du festival. Après m'être cogné, en tentant l'assaut de l'impériale, contre l'embouchure d'un ophicléïde, après m'être jeté l'œil droit dans le bec d'une clarinette, et après avoir reçu sur le dos une grosse caisse mal assujettie sous la bâche, j'avais renoncé à la rose et à ses pompes, et je me retirais, quand un rosiériste, malheureux comme moi dans l'escalade, m'offrit de louer de compte à demi un tilbury qui nous conduirait à Brie. J'acceptai et je fis dix kilomètres — au soleil ! en rase campagne !!

L'omnibus roulait, devant notre guimbarde, avec sa charge de croque-notes, soulevant des nuages de poussière argileuse dont je ne perdais pas la moindre parcelle… et les membres de l'orphéon, armés de leurs instruments, répétaient généralement la cantate dont je ne perdais pas le moindre canard.

Nous traversions les villages, rapides comme les héros des ballades allemandes, à la barbe des paysans qui nous regardaient d'un air ahuri.

L'un d'eux me désigna à sa femme :

— Tiens ! lui dit-il, vois-tu celui-là qui se prélasse dans la petite carriole, derrière, et *qui ne joue de rien ?*… C'est sans doute le chef d'orchestre.

On m'avait pris pour un directeur d'orphéon ! moi ! Cette erreur, douce à ma vanité, me remit un peu de baume à l'âme. Il est des dignités auxquelles on n'aspire pas, même en imaginative. J'arrivai donc sur le théâtre de la fête dans des dispositions excellentes, et mon rosiériste avait vraiment tort de me croire énervé.

Je le lui prouvai bien par l'attention soutenue que je prêtai à sa conférence sur la culture de sa marchandise. J'en ai retenu des bribes qui sont du dernier piquant.

Ainsi, croiriez-vous qu'il y a des *roses étalons ;* que le

rosiériste croise les races ainsi que le pratiquent les directeurs des haras? Cette opération consiste à prendre, au cœur du sujet mâle, du pollen que l'on porte dans le calice du sujet femelle, puis on entoure la fleur fécondée d'un sac de mousseline, afin que les mouches n'apportent pas dans le sein de l'opérée les atomes de pollen inconnu dont leurs pattes se poudrent durant leur chasse aux sucs végétaux.

J'étais, pour mon compte, ignorant de ces manipulations intéressantes, et grande fut ma surprise d'apprendre que les rosiéristes couvrent leurs fleurs des mêmes soins que la mère veillant à ce que sa fille ne se mésallie pas et accepte un époux de son choix.

Dans le nombre des surveillées, il en est qui s'entendent avec les abeilles, comme une vierge affolée avec une femme de chambre. Celles-là, aidées par le vent (un troisième complice), déchirent leur prison de gaze contre les épines des branches environnantes... Le frelon faufile, au travers de l'accroc, ses pattes chargées d'un pollen vulgaire, et quelque temps après, la dévergondée accouche d'une graine qui produit des roses inattendues, mais qui ne sont pas sans élégance et sans parfum. Tant il est vrai que les enfants de l'amour sont beaux dans le royaume des roses, comme ailleurs!

Le plus souvent la surveillance de l'horticulteur triomphe, et alors on obtient, de ces « mariages de raison », des sujets nouveaux que l'on baptise du nom d'un général, d'une grande dame ou d'un souverain. J'ai longuement contemplé la baronne Prevost penchant vers le maréchal Niel sa corolle pourprée; la duchesse de Cazes envoyant des soupirs à l'adresse de François Ier, et lord Palmerston, accablant d'œillades Mélanie Villermoze.

16.

Chacun apporte dans ses goûts ses instincts particuliers. J'aime les noisettes, il est donc logique que j'adore la classe de roses qui porte ce titre. Une espèce particulière, dite *noisette Desprêt*, s'est répandue dans le public à la suite de circonstances assez bizarres.

Sachez d'abord qu'entre rosiéristes, il y a des rivalités de métier qui provoquent des rancunes dix fois plus terribles que celles qui divisèrent les maisons d'York et de Lancastre. (Encore une guerre de roses!) Or il advint que le père Desprêt découvrit une rose noisette. Il entoura de soins méticuleux le pied étalon qui était chargé de dix ou douze boutons. Les fleurs s'épanouirent à merveille. La nouvelle s'en répandit, et de toutes parts les lettres arrivèrent, où l'on retenait au père Desprêt de la semence de son invention. Le père Desprêt l'éleva par avance au prix de vingt-cinq francs *le grain*. Un rosiériste d'alentour, que les lauriers (roses) de son voisin empêchaient de dormir, rêva de s'approprier l'invention et les avantages y attachés, — absolument comme les astronomes étrangers qui, à la nouvelle qu'une planète est découverte à Paris, jurent l'avoir simultanément constatée au ciel, dans un autre point de l'Europe.

Ceux-là ont le jeu plus beau que notre compère ambitieux, car on montre un astre au ciel, et l'on ne montre pas des petits globes d'une forme spéciale quand on ne les possède pas.

Que fit notre jardinier jaloux?

Il parvint, à force de démarches, à savoir que le père Desprêt avait offert un bouquet de roses à sa fille le jour de sa fête, c'est-à-dire quinze jours auparavant, et qu'il avait en même temps célébré son propre succès en plaçant la *noisette Desprêt* au centre de l'odorant faisceau.

Séduire la camériste de mademoiselle Desprêt, obtenir d'elle à prix d'or le bouquet de l'anniversaire qui se fanait dans une potiche, recueillir précieusement les graines de la fleur en cause, les planter, obtenir des sujets et crier partout qu'il avait aussi découvert la *noisette illustre :* c'est ce que fit le rusé confrère. Mais sa traîtrise fut sans effet. La bonne de mademoiselle Desprêt fit des aveux, et la *noisette Desprêt* garda le nom de son véritable père — de par autorité de justice.

Il y a longtemps déjà qu'on n'a trouvé une rose nouvelle. Mon rosiériste prétend qu'il est sur le point d'obtenir un résultat aussi magnifique qu'inédit. Il m'a même offert d'appeler de mon nom le fruit de ses essais. J'ai décliné cet honneur, ayant d'ailleurs autorisé l'inventeur du *cantaloup nain* à donner mon nom à son melon... Je crois, modestie à part, que l'étiquette *Adrien Marx* convient mieux à un cucurbitacée qu'à une rose. Et vous?

XLI

VOYAGE DE SA MAJESTÉ L'IMPÉRATRICE ET DE SON ALTESSE LE PRINCE IMPÉRIAL

I. — LE DÉPART.

Gare de l'Est, samedi 10 h. matin.

Il est des impatiences excusables, — pour ne pas dire naturelles.

Bien qu'averti de l'heure exacte du départ, je suis le premier voyageur arrivé à la gare, et je bénis l'ardeur qui m'a pressé, puisqu'elle me permet de vous dépêcher quelques notes, prises à la hâte sur mes genoux, au milieu d'un personnel remuant et d'employés enfiévrés de zèle.

J'entends, du côté de la Villette, les mugissements de la machine pavoisée qui va mener tout à l'heure notre souveraine et son auguste fils dans la plus belle contrée de l'Empire.

Trente hommes d'équipe, tous sous l'uniforme d'apparat, organisent le train impérial, tandis que vont et viennent MM. les administrateurs, les ingénieurs et le chef de gare surveillant les apprêts et donnant des ordres intelligemment exécutés.

Peu à peu le convoi se forme, et l'on aperçoit au loin la locomotive qui accourt en sifflant, — comme un monstre de fer et de feu, — pour s'accrocher au fourgon de tête. — On n'attend plus que l'Impératrice et sa suite... Tout le monde est à son poste... J'ai un grand quart d'heure devant moi, c'est-à-dire le temps de visiter les caisses du train. Profitons-en.

Le train impérial se compose de douze voitures. La machine d'abord, qui porte sur son tender un chauffeur, un mécanicien, deux ingénieurs et un employé supérieur de la traction; puis onze véhicules ajustés dans l'ordre suivant : un fourgon, un wagon de service, l'office, la salle à manger, la terrasse, le salon, la chambre à coucher, un deuxième wagon de service, un deuxième fourgon, plus deux voitures de première classe destinées aux personnes autorisées à prendre place dans le train de Sa Majesté.

Les fourgons n'ont pas une apparence extérieure très-luxueuse. Néanmoins, leur aménagement est curieux. Divisés en trois compartiments, ils donnent asile aux employés, aux bagages et aux appareils télégraphiques.

Je ne veux point passer outre sans vous dire que j'assisterai à l'innovation d'un système électrique, lequel permet de mettre en rapport direct les voyageurs avec les gens de la machine. Dans toutes les voitures est appendu un cadran dont le périmètre est orné des phrases : Plus vite, Tout va bien, Moins vite, Arrêtez.

Le bec d'une aiguille centrale, amené sur ces quatre points différents, avertit le mécanicien qu'il doit continuer ou interrompre, ralentir ou accélérer la marche de l'appareil de traction.

Les fils conducteurs du fluide courent sous les wagons dans des gaînes, et passent d'une caisse à l'autre sous des ponts volants qui les relient. En sorte que tous les véhicules communiquent entre eux matériellement et électriquement.

Les ponts volants sont praticables et ne présentent aucun danger, grâce à leurs élégants garde-fous en gutta-percha recouverts de ganse marron.

La voiture de service qui suit immédiatement n'est pas construite comme les « premières classes » que nous connaissons. C'est une série de compartiments juxtaposés percés longitudinalement d'un vide ou chemin central ; de chaque côté, des canapés de drap gris où s'asseoient les hauts fonctionnaires de la ligne ou les personnages de la suite de Sa Majesté. C'est là que je vois monter à l'instant M. Sauvage, le spirituel directeur de la Compagnie.

Il avait été désigné par le sort pour faire partie du jury des assises, mais ses fonctions l'empêchent de siéger au palais de justice... et il se prépare à escorter la plus pieuse, la plus dévouée et la plus courageuse des femmes de France, au lieu d'aller se prononcer sur les méfaits des malfaiteurs de son département.

. Du wagon de service, nous pénétrons dans l'office, où mes yeux considèrent avec surprise un fourneau fumant. On ne demande pas grand service à cette cuisinière mignonne. On n'exige d'elle que la cuisson d'une omelette et la confection du café. Mais l'on sent que, le jour où elle se piquera d'amour-propre, elle pourra livrer des côtelettes. En attendant, elle se contente de ces modestes fonctions, d'autant plus que, généralement, les augustes voyageurs font des déjeuners froids, expédiés des Tuileries, le matin, dans des boîtes spé-.ciales.

L'Empereur aime beaucoup déjeuner en chemin de fer, à cause du temps gagné par ce moyen... L'office et la salle à manger sont aménagés de façon à rendre ces repas faciles. Sur les crédences et les étagères sont rangés par avance les vins, la vaisselle et la verrerie, et au bas-bout du wagon-office a été réservé un compartiment où douze valets de service peuvent prendre place.

La salle à manger mérite une attention spéciale à cause de son mobilier riant et de ses sculptures supérieurement exécutées. Jadis elle renfermait, outre la table, six chaises et quatre fauteuils en cuir vert; mais l'Empereur ayant trouvé ces meubles lourds et incommodes, l'administration a fait l'achat de siéges en cannes, délicieux de forme et légers comme des plumes.

La table est longue et sensiblement étroite. Ses ailes latérales se rabattent pour rendre la circulation facile, et son centre est percé de trous où les bouteilles maintenues bravent la méchanceté des cahots. L'artiste a fouillé dans le chêne des panneaux des « motifs » de circonstance et chiffré le tout aux armes impériales.

Leurs Majestés passent, le plus souvent, après le déjeuner, sur la terrasse — une merveille en fer poli, au dire des connaisseurs. — Nous sommes là en plein air, sur un double balcon d'or et d'acier qui a coûté cent mille francs! Le long de la toiture court une tringle supportant des rideaux de damas de soie rouge. Des meubles gracieux, une horloge, un cadran de transmission, une table et des tabourets complètent cette pièce, dont le séjour est plus séduisant dans le repos que dans le mouvement — à cause de l'air qui s'y précipite dans la rapidité de la marche. — C'est de là que, dans certaines localités, Leurs Majestés écoutent les harangues des corps municipaux, lorsqu'elles ne descendent pas de voiture.

J'arrive au troisième anneau de cette chaîne splendide forgée dans la soie, la peinture et l'or, — au salon, dont la richesse dépasse celle des boudoirs les plus coquets. Ce wagon commence par deux subdivisions : l'antichambre, en reps de soie vert tendre, et le cabinet de toilette, boudoir où, l'an passé encore, l'Empereur aimait à se reposer dans l'isolement pendant la route. Depuis le bouton des portières, où le ciseau a sculpté des abeilles dans le bronze doré, jusqu'au capitonnage des parois tendues de tapisserie d'Aubusson, tout charme l'œil dans ce paradis de huit mètres cubes. Les glaces reflètent les vives couleurs des tentures. Le plancher disparaît sous une moquette moelleuse. Ici, un baromètre qu'on dirait ciselé par Benvenuto Cellini ; là, une horloge, des lampes, des lustres, tout cela s'envoie, au travers d'une atmosphère rayonnante, les étincelles communes au cristal et à l'or.

Trois canapés garnissent le bas des murs. L'un en forme de trône, où l'Empereur et l'Impératrice se tiennent ordinairement ; les deux autres, plus grands, où s'assoient les dames d'honneur, les chambellans, etc.

Suivez-moi maintenant dans la chambre à coucher ; je devrais dire les chambres à coucher, car outre celle de S. M. l'Impératrice, il y a celle de l'Empereur et du Prince Impérial. La première est en damas de soie bleue garnie de ganse assortie ; l'autre, en damas de soie mauve. Le plafond tout entier est tapissé de moire antique blanche. Dans des recoins entourés de cloisons, j'aperçois des cabinets ornés de toilettes en vermeil. Les lits sont en palissandre non verni et sculpté, et les chaises sont en laque rehaussée de filets d'or.

Le matériel du train impérial représente une valeur approximative de 350,000 francs. Mais je ne puis continuer mon indiscret voyage. Un valet de chambre arpente les caisses ; il est suivi d'un employé qui tient à la main un énorme bouquet odorant, faisceau composé pour l'Impératrice par la fleuriste du boulevard des Italiens, madame Lefilleul.

Par les soins de l'administration, Sa Majesté trouvera un bouquet semblable sur son guéridon à Châlons, où nous arriverons tantôt... Les fleurs se fanent si vite en chemin de fer!

Je me sauve, et, dans ma fuite, je tombe presque dans les bras de M. Gireaud, le plus aimable des secrétaires de toutes les lignes du monde. Il tient à la main deux lettres.

Dans la première, un correspondant d'Épernay lui raconte que la ville a dépensé 10,000 francs en fleurs, en oriflammes, en pompiers, sans compter un enthousiasme qui ne se peut rendre numériquement... Je cherche le baron Taylor — en vain. Il est déjà à Nancy, où il organise un concert auquel participeront les voix des dames de la ville.

L'autre missive contient les reproches d'un chef d'orphéon de Toul, qui doit mener son personnel dans la capitale de l'ancienne Lorraine. Il se plaint de ce que l'administration de l'Est n'a pas voulu lui délivrer un laissez-passer pour lui et sa troupe, et son dernier ar-

17

gument ne manque pas de pittoresque... bien qu'il ne soit pas victorieux.

« Vous *en* donnez bien (des laissez-passer) aux conducteurs de bestiaux ! » écrit-il en une missive où son indignation est évidente.

. . . .

L'Impératrice et le Prince Impérial arrivent sur le quai de l'embarcadère.

J'ai à peine le temps de vous dire adieu et de vous promettre CHALONS pour demain.

II. — LA ROUTE.

J'ai toujours estimé que la situation d'un souverain est la plus pénible des situations connues. Le prince qui règne est tenu, devant les nécessités de son poste, de refouler en lui les sentiments de l'époux et du père. Il lui faut songer à la cause nationale avant de songer aux siens, et il se doit à l'État et au peuple, au détriment des impulsions naturelles de son cœur. C'est ce que disait éloquemment l'attitude de S. M. Napoléon III ce matin, à la gare de l'Est, tandis qu'il faisait ses adieux à son auguste famille.

Sa Majesté est montée dans le wagon-terrasse pendant quelques secondes.

— Les portières des wagons ferment-elles bien ? a-t-elle demandé en apercevant le Prince Impérial qui se penchait hors de la voiture.

— Soyez tranquille, Sire, je veillerai sur lui, a répondu l'Impératrice.

Et puis le signal du départ a été donné. Sa Majesté a embrassé sur le front l'héritier de son trône, qui lui a rendu son baiser sur la main, et, après avoir séjourné quelque temps sur le quai, regardant s'éloigner le train qui emportait dans l'Est ses plus chères affections, Elle est rentrée aux Tuileries...

O hommes! qui êtes si prompts à accuser les rois; ô politiques! qui vous montrez si sévères à l'égard des pasteurs des peuples, les avez-vous jamais vus sacrifier au bonheur de leurs sujets ces joies calmes et douces que Dieu dispense aux puissants comme aux infimes? Si oui, — avouez qu'ils payent cher leur grandeur et qu'ils ont droit, en quelque situation qu'ils se trouvent, à l'estime et à l'affection publiques, puisque, pour les conquérir, ils sont obligés d'étouffer des élans dont nul ne se peut défendre.

Je vous ai décrit hier le train impérial; vous connaîtrez donc la disposition du compartiment où j'ai pris place, quand vous saurez qu'il s'appelle *wagon de service*.

J'ai pour compagnons de route, MM. Sauvage, directeur des chemins de fer de l'Est; Gireaud, secrétaire général de la Compagnie; Jacquemin, directeur de l'exploitation; Martin, ingénieur de la voie; Boulard, constructeur des voitures; Vuillemain, directeur du matériel; Daniel, directeur du contrôle; Ledru, ingénieur des travaux. M. Dariste est près de l'Impératrice, en sa qualité de vice-président du Conseil, remplaçant M. Thouvenel, président, empêché.

Grâce à ma parenté avec M. Marx (mon frère), ingénieur en chef de Seine-et-Marne, ces messieurs, presque tous anciens élèves de l'École polytechnique, me font un accueil des plus flatteurs. Il règne entre tous ceux qui ont passé par cette institution une fraternité telle qu'elle rejaillit sur les familles.

La connaissance est donc vite faite, et la conversation s'engage sur certain président d'une grande compagnie de voies ferrées, lequel était Suisse et peu versé dans les élégances de la langue française. Lorsqu'il voyait l'Empereur dans des circonstances analogues à celles qui nous réunissent, il ne manquait pas de lâcher quelques bourdes. M. Sauvage les relate avec un esprit et une verve de chroniqueur de première classe. Il conte qu'en 185. ce *barbare* fonctionnaire dit à Sa Majesté :

— Je suis enchanté, Sire, de vous voir en bonne santé... et le *petit bonhomme* va bien? Ah! voilà votre grand *écurier* qui s'avance.

C'est le même qui s'écriait :

— Il se passe dans les trains des malices *cousues de fer blanc* à l'endroit des billets, mais je vais les faire tous timbrer avec un *n'importe pièce*.

M. Sauvage émaille son récit d'anecdotes qui font trouver le temps rapide, et sa causerie animée me rappelle qu'il a dit devant moi à Edmond About :

— Vous accouchez depuis quelque temps de livres indignes de vous.

— Et le *métier?* repartit l'auteur de *Tolla;* il faut bien faire des chaussures, quand on est cordonnier.

— Je ne dis pas! continua M. Sauvage. Mais vous, qui savez faire des bottes, pourquoi nous donnez-vous des sabots?

M. Sauvage envisage la politique d'une singulière façon. C'est, prétend-il, une question de couleur à étaler sur tel coin de la carte.

Et nous rions devant ce point de vue inédit.

— Nous nous amusons, me murmura à l'oreille Gireaud, qui venait de regarder sa montre. Il est midi, et l'on enterre Édouard Martin.

Nous devenons soucieux tous deux, car tous deux nous avons connu cet excellent homme, mort à la vie intellectuelle depuis deux ans, à la vie physique depuis deux jours. Gireaud tire de sa poche un pli qu'il a trouvé ce matin même dans ses paperasses. En voici le contenu :

« Mon cher Gireaud,

« *Perdonnet*-moi, je suis venu vous voir et j'ai trouvé chemin de fer de bois. J'étais venu réclamer un service de vous, c. à. d. l'obligation de vous remercier demain.

» « ÉDOUARD MARTIN.

« Paris, août 62. »

Et dire que la main qui traçait ces joyeusetés est maintenant inerte et froide! La vilaine chose que la vie... quand on l'a perdue!

Nous arrivons à Meaux. En descendant de mon véhicule, un papier tombe de ma poche. C'est l'épreuve d'une gravure que j'ai reçue d'Epinal. Cette estampe représente la cavalcade que nous contemplerons dans deux jours à Nancy. Une idée me traverse le cerveau, et m'approchant de S. Exc. le grand écuyer, je le prie de remettre cette image, de ma part, au Prince Impérial, avec lequel je suis en compte de dessins. Quelques minutes après, Son Altesse tient la gravure déployée et la montre à tous d'un air ravi...

S. Exc. le général Fleury, auquel je n'avais jamais eu l'honneur d'être présenté, m'a accueilli avec une amabilité dont je suis encore tout confus. Il y a des moments où je bénis ma profession, qui, en me permettant d'approcher les puissants du jour, me convainct que l'affabilité et l'esprit se rencontrent toujours chez ceux-là mêmes qui s'en pourraient montrer avares, en vertu de leurs états de service dans le passé, et de leurs fonctions dans le présent.

Le train, modérément lancé au départ, pour permettre à Leurs Majestés de déjeuner sans trop de vent et de poussière, accélère sa marche. Les arbres passent devant les portières comme des fous échevelés pris de terreur. J'ai à peine le temps de distinguer les cantonniers, fixes aux barrières, habillés de neuf et saluant militairement.

— Si nous allions jusqu'à Strasbourg, me dit l'ingénieur de la voie, nous en rencontrerions 2,400, aussi raides et aussi bien tenus.

Que dites-vous de ce chiffre? 2,400 agents, dont le dernier est planté sur les bords du Rhin! Cela me fait rêver. Chacun de ces hommes a reçu sa consigne la veille. Depuis que l'Empereur a inauguré la voie, leur attitude, au passage des trains impériaux, est toujours la même, et leur bulletin porte invariablement cet ordre du jour : *Faites comme la dernière fois.*

Dernièrement, un de ces subalternes osa se planter à son poste en manche de chemise. L'ingénieur craignit un moment qu'il ne prît son dernier bulletin à la lettre et qu'il ne se présentât cette fois dans le même accoutrement. Mais ses craintes s'évanouissent à La Ferté. Le garde sue sous son frac.

Pour permettre aux populations de venir saluer

Leurs Majestés, la Compagnie de l'Est a organisé cent six trains supplémentaires, ce qui représente environ 150,000 personnes échelonnées le long des barrières et dans les gares.

Un fort détachement de ces campagnards se presse aux portes de la gare de Château-Thierry, où nous nous arrêtons cinq minutes, — le temps d'entendre un discours et 10,000 vivat.

L'Impératrice, qui au départ portait un toquet de voyage, une robe de gaze de Chambéry, et un manteau de soie noire, apparait à la galerie du wagon-terrasse, vêtue d'une robe blanche, d'un burnous de soie bise. Ses cheveux dorés débordent d'un chapeau-fanchon en dentelle garni de fleurs bleues...

Le Prince Impérial a gardé son costume de coutil blanc.

Les sifflements de la machine nous avertissent que nous approchons d'Épernay. MM. les ingénieurs remettent leurs habits, qu'ils ont quittés dans leur fourgon. — Privauté fort excusable si l'on songe que le thermomètre marque (le train fendant l'espace) 35 degrés à l'ombre !

La chaleur des sentiments populaires égale celle de l'atmosphère, témoin l'aventure d'un sapeur-pompier d'Épernay.

Les sapeurs ruraux que la nature n'a pas dotés d'une barbe naturelle en reçoivent une postiche des mains de leur maire. L'un de ces barbus qui reculent (bu qui reculent) sur le passage des autorités, l'un de ces infortunés, dis-je, saisit sa barbe dans son enthousiasme, et l'arrachant de ses lèvres dont elle gêne l'expansion, il l'agite en l'air en s'écriant :

— Vive l'Impératrice ! vive le Prince Impérial !

La cérémonie d'Épernay a été fort imposante. Je défie qui que ce soit de ne pas se sentir ému en présence de ces mille têtes vociférant la joie, de cette souveraine attachant de ses mains la croix à la boutonnière de M. Moët et du curé de l'église et la médaille militaire près de l'aiguillette de deux sergents de la ligne. Le dernier a pleuré et a tendu sa main à Sa Majesté, qui l'a serrée avec ce sourire dont elle a le secret.

Le sourire de l'Impératrice n'est pas de ces sourires officiels qui blessent ceux qui le contemplent. On ne s'en lasse jamais. Il rayonne toujours, franc et doux, et malgré soi on le contemple en souriant aussi. Après le défilé des corps constitués, des troupes et de l'orphelinat d'Épernay, nous remontons en wagon. Une demi-heure après, Châlons apparaît... Les cloches sonnent, les tambours battent aux champs, quelques gouttes d'eau tombent.

L'Impératrice monte en voiture avec son auguste fils. Moi, je me mêle immédiatement à la foule... je me mêle aux flots de ces braves paysans qui ont fait dix lieues à pied pour venir pousser un hourra et voir avant de mourir l'impériale beauté.

Il y a deux genres d'admiration chez le peuple : l'admiration bruyante et l'admiration intérieure. L'une éclatant en cris et en vivat, l'autre formulée en larmes et en soupirs.

J'ai devant moi un vieillard qui pleure, et au-dessus de ma tête j'aperçois aux fenêtres de l'hôpital des sœurs de charité auxquelles Leurs Majestés adressent des saluts particuliers. Des malades découvrent leurs fronts pâles.

— Tiens ! dit un homme du commun, des malades à l'hôpital ! On m'avait dit que l'état sanitaire était parfait et que tous les lits étaient vides.

— C'est vrai, répond son voisin, ceux-là ce sont des hommes déguisés et coiffés de bonnets de coton pour bien faire comprendre à Sa Majesté que c'est un hospice. . . . .

P. S. Je rentre du bal et du banquet. Il est une heure du matin, le dernier courrier part dans un quart d'heure. Je n'en puis plus de fatigue... Vous aurez les fêtes châlonnaises demain. Je commence à trouver que l'hiver a bien son charme.

III. — CHALONS.

Je ne connais pas de sujet plus ingrat à traiter que le voyage d'une Majesté dans les provinces. C'est toujours le même arc de triomphe, la même oriflamme, le même pompier, la même fanfare...

Si je compte bien, j'ai, depuis mon départ, absorbé cinquante fois l'air de *Partant pour la Syrie*, et je doute qu'en ces lointains pays le jeune et beau Dunois ait plus souffert que nous de la chaleur et de la soif. Mais je cesse de murmurer... surtout lorsque je songe au courage inébranlable avec lequel l'Impératrice supporte les fatigues de la route. Nous avons, — nous autres sujets, — la latitude de rester étendus sur les coussins, tandis que la souveraine doit à tout instant quitter son fauteuil, se montrer aux populations et subir l'enthousiasme criard du flot rural.

Je passe sous silence les discours des municipes, tous

clichés sur le même modèle, flatteurs et sincères par le fond, naïfs et fastidieux par la forme. Beaucoup de cœur et peu de littérature !

La réception faite par les Châlonnais à Leurs Majestés marquera dans les fastes de la Marne. « On en parlera sous le chaume bien longtemps. » L'affluence des masses a été telle que les chevaux de l'Impératrice ont été obligés d'aller au pas jusqu'à la cathédrale, où ils se sont arrêtés après avoir passé sous trente arcs de triomphe.

Les inscriptions de ces monuments de verdure font toutes allusion au voyage de Sa Majesté à Amiens, et au cadeau que l'empereur d'Autriche a fait à notre souverain.

La visite de l'Impératrice aux cholériques de la Somme est ce qu'on appelle en argot de coulisse « *un succès.* » Sur les drapeaux on lit : *A la reine des sœurs de charité, au bon ange de la France.* A quelques fenêtres, j'ai remarqué des étendards où l'aigle autrichien tient dans l'un de ses becs une carte de la Vénétie, et dans l'autre, deux mains unies...

Aux abords de l'église, hurlait une vieille femme qui me conta que l'Impératrice l'avait saluée spécialement, et, pour rendre l'affabilité et la simplicité de la noble visiteuse, elle me dit en joignant les mains :

— Elle est aussi peu fière que la fille de not' instituteur !

Le Prince Impérial excite, de son côté, un délire général. Son costume de velours noir, coupé par le grand cordon de la Légion d'honneur en sautoir, fait un effet magique sur le populaire.

Je dois ajouter aux qualités du Prince, que j'ai eu l'honneur de dévoiler ici, une galanterie à faire rougir de dépit un marquis du vieux régime. Chaque fois que, dans les stations secondaires, sa mère descendait recueillir le bouquet traditionnel, il lui tendait la main, et, quand Sa Majesté remontait dans son wagon, il lui offrait l'appui de son petit bras, ainsi qu'aux dames du palais. Le chambellan de service a trouvé là un. aide rompu à l'étiquette, et M. le chevalier d'honneur s'est souvent demandé si son poste n'était pas une sinécure, grâce à cette intervention inattendue.

Après le *Te Deum*, l'Impératrice s'est dirigée vers la préfecture, où l'on avait meublé à neuf un logis réservé à la famille impériale depuis l'organisation d'un camp dans le voisinage.

Ne précédant Sa Majesté que de quelques secondes, j'ai pu seulement entrevoir sa chambre à coucher vert d'eau à bandes de satin blanc, son salon pompadour rose et or, et la chambre du Prince tendue de damas de soie bleue orné de crépines d'or... Le lit, en palissandre, a été fabriqué à Paris.

Le corps de bâtiment affecté à Leurs Majestés est si spacieux qu'elles ont amené avec elles cent quinze personnes de leur maison. J'ai retrouvé dans leurs rangs miss Shaw, la bonne de Monseigneur, et j'ai dû essuyer ses reproches pour avoir relaté fidèlement son langage panaché dans mon " *Après-midi aux Tuileries.* »

— Ma façon de parler le français n'est pas pure, m'a-t-elle dit, mais ma façon d'aimer est sans mélange.

Dévouement de bronze et cœur d'or, voilà le portrait de celle qui fut mon ennemie, car la paix est scellée maintenant par une poignée de main correctement anglaise.

La présentation des dames de la ville, au nombre desquelles on compte une piquante beauté (madame Ruinard de Brimont), a été suivie immédiatement du banquet. Cinquante personnes eurent l'honneur de s'asseoir à la table du préfet, et aucune d'elles ne se douta de ce qui s'était passé le matin dans les cuisines. Le violent orage de la nuit précédente avait fait tourner les crèmes et les soufflés, en sorte que l'on ne s'aperçut du désastre qu'au dernier moment.

Un jeune *chef*, mandé la veille du café Anglais, conçut un tel désespoir de ce contre-temps, qu'il tomba en faiblesse sur un plumpudding. Le coup fut dur, mais les malheurs réparés, grâce au zèle d'un *premier prix de gelée aux fruits*, également arraché à un office de la capitale.

Ayant obtenu de jeter les yeux sur la liste des vins du festin, le sommelier m'a fait remarquer l'absence des vins rouges du pays.

— Pourquoi cette omission? ai-je demandé.

— C'est à cause qu'ils ont un goût de *tiroir* qui ne plaît pas à tout le monde.

Mon confrère Albéric, qui est le roi des *à peu près*, n'aurait pas trouvé celui-là!

Mais il fallait songer à mon coucher et à ma subsistance. Je courus à l'*Hôtel de la Cloche*, qui m'avait adressé à Paris la lettre suivante :

« Monsieur,

« Je lis dans l'*Événement* que vous venez à Châlons à la suite de Sa Majesté. Voulez-vous me faire l'honneur d'accepter l'hospitalité chez moi? Je regrette d'avoir été initié à votre voyage un peu tard et de ne pouvoir pas vous recevoir avec tous les soins qui sont dus à un homme e votre talent.

« JAUNAUX. »

Il y aurait eu ingratitude de ma part à fuir cet admirateur champenois. Je me rendis donc à l'*Hôtel de la Cloche*, où je m'attendais à trouver un gros compère bouffi et coiffé d'un casque à mèche, ainsi qu'on voit tous les hôteliers de vaudeville. Jugez de ma surprise :

Un gandin de vingt-trois ans, mis avec la dernière élégance, m'attendait sur le seuil. Bachelier, joueur, viveur et Parisien comme feu M. de Gramont, ce même Parisien, quand vient le soir, sert le potage à ses clients de la table d'hôte.

Il a parfois perdu cent louis au cercle dans la nuit, fait une chute de cheval en s'essayant à l'entraînement d'un pur sang dans la matinée, ou été porter une rose à mademoiselle X..., dans sa villa d'Epinay. Eh bien ! cela ne l'empêche pas de découper le roastbeef avec un talent sans égal et de crier dans la cour de son établissement à ses valets ahuris : « Montez une bougie au 75!... On sonne au 144... Le 33 demande de l'eau ! » Il a un zèle, un empressement et une entente de son métier, qu'on ne saurait trop apprécier. Finalement, c'est un type que nous désignerons, si vous le voulez bien, par l'*hôtelier gentleman*.

Je me suis lié, dans son immeuble, avec plusieurs officiers des chasseurs de la garde, lesquels, en apprenant ma qualité de rédacteur de l'*Événement*, ont voulu organiser un punch, un souper et un carrousel. Vous ne vous doutez pas, mes chers collègues de la rue Coq-Héron, que notre prose est lue au camp par tout le monde, depuis l'ordonnance jusqu'à l'état-major ! Notre journal s'y vend comme du tabac; un crieur public parcourt les tentes le matin avec notre feuille, qui est aimée par chacun comme un ordre du jour où il serait cité.

Quatre de ces braves cavaliers m'ont demandé si la guèrre avec *le Soleil* était vraiment terminée.

— Sinon, ont-ils ajouté, dites à M. de Villemessant qu'il a pour lui la garde, digne fille de celle qui mourait sans se rendre!

Ainsi donc, il est convenu qu'en cas de lutte, nous avons à Mourmelon cinq mille chevaux prêts à courir sus à nos adversaires. La troupe est à nous, c'est-à-dire la victoire!

Nom d'un picotin! M. Millaud l'a échappé belle!

Nous nous sommes rendus ensemble au bal, où l'Impératrice cueillait de nouveaux lauriers, ceux qu'on ne marchande nulle part à la plus belle et à la plus élégante. Le prince Murat lui a fait vis-à-vis au quadrille.

Sa Majesté s'est retirée de bonne heure, et l'on a pu circuler plus facilement dans les salons de l'Hôtel-de-Ville. Tout en les parcourant, mes officiers me désignaient d'une manière assez pittoresque les épouses de leurs collègues des autres régiments.

— Tiens! disait l'un, voici madame une telle; quelle gaillarde, hein? On voit bien qu'elle a épousé un cuirassier et qu'elle est dans la grosse cavalerie.

— Ah! faisait un autre, j'aperçois la charmante madame X..., elle est dans la cavalerie légère.

— Je vais présenter mes devoirs à madame Z..., une dame de la ligne.

J'ai bu, à ce raout, plus de champagne que dans ma vie entière. Chose bizarre! ce vin dégusté sur le sol qui l'a vu naître est inoffensif et plaisant au goût. Autrefois j'étais adversaire forcené de l'aï; j'en suis fanatique à cette heure, grâce au capitaine R... « qui m'versait toujours, » comme dans la chanson.

— Capitaine, lui ai-je dit après avoir élevé ma coupe

à la hauteur de l'œil droit et l'avoir vidée d'un trait, vous avez fait une conversion...

— C'est mon affaire ! m'a répondu l'officier. Il n'y en a pas deux comme moi pour commander les *conversions* à mes hommes. Seulement celles-là diffèrent de la vôtre.

Nous nous retirâmes. Les rues étaient pleines de paysans qui, n'ayant pu se loger, dormaient sur les trottoirs. Quelques pompiers faisaient un bezigue sous les réverbères de la place.

Bref, deux heures sonnaient au moment où je tirais la sonnette de la *Cloche d'or*. Le maître de la maison soupait en compagnie d'une de ses pratiques.

— Vous tombez bien, me dit-il ; vous allez nous aider à casser les reins à un cent de crevettes !

Mais j'étais peu en train de casser les reins à quoi que ce soit, à cause des miens propres que je sentais vermoulus, et je me sauvai dans ma chambre dans l'intention de sommeiller un brin... Tâche !... Ma déveine habituelle m'obligea de remettre au lendemain cette douce opération.

Figurez-vous que le n° 75, désigné à moi comme asile, était occupé, avant mon arrivée à Châlons, par un voyageur, lequel devait primitivement s'en aller le lendemain à quatre heures du matin ; mais le touriste avait subitement changé et avait décampé dans la soirée sans prévenir de sa fuite inopinée le domestique qui le servait. Comme il lui avait ordonné de le réveiller à trois heures du matin, le zélé valet fit irruption dans mon réduit dès l'aurore.

— Allons, monsieur, s'écria-t-il en me tirant les jambes, levez-vous !

— Qu'est-ce qu'il y a ?... Que voulez-vous ? dis-je d'un ton peu aimable.

— Ne m'avez-vous pas ordonné d'être impitoyable et de vous jeter hors de votre lit au petit jour?

— Moi? pas du tout!

— Je la connais, *celle-là!*... Tous les voyageurs me *la* font. Ils me recommandent de les réveiller, mais la paresse l'emporte, et puis dans la journée ils me font des reproches en me disant : Il fallait insister et m'asperger d'eau froide plutôt que de me laisser dormir.

— Mais je vous jure...

— Il n'y a pas de « je vous jure » qui tienne! allons houp! Et mon homme saisit mon pot à l'eau. Il m'en allait répandre le contenu sur l'occiput quand le maître d'hôtel (le gandin) entra.

— Nous *taillons un bac* en bas, me dit-il; il y a un banco de vingt-cinq louis à tenir... Le faites-vous à nous deux?

Ne riez pas, lecteur, tout ça n'est pas drôle quand on a, par le temps qu'il fait, cent soixante kilomètres sur la conscience.

Pour couronner cette aubade, *mes* chasseurs arrivèrent et déposèrent leurs talpacks sur ma table de nuit. Ils tirèrent du fourreau leurs glaives, dont la gaîne cliquetait sur les sabretaches armoriées, et ils commencèrent la parade, à cheval sur des chaises...

Il fallut bien se lever, mais je manquais d'empressement en faisant ma toilette, et je songeais au repos nocturne des Parisiens que les fêtes de l'Est ont laissés insensibles.

Nous quittâmes Châlons à neuf heures.

L'Impératrice portait une ravissante toilette qu'elle garda jusqu'à Nancy : un splendide mantelet de guipure, un chapeau fanchon garni de muguet et une robe traînante de mousseline brodée à Nancy.

J'ai pensé, en considérant le fini de ce travail, que la France doit se réjouir de s'être annexé des artisans aussi habiles !

Remonté en wagon avec le corps des ingénieurs, les causeries recommencèrent, et M. Gireaud reprit, avec sa fine et spirituelle bonhomie, les propos interrompus la veille par notre arrivée dans le chef-lieu de la Marne.

Il énuméra les moyens employés par les ingénieurs pour essayer une voie ferrée et juger si les véhicules rouleront sans cahots et sans tangage.

Voici le plus usité : on place tout simplement une chope pleine de bière au milieu d'un wagon et on l'accroche à une locomotive qui part à toute vitesse. La chope doit arriver au but sans avoir perdu une goutte de son contenu.

— Et quelle récompense donne-t-on à l'ingénieur qui sort triomphant de cette épreuve?

— On lui permet de boire la chope, parbleu !

Si l'examen porte sur une centaine de lieues et si le soleil est aussi implacable que celui de ce jour, voilà une bière que je n'envie pas à l'heureux lauréat !

Notre train atteste, par le calme avec lequel il fend l'espace, que M. Jacquemin a dû consommer plusieurs canettes gagnées à la sueur de son équerre.

Vitry nous a retenu dix grosses minutes, que Leurs Majestés ont passées dans l'audition d'un speech (toujours) et de mille acclamations. Son Excellence le grand écuyer m'a surpris, sous la tente municipale, en train de bavarder avec un vieux médaillé de Sainte-Hélène.

— Ah ! je vous y prends, *monsieur l'indiscret*, a fait le général Fleury en souriant.

Et s'adressant au grognard :

— Méfiez-vous de lui, mon brave ! il fait causer les gens pour répéter leurs confidences.

Durant que Sa Majesté distribuait des récompenses, M. Monnier, précepteur du Prince Impérial, m'apprenait que Monseigneur, loin d'être abattu par la fatigue, *travaille* l'histoire de la Lorraine en wagon, et ajoutait que son élève arrivera dans la capitale de cette contrée, initié à son passé et à son présent, aussi complétement que les archivistes de la localité.

Mais voici Bar, où j'ai entendu un discours qui attachera à la boutonnière de son auteur (le maire de la ville) une rosette d'officier de la Légion d'honneur, — juste récompense d'une administration sage, d'une éloquence intelligente, et d'un feu oratoire très-rare dans la corporation des édiles. J'y ai aussi serré la main d'un préfet, homme d'esprit, M. de Grandville, qui a organisé dans son chef-lieu un accueil que, d'après ses propres paroles, l'Impératrice n'oubliera jamais.

M. de Grandville est monté dans notre compartiment jusqu'à Nancy. J'ai appris, en l'écoutant, comment on fait fleurir un département, comment on y entretient le dévouement pour le bien, le respect pour les pouvoirs admis et l'amour pour les autorités soucieuses de la prospérité publique.

— Tous les maires des cantons m'aiment, et *mes* habitants m'appellent leur père... si bien que tous les citoyens de la Meuse étaient à Bar, disait le fonctionnaire en se redressant.

— Mais alors, monsieur le préfet, il n'y aura personne à Commercy.

— Si fait... j'y connais une centaine de vieilles paysannes invalides qui, j'en suis sûr, viendront jeter leur vivat à la gare. On adore notre souveraine dans mes communes, on la tient pour une sainte... Figurez-vous que l'autre jour une femme de la campagne a eu des douleurs d'entrailles, et son fils lui a dit : « Si c'était le choléra que vous avez, maman, ça ferait venir l'Impératrice à la maison... Quel bonheur! »

Il est de fait que l'affection des populations champêtres pour Leurs Majestés est bizarre dans son expression. Croiriez-vous qu'un pêcheur a voulu remettre lui-même au Prince un brochet et un cent d'écrevisses? On a eu toutes les peines du monde à l'empêcher de déposer son offrande aux pieds de Monseigneur.

Plus heureux, les habitants de Verdun ont vu accepter leur cadeau, — une caisse énorme en acajou contenant cent livres de dragées. Le Prince est, comme on sait, fort bon pour ses domestiques, et c'est sans doute parce qu'il daigne leur offrir des sucreries que j'ai entendu la réflexion de ses laquais.

L'un d'eux dit à l'un de ses collègues, tandis qu'il l'aidait à placer la colossale bonbonnière dans un fourgon :

— Voilà des dragées qui *nous* arrivent!

Sa Majesté a remis quinze croix et soixante récompenses à Bar : juste deux fois plus qu'à Toul. Le maréchal Forey, venu de Nancy au-devant des illustres voyageurs, est monté dans le train avec son état-major.

Nous nous sommes à peine aperçus, dans notre wagon, de la distance qui sépare l'ancien Grand-Évêché de la cité où régna Stanislas, grâce à la courtoisie et au charme des paroles que nous adressa M. le sénateur Dariste, président de la Société des chemins de fer de l'Est.

J'ai insufflé à ce haut fonctionnaire l'idée d'envoyer un lot de journalistes à Constantinople par les voies que son administration a ouvertes au travers de l'Europe, et mon *propositum* ne lui a pas déplu...

Plumitifs, mes frères, taillez vos meilleures plumes : nous irons en Orient l'an prochain ! En Orient, où les roses penchent leurs calices sur les ondes du Bosphore, à Stamboul, où Mahomet a choisi le personnel de son paradis !

IV. — NANCY.

Les cent et un coups de canon qui ont salué l'arrivée du train impérial, dans la cité chère aux amateurs de charcuterie, ont provoqué des contestations dont les Nancéens garderont la mémoire. Les organisateurs des fêtes ont, il paraît, discuté longuement sur le point où éclateraient les salves d'artillerie et décidèrent, en dernier ressort, que la vieille citadelle des ducs de Lorraine servirait de base au bronze tonnant. C'est pourquoi nous aperçûmes, depuis Frouard, des jets intermittents de fumée blanche suivis de détonations formidables. Le vent du nord nous envoyait par les portières le bruit et l'odeur du salpêtre en combustion.

— Chose singulière ! dit un philosophe du compartiment voisin, le canon exprime à la fois la paix et la guerre, la joie et le deuil.

— Chose désagréable ! repartit un délicat, la poudre sent mauvais, qu'elle rie ou qu'elle rugisse, qu'elle dise le plaisir ou qu'elle donne la mort.

Si je ne m'abuse, ce sybarite doit être diplomate. Il n'y a que ces messieurs pour faire fabriquer des cartouches et en dénigrer l'explosion après.

La municipalité, les députés et les autorités de tous les calibres, étaient à la gare. La vue des clefs de la ville, posées sur un coussin aux armes de Lorraine, que portait un monsieur cravaté de blanc, me fit faire quelques réflexions. Cette coutume, qui a subsisté, me semble illogique au dernier degré. Les villes n'ont plus de portes; à quoi bon en déposer les clefs aux pieds des souverains? D'où viennent ces clefs, d'ailleurs? C'est, la plupart du temps, trois passe-partout qu'un municipe prête pour la circonstance, et je gage qu'aucune des serrures de Nancy n'admettrait dans son sein ces petits morceaux de fer dorés par le procédé Ruolz.

On m'opposera la tradition, l'allégorie... il est d'autres traditions qu'on a laissé disparaître et qu'on ferait mieux de remettre en vigueur. De celles-là, je ne veux point parler, et pour cause.

L'Impératrice et son fils ont été accueillis chaleureusement sur la place de l'Embarcadère, et sont entrés dans la cathédrale après avoir passé sous des arcs de triomphe mirifiques. Le plus beau de tous est en mousseline blanche et rappelle un peu (à la glace près) les toilettes dites Louis XV, parce que sous le règne de ce roi les dames se débarbouillaient entre des cascades de dentelles et des ruches de tulle.

Je n'ai pu entendre les paroles prononcées par les prélats dans le temple, et j'ai dû courir prendre ma place sur l'estrade devant laquelle ont successivement passé les corporations et les populations lorraines.

Ce fut, pendant une demi-heure, un beau spectacle; les francs-tireurs d'Épinal, avec leurs feutres emplumés et leurs vestes de velours, furent les lions du défilé. Le char de sel entouré de mineurs, d'employés aux salines de Saint-Nicolas, eut un succès de curiosité.

Quant au personnel de la manufacture de drap Goudchaux-Picard, avec son chef en tête, il provoqua un enthousiasme notoire.

Il est des choses qu'on n'oublie pas. Le négociant qui a traversé les crises révolutionnaires sans renvoyer un seul ouvrier, et a continué à leur donner du pain alors que le sien propre était compromis, ce négociant, dis-je, a droit à des démonstrations. D'aucuns m'assurent qu'il a été décoré. Saluons, et passons au côté plaisant.

Quelques corporations villageoises avançaient entre deux haies de pompiers.

— Oh! les pauvres gens! dit un enfant à son père. Pourquoi les mène-t-on au poste?

De fait, ils avaient l'air malheureux de ceux que leur inconduite désigne au violon. Si l'on songe aux kilomètres que ces braves montagnards avaient mangé la veille, on les excusera de cet abattement piteux. La plupart d'entre eux ouvraient de grands yeux au lieu de crier et s'arrêtaient d'un air hébété devant la tribune impériale. Les agents de l'ordre étaient obligés de les faire avancer.

Quelques-uns se plaignirent qu'on ne leur avait pas laissé contempler leur souveraine assez longtemps, et voulant une compensation à leur déplacement, ils imaginèrent de retourner se mêler dans les derniers rangs des délégués. Grâce à cette supercherie, ils virent Sa Majesté jusqu'à trois fois.

Pour mettre plus de rapidité dans la marche de cette interminable procession, le maire ordonna à quelques tambours de battre la charge et aux orchestres de sonner des fanfares à deux temps... Mais les tympans des campagnards restèrent insensibles au rhythme et gardèrent leur démarche paresseuse.

Un accident mit le trouble dans l'harmonie du cortége. Vous savez que, dans les villages surtout, vivent
les vieux soldats du premier empire. L'un d'eux, un
lancier de la garde, dont la vue est faible (à l'âge de
quatre-vingt-quatre ans, c'est permis), s'arrêta, tandis
que ses concitoyens passaient outre, et leva ses yeux
ternes au premier étage du palais au pied duquel était
dressée la tente impériale ; il crut que Sa Majesté avait
été installée là... et il se mit à envoyer force baisers et
force vivat à un simple spectateur du sexe masculin.
On l'avertit de cette erreur, et l'Impératrice, qui suivait en riant cette petite comédie, lui permit d'avancer
et l'entretint quelques minutes... Je ne sais les paroles
qu'échangèrent le grognard et la Souveraine, mais le
grognard pleurait, et le visage de Sa Majesté rayonnait
d'aise.

La cérémonie dura près de deux heures. — Deux
heures, durant lesquelles l'Impératrice et son fils,
debout sur le balcon de l'estrade, ne cessèrent de
saluer...

La Providence doit doter les rois de nuques spéciales
et d'articulations singulièrement complaisantes. Si,
pour mon compte, on m'avait dit : Vous allez, après
trois heures de fatigue, vous dresser sur vos jambes et
remuer la tête pendant deux heures et demie dans le
même sens, en souriant et en courbant le torse, j'eusse
préféré les peines les plus capitales.

J'ai eu la curiosité de compter combien de fois
Sa Majesté s'inclinait à la minute, et j'ai obtenu une
moyenne de huit, ce qui donne un total de cent quarante
saluts à l'heure !... A tout ceci, vous m'opposerez avec
quelque raison que la couronne de France mérite bien
qu'on endure quelques fatigues pour elle.

Celles qu'ont dû subir, pour grouper tout ce monde, le maire et ses adjoints, sont plus dures encore — à cause du milieu où ils agissaient. Nancy est une ville charmante, mais — je l'ai déjà écrit quelque part — les partis et les religions y manquent d'unité dans les vues et d'aménité dans les rapports.

Il règne, quoi qu'on en dise, entre les diverses classes de la société nancéenne, certaines jalousies et certains préjugés qui lui nuiront toujours dans la voie du progrès.

Nous autres, Parisiens insouciants, nous manquons d'indulgence pour ces mesquineries, et la province nous attriste du spectacle de ces enfantillages... La Lorraine était pourtant déjà annexée lorsque la grande révolution est venue lui dire que tous étaient égaux devant l'honneur, l'intelligence et le talent. M. Welche, l'adjoint, a eu la croix... Mais il avait gravi le Golgotha auparavant, et sa récompense a mis la joie au cœur de tous ceux qui l'ont vu à l'œuvre.

Il avait prié Edmond About d'accepter, à Paris, la présidence du comité destiné à colliger le tribut des Lorrains de la capitale. About s'y est refusé. L'offre de fonctions plus modestes m'avait été faite, je me suis contenté d'envoyer mon obole au comité, n'ayant pas le temps de me consacrer aux cavalcades.

Je dois dire que l'absence de mon intervention n'a pas empêché la fête d'être superbe. Le peuple affluait aux fêtes nautiques, aux courses de chevaux. L'Impératrice devait s'y rendre, et pourtant on ne l'a pas vue. On m'a dit que son carrosse s'était perdu dans la campagne et n'avait pu trouver son chemin. Je n'ose croire que les commissaires aient été négligents et oublieux de l'étiquette au point de ne pas échelonner sur la route qui mène à la plaine hippique des guides ou des sergents de ville.

La fabrique des *Sœurs Macarons* a dû présenter à Sa Majesté un gâteau monstre... Tout le monde ne connaît pas l'origine de ces friandises primitivement fabriquées par de pieuses chrétiennes; aujourd'hui, quand on se rend à ce monastère et qu'on se fait ouvrir la grille du péristyle, on aperçoit deux gros hommes, qui vous disent d'un air béat :

— Les sœurs Macarons, monsieur?... C'est nous.

La Meurthe usurpe le titre de rivière : le plus mince ruisselet charrie plus d'eau qu'elle, et la cuvette où je trempe mon visage à mon lever est beaucoup plus profonde. Aussi faut-il louer le comité qui, sans détourner la moindre Dhuys, a pu organiser des régates et des joutes nautiques auxquelles l'Impératrice n'a pas assisté. On n'en peut vouloir à Sa Majesté de son absence, surtout quand on sait qu'elle a préféré les hôpitaux aux réjouissances aquatiques. A Nancy comme à Paris, comme à Amiens, l'épouse de Napoléon III a couru de grand matin aux chevets des malades. L'asile des orphelins, la prison des jeunes détenus et l'hospice Saint-Charles l'ont successivement vue empressée, indulgente et charitable. Dans un quartier qu'elle a traversé à pied, la foule lui donnait tout haut le nom de sainte, et quelques femmes du peuple lui ont, dans leur transport, mis sa robe en lambeaux. Chacune voulait un fragment de la jupe de *la Providence blonde*, et Sa Majesté se livrait de bonne grâce au pieux massacre de sa toilette, sachant bien qu'en cette circonstance elle troquait des chiffons contre des bénédictions, échange avantageux s'il en fut !

A la colonie pénitentiaire, Sa Majesté a sûrement fait

des conversions, car ses maternelles exhortations ont arraché des larmes aux petits prisonniers. A son entrée dans l'établissement, elle y trouva des garnements, — à sa sortie, elle y laissa des enfants.

Dans les hôpitaux, autre spectacle édifiant.

Les médecins, craignant que l'illustre visiteuse ne se fatiguât trop à s'arrêter devant tous les lits, voulurent tricher en lui faisant accroire qu'elle avait parcouru toutes les salles; mais Sa Majesté, déjouant leur ruse, trouva les ambulances qu'on voulait ravir à son dévouement et s'y engagea pour semer, comme dans les autres corps de bâtiments, des paroles d'espérance.

La charité a un flair qui lui est propre.

— Ce que l'Impératrice m'a dit, murmura un alité, me fera plus de bien que toutes les drogues des docteurs.

Il semblerait, en effet, que lorsque des promesses de santé sortent de la bouche impériale, celle-ci est autorisée à ces engagements par la puissance divine. Heureuse la femme à qui Dieu a donné le don de guérir les plaies à l'aide d'un mot, d'un regard et d'un sourire!

Dans l'après-midi, madame la préfète présenta cent cinquante dames à l'Impératrice. Ce fut pour les Nancéennes un prétexte à toilettes extravagantes. Certains maris gémiront longtemps sur cette cérémonie, qui élèvera les notes des couturières à des hauteurs inouïes, sans compter les modistes, qui compteront comme des réalités leurs *ombres* de chapeaux!

Le Prince Impérial a reçu une députation des enfants de la ville et les a priés à goûter pour le lendemain.

Son Altesse avait promis d'être disgracieuse pour des motifs que j'expose plus loin; mais il n'en fut rien... il est des choses impossibles à certaines natures.

Dans le programme primitif, Monseigneur devait accompagner son père à cheval. L'absence de son père dérangea ce projet, et l'Impératrice refusa les plaisirs de l'équitation à son fils, — ce dont Son Altesse se fâcha.

— Eh bien! dit-il, je ne serai pas aimable avec la députation des petits enfants.

Sa bouderie tomba quand vint le moment, et Monseigneur fit les honneurs de son appartement comme si aucun nuage n'avait traversé son ciel de joie et de gaieté.

Un festival monstre termina la seconde journée. Il eut lieu dans une colossale baraque de planches construite par l'architecte de la ville. A l'arrivée de Sa Majesté, qui portait un diadème de diamant, la plaque de la Légion d'honneur et le grand cordon d'Isabelle la Catholique, la cantate fut entonnée...

Les deux auteurs de cette composition lyrique ont été décorés. Le premier est professeur au lycée, l'autre est un simple flûtiste qui possède tout bonnement un talent de premier ordre. M. Gerold (c'est son nom) a, depuis deux ans, un opéra-comique dans les cartons du Théâtre-Lyrique. J'ose promettre un succès à M. Carvalho, d'après la simple audition de cette composition, où l'art de transporter un public est habilement entendu.

— Monsieur, dit au flûtiste l'Impératrice, qui l'avait mandé près de son trône, mon émotion doit vous en dire plus long que toutes les louanges imaginables.

Vous parlerai-je de la cavalcade (3ᵉ journée)?

Ces sortes de mascarades se ressemblent toutes :

c'est la fin du second acte de la *Biche au Bois*, aux personnalités près.

Cependant, dans le cas qui nous occupe, la cape, l'épée, le feutre et la masse d'armes étaient portés par les plus nobles jeunes gens de la ville, et je dois leur rendre cette justice qu'ils ont bien meilleur air que les figurants de Marc Fournier.

J'ai reconnu sous le maillot du duc du Maine un capitaine de vaisseau de mes amis, un homme qu'on voit toujours là où on risque sa vie; j'étais juché sur un balcon de la place Stanislas.

— Ohé! lui ai-je crié, tu n'es donc plus dans la marine? Mais lui, sans m'entendre, poursuivait sa route, caracolant sur son palefroi et disant à ses compagnons, qui avançaient trop sur la gauche :

— Pas tant de presse à tribord!

On m'avait juré que le gros compère chargé de représenter le roi Stanislas, dans le cortége, est un boucher du faubourg Saint-Pierre, dont les traits rappellent céux du monarque polonais. Mais j'en doutais — lorsqu'au moment où une femme de la galerie lui cria :

— Sire, veuillez m'envoyer demain, à la première heure, un pot-au-feu et un rognon de bœuf...

Stanislas se retourna en demandant s'il ne fallait pas ajouter au tout une livre d'entre-côte et une tête de veau.

L'Impératrice daigna féliciter le maire-député, M. le baron Buquet, de la parfaite entente des fêtes.

— J'ai le regret, madame, lui dit le fonctionnaire, que l'Empereur n'ait pas accompagné ici Votre Majesté.

— Ne vous plaignez pas, monsieur le député, repartit l'Impératrice, cela me donnera l'occasion de revenir.

J'ai jusqu'ici beaucoup voyagé ; Nancy est la plus belle ville que j'aie vue.

Ce qui semble corroborer ces paroles bienveillantes, c'est le bruit qui court de la venue de l'Empereur dans l'Est après la conclusion des traités.

Un mot de M. Dariste, à ce propos :

— Savez-vous que le prince de Hesse a été battu? me disait ce charmant sénateur, au bal de la ville, entre minuit et une heure.

— Non.

— Qu'il est en fuite?

— Non.

— Et qu'il a sauvé du désastre les vins de sa cave en les expédiant en bouteilles et en toute hâte vers un pays sûr?...

— Non...

— C'est égal... le prince de Hesse est encore plus *décavé* que ses liquides!

L'Hôtel de Ville de Nancy, où eut lieu le raout, possède des salons superbes pouvant contenir quatre mille personnes. Le bal fut splendide.

— Mes salons ne sont pas plus beaux, a dit Sa Majesté en se plaçant pour le quadrille en face de son fils, qui lui fit vis-à-vis.

Le Prince Impérial danse avec une petite raideur qui n'est pas sans charme... On sent avec un certain plaisir qu'il a compris que l'avenir lui réservait des destinées supérieures à la correcte exécution d'un avant-deux.

Au moment où l'Impératrice faisait le tour des salons, — promenade qui précède toujours sa retraite, — S. Exc. le grand écuyer, qui marchait à ses côtés, me tendit la main :

18.

— Vous m'arrangez bien, dans votre journal, me dit le général avec son fin sourire.

Il avait lu les quelques lignes où je rendais imparfaitement la séduisante impression qu'il produit sur tous ceux qui l'approchent.

J'appris en même temps de sa bouche que l'*Événement* est suivi en haut lieu, et ce matin, au moment où Sa Majesté montait en wagon à la gare de Nancy, j'ai entendu mon nom sortir de deux lèvres illustres dont le sourire m'a inspiré une réflexion dans le même article. Quelques secondes après, le secrétaire de M. le grand écuyer me tendait un album du voyage impérial doré sur tranche et armorié; il porte sur sa première page : SERVICE D'HONNEUR DE LEURS MAJESTÉS.

Je m'en allai cacher ma vanité, mise en émoi, dans mon compartiment, d'où je sors à l'instant pour vous dépêcher cette tartine...

Ne vous étonnez pas de la trouver veuve de confitures... *Je les ai toutes mangées.*

Chose singulière, je commence à moins souffrir de la chaleur.

V. — LUNÉVILLE

Je ne m'étais pas trompé en vous disant que l'Impératrice s'entretenait de l'*Événement*, à son départ de Nancy, avec S. Exc. le général Fleury... Il y a une heure, nous étions, mes confrères et moi, MM. Boniface, d'Hormoys, Sauton, etc., sur la terrasse du château, afin d'y voir le défilé qui allait avoir lieu devant Sa Majesté. L'Impératrice venait de passer en calèche devant le front des troupes et regagnait sa place au balcon. Dès que nous la vîmes gravir les degrés, nous voulûmes nous retirer par discrétion.

— Restez, je vous en prie, messieurs, nous dit-elle.

Et s'adressant à moi :

— Vous êtes monsieur Marx?... Vous avez suivi toute la route, n'est-ce pas?

J'aurais mauvaise grâce à vous dire que je n'ai pas été fort ému. L'honneur de cette apostrophe inattendue me laissa tout coi, et je bégayai un « Oui, Madame, » des plus piteux.

Je confesse ma timidité, et je me punis par cet aveu de n'avoir pas répondu ainsi à la question qui m'avait été adressée :

— Non, madame, je n'ai pas *suivi la route*, j'ai suivi une femme que le quart de la France vient d'acclamer, que cinq cent mille cœurs viennent de bénir, — une souveraine qui laissera longtemps dans l'est de l'Empire le sillon de sa grâce, de sa beauté et de ses vertus.

Le trouble persista en moi jusqu'au moment où la musique annonça le commencement du défilé. J'ai rarement assisté à un spectacle pareil... Imaginez dix mille soleils produits par la réflexion de cet astre, qui nous rissole depuis cinq jours, dans les cuirasses d'une cavalerie enthousiaste... Cette fulgurante mêlée, ces escadrons lumineux galopant dans une atmosphère inondée de feu, ces vivat, tout cela est magique pour celui que n'ont pas blasé les splendeurs militaires.

Rien ne fut émouvant comme l'arrivée de l'état-major devant l'Impératrice. Les chevaux, effrayés par les exclamations de la foule, se cabraient, et les officiers supérieurs hurlaient leurs vœux pour le bonheur du chef de l'État et de sa famille, en élevant en l'air leurs sabres étincelants... Plus loin, le peuple, sous les arbres séculaires du parc, ou accroché en grappes à la corniche des porte-bannières... Tout cela illuminé par ce sourire dont j'ai parlé !

P. S. Lunéville est fort animé. Ici, comme à Nancy, bals, joutes, cavalcades, etc. Ce soir un carrousel de nuit, — exercice fort curieux au dire des connaisseurs.

A demain des détails sur cette solennité.

Ma lettre précédente vous annonçait la relation du carrousel exécuté, le soir de notre arrivée à Lunéville, en présence de Leurs Majestés... Au moment de tenir ma promesse je me sens tout empêché, car la splendeur de ce spectacle défie le langage le plus ampoulé et les expressions les plus emphatiques. La palette de Schreyer ou de Neuville, ainsi que la plume de l'artificier Saint-Victor, seraient impuissantes à rendre ce chaos d'acier, de poussière et de feu ; et quoi qu'on écrive ou quoi qu'on peigne, je doute qu'on s'élève au niveau de cette empoignante réalité. L'aspect, tout neuf pour moi, de ces cohortes habiles s'égrenant ou se groupant en manœuvres adroites ; — la vue de ces cavaliers, lançant leurs montures dans l'arène, emportant au bout de leurs sabres les poupées couchées sur le sol, et venant déposer au bas du balcon impérial leurs innocents trophées ; — ces escouades cuirassées, galopant sous les globes allumés dans les arbres par la main des hommes, et sous les mondes illuminés dans les espaces par la volonté du Créateur ; — les hourras de la foule saluant les beaux coups de lance, et, brochant sur le tout, le vent dans la crinière des casques, le canon tonnant à des intervalles égaux, les feux de Bengale dans les massifs profonds.... quel peintre, quel littérateur aborderait cette description avec hardiesse?...

Je ne me lassais pas d'admirer, et, comme le Prince Impérial, accoudé à la balustrade, j'étais fasciné par ce savant désordre.

Monseigneur avait à ses côtés le maréchal Forey, qui lui expliquait les évolutions et lui donnait des détails avec une lucidité dont je fis mon profit. Je saisis un moment du repos des cavaliers, pour présenter mes hommages au Prince Impérial, qui me dit en me tendant la main :

— Une belle soirée et de belles manœuvres, n'est-ce pas?

L'Impératrice avait fait ouvrir les fenêtres de son salon, et avait pris place dans un fauteuil, poussé près de l'appui. Sa Majesté, qui portait encore sa toilette du dîner, se couvrit les épaules d'un manteau de crêpe rouge brodé d'argent pour assister, sur la terrasse, à la *retraite aux flambeaux*. Les dames du palais et son service d'honneur l'entouraient. A ses côtés, son fils, auquel les solennités militaires communiquent une fièvre généreuse, ne cessait d'interroger le maréchal.

Madame de Lourmel me fit l'honneur de m'entretenir du dernier numéro de l'*Événement*, que le matin même M. de Bourgoing, premier écuyer de l'Empereur, avait lu à Sa Majesté. Je ne répéterai pas ici les compliments qui furent adressés à mes collègues et à moi par tout l'entourage de Sa Majesté, car je serais tenu de remercier de ses gâteries la gracieuse suite de notre gracieuse souveraine, et ma petite place au journal ne me permet pas d'y entreprendre d'aussi longs travaux. Je veux seulement rendre responsable de la fatuité qui me gagne

S. Exc. le grand écuyer, M. le chambellan de Piennes,
M. le premier écuyer de Bourgoing. Je veux surtout
attirer les reproches de ceux qu'aura blessés ma suffi-
sance, sur la spirituelle madame de Lourmel, une
femme estimée à la cour pour la bonté de son cœur et
la finesse de son esprit... Je pourrais également asseoir
à côté de ces charmants coupables, madame de la
Poëze, qui appuyait du regard les flatteries de ses complices...

Maintenant que je suis blanc comme neige, je passe
à la fameuse retraite aux flambeaux...

Lorsque dans les châteaux de province l'heure du
couvre-feu a sonné, chacun s'arme d'une bougie et
gagne son appartement en chantonnant un air des Italiens. Eh bien! cette retraite aux flambeaux n'a aucune
analogie avec celle à laquelle nous assistâmes.

Cent cuirassiers armés de falots entourèrent les
musiques des régiments de la garnison; les torches en-
voyèrent au ciel leur fumée épaisse, les trompes jetè-
rent au firmament leur grave mélodie, et puis quelques
Fraschinis à sept sous par jour, choisis dans les caser-
nements, entonnèrent le chœur de *Fremersberg*. Au
centre du groupe brûlait une grande flamme rouge et
grondait un tonnerre imposant... Voilà de quelle façon,
dans les jours de gala, les soldats de Lunéville sont invités à se diriger vers leurs couches.

M. Bourdelin, un dessinateur habile dont vous admi-
rerez les croquis dans les plus prochains numéros du
Monde illustré, M. Bourdelin, dis-je, écarquillait les
yeux dans l'obscurité, afin d'arriver à fixer sur son carnet l'ensemble de cette procession féerique. Les fenêtres
du château regorgeaient de têtes avides de contempler
ou d'entendre. Pour moi, j'éprouvai une émotion indi-

cible à l'audition de ce concert étrange. Je n'en conce-
vais évidemment aucun chagrin, et pourtant j'avais le
cœur gros.

« L'aspect des grandes choses oppresse », a dit un
poëte. « La grande harmonie bouleverse », a dit un
musicien... J'ai de bonnes raisons maintenant pour ne
point démentir ces deux penseurs...

Onze heures sonnèrent; je rentrai à l'*Hôtel des
Vosges*, où j'essayai en vain de coucher mes impressions sur le papier... Avez-vous remarqué que, presque
toujours, les encriers des auberges contiennent une
bouillie noire avec laquelle il est impossible d'écrire? Je
crus longtemps que mon écritoire était un pot de crème
au chocolat, tant le brouet qu'il recélait était épais.
Sans son parfum, où le cacao n'était pour rien, j'eusse
gardé quelque doute sur la tasse où ma plume plongeait
en vain... J'arrivai, néanmoins, au moyen d'une forte
addition d'eau, à composer un mélange de petite-vertu
qui m'a permis de brocher la fin de mon Odyssée.

VI. — LE RETOUR.

Le retour fut moins fertile en incidents, que la route,
à cause de la rapidité avec laquelle nous l'effectuâmes.
Partis de Lunéville à dix heures, nous brûlâmes toutes
les gares où, dans l'aller, Leurs Majestés avaient recueilli de si nombreuses marques de respect. Un déjeuner homérique, que nous offrit dans notre wagon la
haute administration de la Compagnie de l'Est, égaya

d'abord les premiers moments du trajet. Nous rîmes comme des fous.

En passant sous les tunnels, on prenait dans l'assiette de son voisin le morceau convoité dans le plat au grand jour, ou bien on lui cachait sa fourchette, ou bien encore on le coiffait d'un sac de nuit...

Ces cascades ténébreuses me rappelèrent la séance des Davenport, — aux guitares près. Quant aux esprits, ils étaient là : témoin la réflexion d'un ingénieur galant :

— Il n'est pas surprenant que le train vole aussi vite... il n'est chargé que d'intelligences.

Primitivement résolu à m'arrêter à Mourmelon, je me souvins que, durant le voyage, le général Fleury m'avait parlé des côtés pittoresques du camp, à l'époque où l'Empereur le visite, et je remis à quinzaine ma villégiature sous la tente de l'affable capitaine Clausener...

C'est pourquoi je passai outre.

L'un de nous découvrit quelques jeux de cartes dans le filet de la caisse, et en un clin d'œil un baccarat fut organisé. — Une lutte s'engagea entre le *Moniteur*, le *Constitutionnel* et l'*Événement*, lutte peu sanglante, du reste. Les délégués de la presse retirèrent leur bourse saine et sauve du champ de bataille.

L'Empereur attendait sur le quai du débarcadère l'arrivée de son auguste famille. Il embrassa S. A. le Prince Impérial, ainsi que Sa Majesté, qui avait le bonheur dans les yeux.

— Tout s'est bien passé? demanda notre Souverain à l'Impératrice.

— Parfaitement, répondit celle-ci d'un air radieux.

Et comme Sa Majesté avançait, au bras de l'Empereur, devant la haie formée sur son chemin par ceux qui avaient eu l'honneur de la suivre dans sa triomphale expédition :

« Merci, monsieur, » me dit-elle.

L'Impératrice voulait que je gardasse, comme les pays qu'elle a traversés, un souvenir éternel de son voyage en Lorraine.

XLII

ADIEUX A UN MINISTRE

Nous vivons dans un siècle étrange. Un citoyen met des aptitudes transcendantes au service de son pays, et nul de ses confrères ne songe à lui dire merci lorsqu'après quatre ans de labeurs assidus il rentre dans la vie privée!

Je ne connais pas de pouvoir qui interdise de s'incliner devant le devoir accompli, et j'estime ne pas sortir du cercle tracé par la loi autour des feuilles littéraires, en consacrant quelques lignes au diplomate éminent qui a contribué à faire de la France la nation la plus vénérée du globe... J'ai suffisamment désigné M. Drouyn de Lhuys.

Mais il faut des éléments pour exalter les mérites d'un homme de bien. Aussi pénétrai-je hier dans le bureau du baron Feuillet de Conches, maître des cérémonies et introducteur des ambassadeurs.

— Comment! me dit l'érudit historiographe de Marie-Antoinette, comment! vous venez quérir près de moi des détails sur la vie, l'esprit et le caractère de Son Excellence?... et cela, à cinq heures du soir? Autant, mon cher monsieur, me demander de vous réciter l'Iliade en cinq minutes. Avant que je vous aie exposé ce que je sais et ce que je pense de notre regretté ministre, le soleil aura trois fois disparu à l'horizon.

J'insistai.

— Ma foi ! mon cher entêté, s'écria tout à coup le baron, vous feriez mieux de vous adresser à M. Drouyn de Lhuys lui-même... il est encore dans son cabinet.

— Mais je ne connais pas Son Excellence.

— C'est l'affabilité même...

— Je suis vêtu comme un bandit !

— C'est la simplicité en chair et en os.

— Je n'ai pas demandé d'audience !

— Je vais lui envoyer votre nom par un huissier.

. . . .

Trois minutes après, M. Drouyn de Lhuys me tendait la main en me disant :

— En quoi, cher monsieur, vous puis-je être utile?

J'étais abasourdi de la rapidité avec laquelle je m'étais vu tout à coup transporté des bords de la Seine dans le salon d'un homme d'État, mais l'affabilité de mon hôte m'eut bientôt rasséréné l'esprit et je poussai l'audace jusqu'à lui tenir le langage suivant :

— En lisant dans les journaux la démission de Votre Excellence, j'ai pensé qu'elle avait quelques loisirs, et j'ai songé à lui faire faire un peu de journalisme.

— Du journalisme?

— Oui, monsieur le ministre, j'ai à publier une causerie quotidienne sur les événements du jour...

— Eh bien?

— L'événement du jour n'est-il pas votre retraite?

Les propos du moment ne doivent-ils pas graviter autour de votre personne?... Nul mieux que Votre Excellence ne peut m'aider dans la confection de son propre panégyrique.

Vous pressentez, lecteur, la réponse de l'aimable ministre. Elle prouve que ses qualités et son mérite sont doublés d'une modestie bien rare en ce siècle d'outrecuidance.

— Mon existence est dépourvue d'incidents dignes de remarques, me dit-il. J'ai constamment obéi à ma conscience et toujours tâché de répondre à la confiance du chef de l'État... C'est, à la vérité, la troisième fois que je quitte le portefeuille; mais je puis avancer que mes relations avec la vie politique se *décousent* plutôt qu'elles ne se *déchirent*.

« Qu'ajouterai-je encore? Vous parlerai-je de mes goûts en dehors des affaires publiques? J'aime l'agriculture; c'est une noble profession, stable comme la terre qui lui sert de base, pure comme le soleil qui l'éclaire, libre comme l'air qui la féconde! Je préside la Société d'acclimatation, une institution consacrée au règne animal... Eh bien! je vous jure que le marquis de Créqui avait un peu raison lorsqu'il prononçait cette phrase pour expliquer sa passion pour ses chiens : « Le commerce avec les bêtes vaut parfois mieux que le commerce avec les humains! »

Nous devisions ainsi depuis une heure quand un huissier entra qui présenta au ministre la carte de l'ambassadeur du royaume de ***. Je demandai à Son Excellence la permission de me retirer, ce qu'elle m'accorda à la condition expresse que je la viendrais visiter à son retour de la campagne, dans l'immeuble qu'elle se fait bâtir au coin de la rue François Ier.

Si je ne craignais de paraître m'acquitter en louanges
de l'accueil flatteur que j'ai reçu au quai d'Orsay, j'a-
jouterais que le visage de M. Drouyn de Lhuys reflète
l'honneur, l'honnêteté et les grandes vertus civiques
qui distinguèrent les magistrats de l'ancienne Rome,—
que sa parole est à la fois simple, convaincue, éloquente ; — que son geste est en même temps digne,
noble et paternel, — et que l'ancien ministre des affaires étrangères m'est apparu, au costume près, tel
que je m'étais figuré jadis Cincinnatus, le consul-la-
boureur.

Au moment de signer cette esquisse imparfaite, je
m'aperçois que j'ai oublié de vous parler de l'esprit de
mon modèle.

. Deux anecdotes combleront cette omission.

Un grand personnage demandait un jour à M. Drouyn
de Lhuys une définition du savant.

— Le savant, répondit-il, est un homme qui sait tout
ce que les autres ignorent et qui ignore tout ce que les
autres savent.

La plus jolie pour finir.

Un Talleyrand exotique avait la singulière manie
d'entretenir M. Drouyn de Lhuys de la question d'O-
rient à l'époque où cette même question était fort
embrouillée. Ce qui agaçait le représentant de notre politique extérieure, c'est que le gouvernement de l'importun n'était nullement intéressé à la solution des
débats, en sorte que ces interminables visites au quai
d'Orsay n'avaient aucune raison d'être.

— Excellence, dit-il un soir au fâcheux, il faut que
je vous conte une petite histoire bien répandue en
France, mais qu'on ne connaît certainement pas dans
votre pays... Figurez-vous que hier, en rentrant chez

lui, un mari trouva un inconnu dans le boudoir de sa femme.

— Que dit-il à cet indiscret?

— Ces seuls mots : « Vous ici, monsieur?... *vous n'y êtes pourtant pas forcé!* »

XLIII

UNE AMBASSADE EXOTIQUE

Trois heures sonnaient hier, lorsque Nazar-Aga, premier interprète de la légation persane, débarquée récemment à Paris, m'introduisait en présence du général Hassan-Ali-Khan, aide de camp et ministre plénipotentiaire de S. M. I. le Schah de Perse.

Son Excellence travaillait.

Je me plains parfois de ma condition, qui m'oblige à noircir du papier tous les matins : j'ai tort.

Depuis tantôt un an que je passe en revue tous les personnages illustres de mon temps et toutes les Excellences de la terre, je ne me souviens pas d'avoir trouvé ces êtres de nature transcendante autrement qu'assis devant un bureau, la tête dans leurs mains, poursuivant leur œuvre, accomplissant leur devoir et se donnant de la peine comme le plumitif famélique en mal du déjeuner du lendemain.

Or, il est évident que le moindre roitelet comme le plus petit ministre pourrait, s'il le voulait, se retirer des affaires et grignoter paisiblement le pain qu'il a sur la planche... Je suis donc coupable, — moi qui n'ai que la planche (et encore!) — je suis coupable, dis-je, de faire la moue chaque fois qu'il faut me mettre à la besogne.

N'ai-je pas au cœur l'ambition qui a stimulé au départ ces êtres arrivés par la force de leur volonté? N'ai-je pas les mêmes appétits de gloire, la même soif d'honneur et de richesse? N'ai-je pas enfin dans l'âme ce même désir de remplir ici-bas la mission échue à tout homme de bien?

« Ah! être injuste et corrompu!... (c'est à moi que je parle), tu oses gémir sur ton sort et tu te permets des défaillances après avoir eu sous les yeux des exemples de zèle, de dévouement et de courage émanant de ceux-là mêmes qui auraient pu se dispenser d'en avoir! A l'œuvre, paresseux! raconte à celui qui te lit ce que tu as été voir et entendre en son lieu et place... Et ne gémis pas, ou sinon... »

J'avais besoin de m'adresser ce petit savon, étant bien mécontent de moi depuis quelque temps.

Hassan-Ali-Khan, entouré de son personnel, était en train d'étudier une question d'économie politique lorsque je lui fus présenté. Je serais fort embarrassé de vous nommer l'économiste exotique dont il consultait les écrits, le livre ouvert sous ses grands yeux noirs étant imprimé en caractères islamites, et mon éducation n'ayant pas été poussée jusqu'à l'étude des langues asiatiques.

Mais ce que je puis vous affirmer, c'est qu'Hassan « n'était pas couché », et qu'il travaillait comme travaillent rarement les gens qui ont fait dix-huit cents lieues trois jours auparavant.

Dès que je parus sur le seuil, Son Excellence se leva, m'invita à m'asseoir et me fit apporter une tasse de thé... c'est un usage persan. Là-bas, lorsqu'un étranger visite un homme de haute condition, on lui offre une coupe pleine de cette infusion. En France, on fait circuler en pareil cas un madère douteux et des biscuits moisis, et l'on octroie à son hôte les éléments d'une indigestion. En Perse, on préfère lui administrer un breuvage tonique et bienfaisant.

Bien bizarres, ces Orientaux !

Au nombre des cérémonies de l'accueil, se range la présentation du KALIAN, — une manière de basson dont l'extrémité inférieure plonge dans un bain d'eau de rose, et dont l'orifice supérieur supporte une grille bourrée de tabac. Cet instrument, qui produit de la fumée et non de la musique, mérite notre estime, en ce sens que des vapeurs odorantes ont de tout temps été préférables aux ondes sonores.

Le KALIAN est remis à l'étranger par le *kalianchi*, valet affecté à l'entretien de ce narguillé.

Tous les membres de la légation persane sont vêtus à l'européenne, sauf la coiffure que vous avez tous vue à l'Opéra-Comique, sur la tête blanche d'une *célébrité de la rue*. Ils mangent à la française, à l'exception du riz, dont leurs cuisiniers entendent la préparation d'une façon merveilleuse, et ils s'accommodent de nos usages en cosmopolites intelligents.

M. Nazar-Aga me disait que l'habitude la plus difficile à prendre pour Leurs Excellences est celle du siége et des fourchettes. Dans l'empire du Schah, on s'assoit par terre, sur ses talons, et l'on mange avec ses doigts.

D'où je conclus que l'application du procédé Ruolz à

l'argenture des couverts n'a pas dû faire une révolution
à Téhéran.

Hassan-Ali-Khan est de vieille noblesse. Il a tous les
instincts du soldat unis à toutes les aptitudes de l'homme
d'État. Il ne doit pas à sa naissance le rang et les fonctions qu'il occupe : c'est à l'aide de son courage et de
ses vertus militaires qu'il a conquis son grade. Ses expéditions contre les rebelles qui ont troublé la paix de
l'empire du Schah sont fameuses dans toute l'Asie : on
cite de lui des traits de bravoure qui donnent la chair
de poule. Là, il plante un drapeau, le sabre à la main,
au milieu de la mitraille; ailleurs, il escalade un bastion, tandis que mille fusils sont braqués sur lui... On
peut dire d'Hassan-Ali-Khan qu'il est un *enfant de la
balle.*

C'est sous les murs de Hérat, ville insurgée, qu'il fit
ses débuts... Un pressentiment me dit, lorsque j'eus
l'honneur de voir hier ce diplomate guerrier, que sa vie
recélait quelqu'un de ces actes qui dépassent par leur
louable témérité les prodiges issus de l'imagination des
romanciers. Ce mâle visage, troué de deux yeux étincelants; cette moustache noire, cachant à demi une
lèvre accusée; ce front haut et basané, cette main
noueuse et veinée, ce corps sec et altier, voilà plus
d'indices qu'il n'en faut pour révéler un héros de batailles — plus de signes qu'il n'est nécessaire pour jus-
tifier l'accomplissement des prodiges de valeur qu'on va
lire.

On assiégeait la cité rebelle. Il faisait nuit. Hassan
avait alors dix-huit ans, et pour honorer le descendant
d'une famille qui avait toujours bien mérité du trône
de Perse, Mohammed-Schah l'avait promu au grade de
serheng (colonel).

Tandis que le jeune chef surveillait les travaux des tranchées, un des sapeurs employés au déblai d'une parallèle s'aperçut que la pointe de sa pioche frappait dans le vide. Il fit part de cette particularité à Hassan, qui approcha un falot du point désigné à son attention. La lumière éclaira l'entrée d'un souterrain à parois resserrées.

Hassan n'hésita point à s'engager dans ce boyau, étroit au point qu'on ne pouvait s'y tenir autrement qu'accroupi et les coudes au corps. Aussi, le colonel avait quitté ses armes et sa tunique, ne gardant, au cas où il aura sa vie à défendre, qu'un poignard entre les dents.

L'audacieux avança ainsi dans les ténèbres, agenouillé sur le sol humide pendant près de trois longues heures. Au détour de l'un des méandres de cette voie profonde, Hassan distingua enfin une faible lueur à quelques mètres, en face de lui. Il s'en approcha, haletant et le front baigné de sueur, et reconnut qu'elle passait entre les planches disjointes d'une porte. Ayant collé sa prunelle à cet orifice, que l'obscurité du souterrain rendait plus lumineux, il aperçut les principaux chefs de l'insurrection qui tenaient conseil, assemblés dans la salle basse d'un bastion. Chacun d'eux était assis sur un baril de poudre.

Je vous laisse à penser quelle émotion s'empara du colonel à ce spectacle. Il s'empressa de rétrograder, pressé d'annoncer sa découverte au quartier général, et d'en profiter pour anéantir d'un seul coup les meneurs de la rébellion, en portant l'attaque sur ce côté de la ville. Mais après avoir rebroussé de cent cinquante mètres environ, son front heurta contre un obstacle... Il avança les bras; ses mains rencontrèrent un mur de terre. Un éboulement, qui s'était produit tout à coup, barrait la route au brave soldat.

Hassan prit alors une détermination de lion traqué. Il revint à la porte qu'il abattit d'un coup de poing et tomba comme une bombe au milieu des chefs ennemis, consternés par cette apparition, défonça d'un coup de pied un des barils de poudre, en approcha une torche arrachée aux mains d'un esclave. Aussitôt une détonation formidable se fit entendre, et Hassan se sentit enlevé dans les airs par une force prodigieuse.

Lorsqu'il revint à lui, il se trouvait brisé et meurtri, le visage brûlé et un pied démis, dans l'une des tranchées creusées sous sa direction. Des hommes de son régiment l'entouraient et lui prodiguaient des soins.

— Donnez l'assaut! cria le héros en montrant la brèche qu'il avait ouverte par un acte surhumain, et qu'on apercevait fumante à cinquante mètres de là.

Deux heures après, Hérat était prise.

M. l'interprète attaché à la légation entend et parle le français comme Noël et Chapsal réunis. Ce fut par son intermédiaire que l'ambassadeur me souhaita la bienvenue et m'adressa, lorsque je pris congé de lui, de ces paroles aimables et flatteuses comme les sait dicter la seule imagination des Orientaux.

XLIV

LE CHASSEUR DE CAISSIERS

L homme qui, à travers mille fatigues et mille dangers, a opéré l'arrestation de Lamirande, M. Melin, arrivait avant-hier soir à Paris avec son butin ; tout naturellement, vingt-quatre heures après, j'étais chez M. Melin, — le héros du jour.

Mais avant de passer outre, qu'on me permette une comparaison...

Vous connaissez sans doute un petit jeu de société qui consiste à faire sortir d'un salon une personne désignée par le hasard et à enfouir, en son absence, dans le recoin le plus dissimulé de la pièce, un objet de dimension exiguë, tel qu'un dé, une bague ou un cachet. Le patient condamné à l'épreuve rentre sitôt l'opération accomplie et doit trouver le colis mignon, — n'ayant pour l'aider dans ses recherches que le tintement d'une clochette agitée plus ou moins vivement, suivant qu'il s'approche ou s'éloigne de la cachette.

La préfecture de police se paye aussi ses petits jeux

de société. Seulement elle complique la récréation en n'usant pas de clochette. Elle se contente simplement de dire à un employé de son personnel : « Il y a quelque part, dans un coin du MONDE, un monsieur qui fait *coucou* avec cinq cents billets de mille dans sa poche. Il s'agit de le trouver le plus vite possible, car les gens auxquels il a dérobé cet accessoire voudraient bien r'avoir leurs chiffons de papier. »

Il est évident que, le globe étant d'une étendue supérieure à celle de tous les salons connus (y compris ceux du Grand-Hôtel), la seconde récréation est d'un intérêt beaucoup plus grand que la première. Pour triompher dans le premier cas, il ne faut qu'un peu d'oreille ; — pour triompher dans l'autre, il faut beaucoup de nez... je devrais dire beaucoup de génie.

L'homme qui, après sept mois de luttes et de recherches incessantes, a remis (sans clochettes) Lamirande aux mains de M. Claude, chef de la police de sûreté, cet homme-là, tenez-le pour certain, n'est pas un être vulgaire. Jusqu'ici je ne croyais guère à l'existence des Peyrade et des Contenson... et je me figurais que ces limiers de hautes futaies criminelles n'avaient jamais existé que dans l'imagination de Balzac ; mais aujourd'hui je m'avoue édifié à ce sujet... Si les types du maître n'ont jamais vécu, ils vivent aujourd'hui.

Après mille démarches qu'il serait oiseux d'énumérer, j'ai enfin mis la main sur M. Melin, dit *le chasseur de caissiers*, dans les bureaux de la place Dauphine. Je désirais le féliciter de son *ouverture*, et puis je n'étais pas fâché de compléter aujourd'hui, par quelques notes, la rapide description que nous vous donnions hier de ses prodiges dans le nouveau monde.

M. Melin est petit, trapu, légèrement obèse et déjà grisonnant.

Sa figure accuse les rares qualités qu'il met depuis longtemps au service de sa profession. La persévérance, l'énergie, la finesse et l'esprit de déduction se lisent dans les sinus de son visage, où les préoccupations ont apposé leur griffe sous forme de rides profondes.

Peut-être ces marques de soucis ont-elles des causes antérieures à son entrée dans les bureaux de la Préfecture. Melin a été jadis très-besoigneux, et l'on m'a conté que la nécessité le fit entrer autrefois en qualité de garçon de peine dans la maison de déménagement fondée par M. Princet.

C'est probablement par un restant d'habitude que mon héros s'occupe encore de ceux qui *déménagent*. Toujours est-il qu'à cette époque, Melin gagnait fort peu et trouvait pourtant moyen de faire vivre sa nombreuse famille. Esprit naturellement éclairé, il comprenait les bénéfices de l'éducation et envoyait au collége un fils qui doit, à l'instruction qu'il a reçue, la place qu'il occupe dans les bureaux de l'Hôtel de Ville.

Lorsque M. Melin s'enrôla dans la cohorte de ceux qui dépistent les criminels, il se fit de suite remarquer de ses chefs. Son courage dans la capture des assassins Craff et Pascal, à Batignolles, et le rôle qu'il a joué dans la solution des affaires Gâtebourse, Giraud, Carpentier, l'ont désigné bien vite au poste d'inspecteur principal du service de sûreté. Il apporte dans l'exercice de ses fonctions un flair surnaturel... Pour en citer un exemple, je me vois obligé de remonter à une époque antérieure à celle des exploits que je citais tout à l'heure.

Un jour, un enfant tombe percé d'un coup de poignard

dans la rue de Bondy ; l'assassin se sauve, et toutes les recherches restent infructueuses. Quelque temps après, Melin lit machinalement, sur le bureau d'un collègue, une lettre où un père signalait au préfet de police la disparition de son fils, tourneur en cuivre.

Je ne sais quel instinct secret dit à Melin qu'il existait une corrélation entre ce fait et le crime impuni...

Deux jours plus tard, le coupable était amené par lui au dépôt.

Je pourrais écrire un volume sur ses récentes poursuites contre Lamirande. Lorsque ce détourneur de billets de banque arriva à Londres, il se rasa les moustaches, prit le nom de Thiébault, et, après un court séjour dans la capitale anglaise, il se rendit à Liverpool, où il descendit à *Engl-hôtel*.

M. Melin, qui n'était distancé que de quatre jours par le coupable, parvint à trouver à Londres les traces de son passage, et il entrait dans Liverpool au moment où sa proie s'embarquait sur le *Moravian*. Le voleur avait fait, au préalable, l'achat d'un revolver, d'un paletot et de deux caisses de vin.

L'envoyé de notre police fréta aussitôt un vapeur, et il se promenait sur le port, à New-York, quand le *Moravian* entra en rade ; mais il n'opéra pas l'arrestation du coupable à ce moment, ainsi que nous le croyions jusqu'ici.

Lamirande portait encore à bord le faux nom de Thiébault, s'était dit natif d'Anvers et s'était lié avec un Canadien nommé Valin, auquel il avait confié 6,000 fr.

Lorsque M. Melin eut, à force de démarches, obtenu les pièces qui autorisaient la prise du corps, il se rendit à l'hôtel de la Métropole, où, sous le nom de Dyhers, Lamirande était descendu.

— Avez-vous vu cet homme-là ici? demanda-t-il à un garçon de service en lui montrant la photographie de Lamirande.

J'ai dit la transformation que ce dernier avait fait subir à son visage en substituant les favoris de forme anglaise aux moustaches et à la mouche que portait le prodigue de Poitiers.

Le valet prit l'épreuve que lui tendait Melin, et il plaça la paume de sa main sur le bas de la carte, en sorte que le front, lès yeux et le nez du personnage étaient seuls visibles.

— Oui, ce gentleman est dans la maison, dit-il aussitôt, il est justement en train de déjeuner.

Melin pénétra alors dans la salle à manger, en fit le tour d'un air indifférent, entendit Lamirande qui annonçait son prochain départ pour la Nouvelle-Orléans ; puis il monta dans la chambre du criminel, trouva sur un meuble le chapeau acheté par lui à Londres, chapeau de feutre bleu Napoléon, portant au fond de la coiffe les mots : *Dieudonné, rue de Richelieu, Paris*, et certain, grâce à ces pièces concluantes, qu'il tenait son homme, il descendit pour opérer son incarcération.

Un nègre, employé dans l'hôtel, avait saisi au vol quelques mots de la conversation de Melin et du domestique.

Il conçut, lui noir, le projet d'affranchir un blanc, et courut prévenir Lamirande de ce qui se passait. En retour de cet avertissement, Lamirande donna 50 dollars à Boule-de-Neige, et se mit en devoir de déguerpir par une porte dérobée. Mais il n'y a qu'une issue aux hôtels américains (mesure de prudence à l'usage des gens qui n'aiment point solder leur note), si bien que l'infortuné dut passer devant M. Melin, qui l'arrêta comme il montait dans l'omnibus avec armes, bagage et sacoche.

Lamirande nia qu'il fût le coupable qu'on cherchait, protesta et jeta les hauts cris; mais il dut se rendre en prison.

On connaît sa captivité, son procès et son évasion... mais sait-on pourquoi Melin partit pour le Canada, lorsqu'il apprit que sa proie lui échappait encore ?

Tandis que Lamirande était sous les verrous à New-York, bénéficiant des difficultés sans cesse renaissantes que ses avocats semaient devant l'activité de Melin, il recevait les fréquentes visites du délégué de la rue de Jérusalem.

— Ah! disait l'incarcéré, si j'étais au Canada, vous ne m'auriez jamais; car l'extradition n'y est pas en vigueur.

Cette exclamation réitérée causa sa perte.

Lamirande s'y rendit en effet sitôt qu'il eut recouvré sa liberté. Il s'alla cacher dans un village, à *la Prairie*, où il vivait oisif, jouant du violon (il entend fort bien le maniement de cet instrument), lorsque Melin, nanti des pièces nécessaires, remit le grappin sur son individu. Le fuyard était à bout de ressources. Il se cachait alors sous le nom de Félix Gastier. Il avait écrit aux avocats de New-York, qui lui avaient extorqué 56,000 francs, pour leur emprunter 500 francs; mais ceux-ci avaient refusé.

— Sans votre arrivée, disait l'accusé à M. Melin, je serais mort de faim probablement.

Plus tard, lors du retour, M. Melin et M. Sipling, employé de la police canadienne, s'étant éloignés de Lamirande pour je ne sais quel prétexte, le malheureux leur courut après.

— J'ai peur de vous perdre, dit-il; pensez donc que je n'ai pas un sou !

Il y a des sentiments singuliers chez certains hommes. Lamirande vient « subir » en France un procès et une condamnation infamante, et pourtant il a une peur affreuse de la mort.

En quittant le port de Douvres, le *steamer* se pencha brusquement sur le côté :

— Nous allons périr ! s'écria le pauvre diable en pâlissant.

Il est vrai que c'est l'amour de la vie qui l'a réduit à sa triste condition...

Je ne vous ai point parlé de la tablature nouvelle donnée à M. Melin par des avocats anglais qui, prévenus par des affidés de New-York au moyen du télégraphe transatlantique, vinrent au débarquement lui contester la validité de sa conquête. Il dut, à Liverpool et à Londres, produire les pièces qui légitimaient son droit de prise, et toucha enfin Calais, après deux cent dix jours de labeurs, d'espoirs, de triomphes, de défaites, de déceptions et de soucis !

— Ouf!!! dit-il à Lamirande dès qu'il eut mis le pied sur le sol français.

— Mon cher monsieur, lui dit celui-ci, nous avons joué une partie; j'ai tout mis en œuvre pour la gagner et je la perds, — voilà tout. Ce n'est pas la première fois du reste que j'ai de la déveine au jeu.

Cette phrase fait allusion à la fatale passion qui a mené Lamirande là où il est. Stimulé par l'idée que les hasards des cartes lui rendraient ce qu'il retirait des sacs de la Banque par une opération naïve (il substituait des pièces d'argent à des pièces d'or), le coupable jouait un jeu d'enfer, un jeu à vider les caves de la Banque.

Après sa caisse faite, il filait à Angoulême, où il risquait jusqu'à trente mille écus dans une nuit. Il perdit une fois cent mille francs, et la confiance qu'il inspirait dans le pays était telle, qu'il obtint cette somme d'un riche meunier des environs.

Grâce à cet emprunt, il fit honneur à sa parole. Mais il rejoua, perdit encore, — et c'est là surtout que gît la principale cause de sa faute.

L'opinion de quelques personnes est que le vol de cent mille francs fait entre Lisle et Ostende, d'après le rapport du coupable, est controuvé, et que Lamirande a de l'argent caché quelque part ou confié à des complices. On l'a interrogé depuis son écrou provisoire au dépôt; il reste silencieux, morne et abattu. Je crois qu'on n'en retirera rien d'ici son départ pour Poitiers.

On me va peut-être trouver bien indulgent, mais quand je songe aux tortures que ce malheureux a subies, subit et subira encore; quand je pense que son méfait ne lui a valu qu'une longue série d'humiliations et d'angoisses — aux tristes pensées qui l'ont dû assaillir, et au dénûment complet dans lequel on l'a trouvé, je me demande si sa faute n'est pas à moitié expiée, et si les rigueurs de la justice humaine pourront augmenter les tortures de son âme labourée de remords.

F I N

TABLE DES MATIÈRES

FIN DE LA TABLE.

PARIS. — IMPRIMERIE POUPART-DAVYL ET COMP., RUE DU BAC, 30